問いかける法哲学

瀧川裕英 編
Hirohide Takikawa

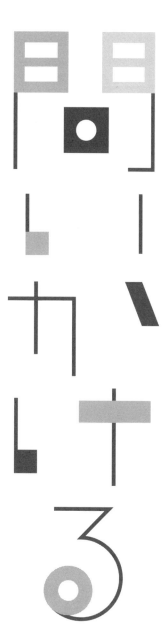

Philosophers of Law Ask You

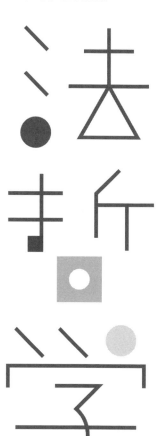

法律文化社

はじめに

■ 本書のねらい：いきなり実戦

　新しいスポーツを始めるときには，2つのアプローチがある。

　第1のアプローチは，「とにかく基礎」である。なにごとも基礎が重要なのだから，まずは地道なトレーニングで基礎体力を身につける。また，パスや素振りなどの基礎練習をしっかり積む。それからようやく実戦練習を開始するのが，このアプローチである。基礎をおろそかにする者は大成しないというのが，このアプローチの合言葉である。

　第2のアプローチは，「いきなり実戦」である。まずは実際にゲームをしてみる。ゲームをしてみるとそのスポーツの面白さがよくわかる。だが実際にやってみると，見ているのとは全然違ってうまくできないことも多い。そこから，うまくなるためには何が必要かを意識しつつ練習していくのが，このアプローチである。

　法哲学を始めるときにも，スポーツと同じく，2つのアプローチがある。

　通常の教科書は，第1の「とにかく基礎」アプローチを採用する。まずは法哲学の基礎概念をしっかり覚える。権利とは何か，法実証主義とは何か，帰結主義と義務論はどう違うかを正確に学ぶ。そのうえで，応用問題を検討する力を身につけていく。このアプローチが順調にいけば，しっかりした足腰を持つ法哲学者ができあがる。だが，出だしのところで退屈に感じ，挫折してしまう人も少なくない。

　本書が採用するのは，第2の「いきなり実戦」アプローチである。賛否が分かれる法哲学の問いに，いきなり挑んでいく。その問いに取り組むなかで，法哲学の基礎的な概念や考え方がどのように役立つのかを確認しつつ，少しずつ身につけていく。法哲学の面白さにとりあえず触れることで，法哲学を学ぶことの意義をひしひしと感じてもらい，法哲学の世界へ誘うのが，このアプローチのねらいである。

■ **本書の性格：演習書，副読本，入門書**

「いきなり実戦」アプローチを採用する本書は，3つの性格を持っている。

第1に，本書は法哲学の**演習書**である。法哲学の知識を使えるものとして身につけるためには，具体的な問題に取り組むのが効果的である。そのために，本書の各章は，**賛否が分かれる論争的な問い**とその問いに対する検討という構成になっている。

演習書としての利用のしやすさを考慮して，**問いに関わる事実を**，リファレンスつきで説明している。法哲学の問いは規範に関わるが，規範を的確に論じるためには事実を知ることが必要である。法哲学上の問いが具体的にはどのような問題として争われているかが，問いに関わる事実によって浮かび上がってくるだろう。

それぞれの問いについて，ゼミなどで徹底的に議論をして検討すれば，法哲学の基礎概念や基本的な考え方の理解にとって非常に役立つだろう。

第2に，本書は，法哲学の**副読本**である。法哲学の教科書は，何種類も出版されている。例えば私も，法哲学の標準的な教科書を目指して，2014年末に共著で『法哲学』（有斐閣）を刊行している。こうした教科書を読むことは法哲学を学ぶためにとても有用である。

だが，教科書では十分深めることができないところもある。例えば，法哲学は現実の社会的な問題に対してどのような示唆を与えることになるのか，法哲学で用いられる難解な概念はどのような問題に答えるために必要なのかといった点は，教科書だけでは十分な理解を得ることが難しい。こうした点に対して，本書は大きな示唆を与えるだろう。

また，法哲学の教科書は，中立的な立場から書かれることが多い。しかしながら本書は，賛否が分かれる論争的な問いに対して，中立的な立場を採用していない。各章の担当者は，**自由に自説を展開している**。つまり，自らの結論に反対する者がいることを想定しつつ，その者を説得すべく議論を提示している。それによって，結論に同意する者には，具体的な議論の仕方が示されるし，結論に反対する者には，自らが反対すべき議論が明確に示される。人は，自説に同意する人よりも反対する人から多くを学ぶことができる。その意味で，各章の結論が読者の結論と異なることはむしろ望ましいといえるだろう。

第3に，本書は，法哲学の入門書である。法哲学を学び始めるためには，「とにかく基礎」アプローチよりも「いきなり実戦」アプローチのほうがうまくいくことが多い。そのため，具体的な問いから始まる本書は，法哲学に入門するために役立つだろう。

本書が想定する読者は，基本的には大学の学部学生や法科大学院生であるが，各章の問いそれ自体に関心を持つ方にも興味深く読んでもらえるだろう。また，法哲学のプロにもお楽しみいただけるようなポイントが，実は各所に秘められている。

■ **本書の構成：自由，平等，法と国家**

以上のようなねらいと性格を持つ本書にとって重要なのは，読者に問いかけることである。そのため，読者の関心をかきたてつつ，法哲学の中心的な論点と関わるような問いを厳選した。15の問いは，自由，平等，法と国家という3大テーマに区分され，それぞれ以下のようなテーマを検討対象としている。

第Ⅰ部「自由」
 01　自由の限界とその根拠　（←ドーピング）
 02　自己所有権の限界　（←臓器売買）
 03　自由の制約方法の限界　（←犯罪者の改良）
 04　市場の意義と限界　（←ダフ屋）
 05　権利主体性と権利の根拠　（←チンパンジーの権利）

第Ⅱ部「平等」
 06　差別とは何か　（←女性専用車両）
 07　婚姻に対する国家の関わり　（←同性婚）
 08　家族格差と平等　（←相続制度）
 09　国家の中立性と差別　（←児童手当）
 10　世代間正義　（←老齢年金）

第Ⅲ部「法と国家」
 11　裁判への国民参加　（←裁判員制度）
 12　民主制とポジティブ・アクション　（←女性議席）
 13　遵法義務　（←悪法問題）
 14　秩序の条件　（←国家廃止論）
 15　法とは何か　（←国際法）

本書はどの章からでも読み始めることができるようになっている。問いやテーマに関心を持った章から読み進めていっていただければと思う。

　また各章末には，それぞれの問いについて関心を持った読者のために，📖 **ブックガイド**を置いている。それを手がかりにして，さらに思考を深めていくことが可能になっている。

　最後になりますが，本書が刊行される契機を作っていただいた井上達夫先生，企画段階でご尽力いただいた法律文化社の秋山泰氏，多数の執筆陣を相手に手際よく編集作業を進めていただいた法律文化社の上田哲平氏には，心よりお礼を申し上げます。

　　2016年7月

　　　　　　　　　　　　　　　　　　　　　　　　　　　瀧　川　裕　英

目　次

はじめに

第Ⅰ部　自　由

01　ドーピングは禁止すべきか？ ── 2
1　ドーピングをめぐる現状 …………………………………………… 2
2　パターナリズムとフェアプレイ …………………………………… 6
3　スポーツの目的からの議論，そして国家の役割についての問題 … 9
4　私はこう考える ……………………………………………………… 14

02　自分の臓器を売ることは許されるべきか？ ── 19
1　はじめに：そして魔神現る ………………………………………… 19
2　なぜ移植患者のために臓器を提供しなくてよいのか …………… 19
3　所有権があることの意義 …………………………………………… 21
4　自己所有権は正当化できるか ……………………………………… 25
5　臓器売買を考える …………………………………………………… 26
6　自己所有権の限界を考える ………………………………………… 32
7　むすびに：魔神からの問いかけ …………………………………… 35

03　犯罪者を薬物で改善してよいか？ ── 40
1　はじめに ……………………………………………………………… 40
2　刑罰の条件 …………………………………………………………… 42
3　自由刑 ………………………………………………………………… 44
4　化学的去勢 …………………………………………………………… 49
5　おわりに ……………………………………………………………… 55

04　ダフ屋を規制すべきか？ ── 57
1　「ダフ屋を規制する」とはどういうことか ……………………… 57

v

- 2 なぜダフ屋を規制すべきなのか？……………………………………58
- 3 なぜダフ屋を規制すべきではないのか？……………………………61
- 4 可謬主義的市場論とは何か？…………………………………………68

05 チンパンジーは監禁されない権利を持つか？ ―――――― 74
- 1 はじめに…………………………………………………………………74
- 2 2つの視角：認識能力と法的権利の付与……………………………77
- 3 動物の権利と動物の福祉………………………………………………79
- 4 動物保護の法制度………………………………………………………82
- 5 再びチンパンジーへの法的権利の付与問題を考える………………87
- 6 おわりに：チンパンジーは監禁されない権利を持つか……………92

第Ⅱ部　平　　等

06 女性専用車両は男性差別か？ ――――――――――――― 96
- 1 はじめに…………………………………………………………………96
- 2 法律家の語り方：差別を語る前に……………………………………98
- 3 差別はなぜ許されるのか／許されないのか？ ……………………100
- 4 女性専用車両（男性排除車両）は男性差別か？ …………………108
- 5 結びに代えて …………………………………………………………113

07 同性間の婚姻を法的に認めるべきか？ ――――――――― 117
- 1 はじめに ………………………………………………………………117
- 2 単純な対立図式とその限界 …………………………………………119
- 3 婚姻とは何か？ ………………………………………………………121
- 4 国家が婚姻について法的に制度化するのはなぜか？ ……………122
- 5 国家による婚姻の法的制度化はそもそも必要か？ ………………123
- 6 「婚姻の私事化」の主張は魅力的・説得的か？ …………………126
- 7 おわりに ………………………………………………………………130

08 相続制度は廃止すべきか？ ――――――――――――― 135
- 1 はじめに ………………………………………………………………135
- 2 相続制度の存在理由 …………………………………………………137

3　平等主義による相続制度廃止論……………………………… 140
　　4　権利の性質による相続制度廃止論……………………………… 145

09　児童手当は独身者差別か？ ──── 152
　　1　2つの子ども問題…………………………………………………… 152
　　2　児童手当……………………………………………………………… 153
　　3　善に対する正義の優位…………………………………………… 156
　　4　児童手当は中立的か？…………………………………………… 161
　　5　発展的問題…………………………………………………………… 163

10　年金は世代間の助け合いであるべきか？ ──── 168
　　1　はじめに……………………………………………………………… 168
　　2　世代間正義のための公的年金…………………………………… 172
　　3　福利の時間的範囲………………………………………………… 175
　　4　まとめ………………………………………………………………… 181

第Ⅲ部　法と国家

11　裁判員制度は廃止すべきか？ ──── 186
　　1　裁判員制度をめぐる問題状況…………………………………… 186
　　2　裁判員制度を考えるために：法哲学からの視点……………… 188
　　3　裁判員制度は廃止すべきか……………………………………… 191
　　4　裁判員制度を廃止すべきではない……………………………… 196
　　5　裁判員制度は改革されなければならない……………………… 199

12　女性議席を設けるべきか？ ──── 202
　　1　はじめに……………………………………………………………… 202
　　2　日本における女性の過少代表と諸外国の多様なクォータ制……… 203
　　3　女性の過少代表と議会の正統性………………………………… 204
　　4　女性の過少代表と議会の判断の歪み…………………………… 207
　　5　ポジティブ・アクションとしてのクォータ制………………… 211
　　6　おわりに……………………………………………………………… 215

13 悪法に従う義務はあるか? —— 218

1 はじめに……218
2 悪法は法ではない:自然法論の「悪法」論……221
3 悪法も法だが,従うべきではない:法実証主義の悪法論……224
4 悪法にも従うべきである:遵法義務の根拠……228
5 悪法への不服従をどう考えるべきか?……230

14 国家は廃止すべきか? —— 235

1 「国家は要らない」と言いたくなるとき……235
2 国家不要論に関連する法哲学上の諸論点……237
3 自由は秩序を生み出すのか?……239
4 国家は要るのか,要らないのか?……243

15 国際社会に法は存在するか? —— 255

1 なぜこの問いか……255
2 問いの意味……256
3 制裁への着目……258
4 内的視点……262
5 国内法は法の典型例か……264
6 価値負荷性……268
7 結 論……271

索 引

執筆者紹介

第Ⅰ部──自　　由

01 ドーピングは禁止すべきか？

1 ── ドーピングをめぐる現状

1.1　蔓延するドーピング

　2005年，ランス・アームストロングはツール・ド・フランス7連覇を達成した。史上初の，しかも癌に侵され誰もが再起不能と見なした選手が成し遂げた偉業に，世界中が熱狂した。彼は競技外でも癌撲滅のためのキャンペーン（LIVESTRONG）に尽力するなど，人格的にも優れた，まさしくスーパースターだと多くの人が思っていた。だが，2012年USADA（合衆国アンチドーピング機関）は，アームストロングを「永久追放」すると宣言し，1998年8月1日以降の成績を抹消した。そして，彼自身ものちにテレビ番組でドーピングの事実を認めることになる。USADAによれば，98年以前から2005年までに，彼はエリスロポエチン（EPO），血液ドーピング，ステロイド，テストステロンを使用し，またチームメイトにも提供していた。彼の偉業はドーピングによって成し遂げられたものだったのだ。

　アームストロングだけではない。自転車競技自体が似たような事例の温床といえる。ツール・ド・フランスではすでに1955年からドーピングの事例が発覚しており，以降，毎年のようにといってもよい頻度でドーピングが摘発されている。アームストロングの事件の後も状況は変わらず，2009年には「ツール・ド・ドーピング」と書かれた横断幕を観客から掲げられてしまったほどだ。自転車競技だけではない。野球のメジャーリーグでも2013年にアレックス・ロドリゲスらスター選手13人がドーピング違反を疑われ処分を受けたのは記憶に新しい（バイオジェネシス・スキャンダル）。陸上，体操，ウェイトリフティング，スキー……いまやドーピング問題を抱えていない競技を探すほうが難しいかも

しれない。

1.2 ドーピングって何？

　ドーピングは一般には，選手の競技能力を向上させるために禁止された薬物その他の手段を用いる行為である。何が禁止された薬物その他にあたるのかは，オリンピックではIOC医事規程，その他のプロスポーツではほとんどの場合後述するWADAの規程を参照する形で各連盟が定めている。現在禁止されている物質や手段には様々なものがあり，また次々に新たな技術が生み出されているのだが，選手のどのような能力に作用して競技能力の向上を図るのかに応じて，概ね以下のように整理できる（高橋ほか 2000）。

　まず選手の精神に作用するものがある。エフェドリン，アンフェタミン，カフェインなどの興奮作用を持つ薬物は，選手の精神を高揚させるために使われてきた（カフェインについては2004年に使用が認められた）。これらはドーピングが最初に問題視された時期から使われてきたものである。他に精神への作用を目的にしたものとしては，アーチェリーなど緊張を抑制することが必要となる競技でのβブロッカーなどの遮断薬の使用があげられる。

　もっと有名なのは，筋肉の増量を目的としたドーピングだろう。このための手段としてはヒト成長ホルモンやステロイドが用いられる。ヒト成長ホルモンは現在遺伝子工学によって人工的な生産が可能であり，本来は下垂体性小人症などの治療のために投与されるものであるが，筋肉の増量を目的として使われている。テストステロンに代表されるステロイドホルモンには様々な種類があるが，いずれも男性化作用と蛋白同化作用とを有し，後者の作用を利用して筋量を増大させることができる。

　また，赤血球の分化を促すホルモン（エリスロポエチン：EPO）を人工的に合成し，これを投与して赤血球の数を増やし，したがって最大酸素摂取量を増やすというドーピングの手法も存在する。同様の効果を持つものに，血液ドーピングがある。これはその名のとおり，自分の（他人の場合もある）血液を事前に採取保存し，競技の前に再度注入する方法である。これらは主に持久系の競技において大きな力を発揮する。

　以上に加え，これらの物質が検査で発覚するのを防ぐための手段も，以下に

第I部 自　由

見るWADAの防止規程上はドーピングに含まれ，禁止されている。

1.3　ドーピング規制の進展

　もちろんこうしたドーピングが野放しにされているわけではない。むしろ禁止される薬物の種類は増え，検査は格段に厳格になっている。そして，それを実施するための制度枠組みもここ数十年で着実に発達を遂げている（小笠原ほか2007：ch. 10；ウォディントン＆スミス2014）。

　なかでも大きな進展は，世界アンチ・ドーピング機構（WADA）の設立であろう。ドーピングの禁止は各種スポーツ競技のルールの一部である以上，一義的にはそれぞれのスポーツ競技会の主催団体，プロリーグであれば主催連盟がドーピングを禁止し，取り締まる役割を担うことになる。例えばオリンピックであれば，IOC（国際オリンピック委員会）がその役割を持つ。つまり，この点ではドーピングの禁止はあくまで各団体の内部規律なのである。

　だが，ドーピング関連の技術が日々進化することを考えれば，競技団体ごとの個別的な対応を超えた組織の必要性は明らかだろう。1992年にスポーツにおけるドーピングに関する国際会議が開かれ，「スポーツにおけるドーピングに関するローザンヌ宣言」が採択されたが，その内容を受けて設置されたのがWADAである。WADAは2003年に世界ドーピング防止規程を策定し，これに基づき各スポーツ連盟に対して禁止物質のリストの伝達や検査の実施を担っている。各国でもWADAに対応する国内組織が設立され，国内の各スポーツ連盟と協力しつつ，ドーピング廃絶のための活動を行っている。日本にも日本アンチ・ドーピング機構（JADA）が置かれ，日本におけるドーピング検査の実施等を行うとともに，検査員の養成や教育事業等を推進している。

　第2に注目すべきは，国家の役割の増大である。2005年のユネスコ総会では「スポーツにおけるドーピングの防止に関する国際規約」が採択され，日本も翌年これを締結した（平19・1・18外務省告示第25号）。これはスポーツ分野における政府間条約・規約の最初のものであるという（小笠原2012：4）。ちなみにIOCはこの規程を承認した政府および国際競技連盟に限ってオリンピックへの参加を認める方針を発表している。このように，各国政府はドーピング規制に関して各種スポーツ団体との連携を深めている。日本でも2011年にスポーツ

基本法（平成23年法律第78号）が成立し，国がJADAと連携しドーピング防止に必要な施策をとる旨定められている（同法第29条：ドーピング防止活動の推進）[1]。WADAの理事会がスポーツ団体と各国の代表者同数から構成されているのもこの点を象徴していよう。さらに，フランス，オーストラリアなど，ドーピング規制についての特別法を持つ国もある（小笠原ほか前掲書：138）。これらの場合には，国家自身がドーピング規制の主体になっているといえる。

1.4　それでもドーピングはなくならない

こうした努力にもかかわらず，ドーピング関連の処分や疑惑の報道は現在も後を絶たない。その背景には次のような事情がある。第1に，ドーピング検査が厳格化されても，すぐに新しいドーピング手法や発覚を免れるための技術が現れてしまう。第2に，選手の側にはドーピングへの強いインセンティブがある。今日では多くのプロスポーツでも，またオリンピックでも，競技での成功は名誉だけでなく賞金，年俸，CM出演，スポンサー等による巨大な経済的成功と結びついている。さらに，トレーナーやコーチ，チームメイトの生活とキャリアも，選手本人の成功に掛かっている。かつてドーピングで金メダルを剥奪されたベン・ジョンソンのコーチ，チャーリー・フランシスは，巨額の報酬を前にして，薬を飲んで勝つか飲まずに負けるか，「選択の余地はない」と述べたという（岡田・黒田 1990）。

1.5　本当に禁止すべき？

だが，そもそもドーピングは本当に禁止すべきなのだろうか？

当たり前じゃないか，と思うかもしれない。そんな不自然で人工的なやり方で能力を伸ばして勝とうなんてダメに決まってる，と。だが，例えば栄養補助のために摂取される様々な最新式のサプリメントや，疲労回復のための酸素カプセルや，高地トレーニングと同じような効果を得るための減圧カプセルはどうなのか？　これらは「不自然」で「人工的」ではないのか？

また，ドーピングが禁止されるべきだとしても，それが国家によって，あるいは国家の協力の下で行われて良いかはまた別の問題かもしれない。国家はスポーツ実践とどのように関わるべきなのだろうか？

これらの問題に答えることは，見かけほど簡単ではないし，見かけほど周縁的なトピックでもない。むしろ，ドーピングをめぐる議論はいくつかの法哲学上の中心問題と密接に関わっている。以下では，ドーピング禁止のためによく持ち出される論拠を検討しつつ（2節），ドーピングの何が本当に問題なのかを析出し，そこからドーピング禁止における国家の役割がいかなる問題を生じるのかを指摘する（3節）。そのうえで論争的な私見を付け加えたい（4節）。

2 ── パターナリズムとフェアプレイ

2.1 ドーピングの副作用

　ドーピングの禁止を唱える人の多くが真っ先にあげるのは，それが選手にもたらす副作用の存在だろう。前節であげた薬物その他の手段の多くは，非常に重大な危害をもたらしうるとされる。例えばヒト成長ホルモンの投与には末端肥大症に似た症状が出現するリスクがあり，手指や足底の肥大，額の突出，声の変化などが生じる可能性がある。ステロイドには，男性化や女性化作用，動脈硬化，筋重量の過大な増加にともなう骨格への負担等の副作用がある。旧東ドイツでは，ビタミン剤等と偽って女子選手に大量のステロイドを摂取させていた疑いで五輪強化プログラムの医師らが選手から訴えられた。なかには肥大した筋肉で骨格自体が歪み，日常生活にも支障をきたすようになった者や，男性化作用の結果，性同一性障がいとなり，男性への性転換手術を受けた者もいるという（高橋前掲書：22-25）。EPOの投与にも，血液粘性が高まることによる脳梗塞や心筋梗塞のリスクがある。実際，過去にイタリアの自転車競技選手が突然死したのはEPOが原因であるといわれている（高橋前掲書：95）。これらのリスクから選手を守るためにドーピングは禁止すべきではないか？

　これらの副作用の存在は真剣に受け止めなければならないし，ドーピングに一定の規制をする論拠にはなるだろう。例えば旧東ドイツの事例のように選手を騙してドーピングをさせたり，未成年にドーピング薬を処方するのは許されないことになるだろう。だが，通常の判断能力を備えた成人のアスリートが副作用のリスクを知りつつ，それでも自己の勝利のためにドーピングの使用を決断することまでを禁じる根拠になるのだろうか。

2.2 パターナリズムとドーピング

ここにあるのは，ある人の自由や自己決定を制約することが，当人の利益になるという理由で正当化されるとする考え方である。これはパターナリズム（paternalism）と呼ばれる。パターナリズムに基づく自由の制限は，わたしたちにお馴染みのものである。例えば自動二輪のドライバーにヘルメットの着用を義務づけることを考えてみよう。その正当化根拠の少なくとも1つは，「それが本人のためなんだ」というものだろう。ドーピングは危険だから禁止されるべきだという人は，これと構造的には同じ主張をしているといえる。

パターナリズムによる自由の制限がどこまで認められるかは，法哲学の古典的問題の1つである。だが，自動二輪のヘルメット着用義務づけのことを考えてみれば，パターナリズムを根拠に自由が制限されるべき場合がありうることをほとんどの人は認めるだろう。

しかし，たとえパターナリズムの可能性を受け入れたとしても，それを根拠に全面的なドーピングの禁止を正当化するのは難しい。というのも，わたしたちはドーピングよりももっと身体的なリスクをともなう行為をしばしば許容している。例えば喫煙や飲酒のことを考えてみてもらいたい。そもそも競技によっては，競技自体が長期的には深刻な害悪を及ぼしうる。女子長距離選手は無月経になるリスクを負っているし，力士やボクサーは競技生活によって平均寿命が縮まるともいわれている。これらのリスクを許容しておきながら，パターナリズムに基づいてドーピングのみを禁止するのは整合性を欠くだろう[2]。

2.3 フェアプレイとドーピング

ドーピングは不公正（unfair）だから禁止すべきだ，という意見も多い。ドーピングによって選手は，他の選手にはない手段で競技能力を増強させることができ，その点で優位に立てる（そもそもそれがドーピングをする動機である）。だがそれは，試験でのカンニングと同じく，競争の公正さを損なう行為であり，したがって許されない。ドーピングはフェアプレイに反するのだ，と。

だがこの議論は的を外している。ドーピングが競争条件の平等に反するのは，そもそもドーピングが禁じられているからだ。持ち込み禁止の試験でのノートの持ち込みはもちろんカンニングだが，持ち込み可の試験ならカンニン

グではない。同じように，選手全員にドーピングを許すようにルールを改正すれば，競争の公正さは保たれるのではないのだろうか。

2.4 スポーツの公正さと経済的格差

これに対しては，次のような反論があるかもしれない。たしかにドーピングを自由化しても，全員が同一のルールに服しているのだから競争は形式的には平等かもしれない。しかしドーピングは高価だから，実際にドーピングが可能なのは多くの資金を持つ選手だけだろう。したがって競争は実質的には不平等になる。競争の公正さとは，競争条件の単なる形式的な平等ではなく，実質的な平等の達成をも意味するのでなければならない。よってやはりドーピングは不公正なのだ，と。

しかし第1に，ドーピングが富裕な選手だけに限られるのが問題なら，資金のない選手に補助金を与えるなどの方法でも問題は解消でき，必ずしもドーピングを禁止する必要はない。さらにこの点を別にしても，そもそもスポーツにおいて，このような資金力の不平等がすでに大きく存在していることを見落としてはならない。例えば国際大会における先進国の代表選手と途上国の代表選手の間には，練習環境や用具などに大きな格差が存在する。そしてこの差はドーピングの有無と少なくとも同程度か，あるいはそれ以上に，競技結果の差に結びついているだろう。資金力の差が結果を左右してしまうのでドーピングは問題だと主張するなら，こうした経済格差に基づく環境の不平等も問題にすべきではないだろうか。だが，この種の差がスポーツの結果を左右することを，わたしたちは特に問題だと思っていないだろう。

2.5 スポーツの公正さと遺伝的格差

さらに，実質的な平等が問題だというなら，次のような事例はどうだろう。ノルディックスキーの名選手であったイーロ・マンチランタは，並外れた持久力の持ち主だった。彼の赤血球の量は平均より40〜50％も多く，当然ドーピングが疑われた。だが，のちにこれは遺伝的変異のせいだとわかった。赤血球の生成は先述したエリスロポエチンが受容体と結びついて開始されるが，マンチランタは通常よりも過敏に作用するエリスロポエチン受容体を持っていたので

ある。いわば，彼は生まれながらに EPO をドーピングされたような状態にあったのだ。

　もし，スポーツの公正さが競争条件の実質的な平等をも要求するというのであれば，このような遺伝的資質の不平等も是正されるべきだと言わなければならないだろう。だが，わたしたちはそのようには考えまい。選手の遺伝的な特質は，彼／彼女らのパフォーマンスに大きく影響するだろうが，それはスポーツではむしろ当然のことだと考えるだろう。

　結局のところわたしたちは競争条件の実質的平等をスポーツにおいては気にしていない。したがってドーピングがもたらすかもしれない実質的不平等は，わたしたちがドーピングに対して抱く反感の根拠とはいえないのである。

3──スポーツの目的からの議論，そして国家の役割についての問題

3.1　スポーツには目的がある

　あなたはこう言いたくなっているかもしれない。「副作用の危険性や不公平さがないとしても，ドーピングは競技自体を台無しにしてしまう。ステロイドを服用して打席に臨んでよい野球や，EPO を限界まで注射した選手によるツールなんていうのは，もはや野球や自転車競技の名に値しない。だからドーピングは禁止すべきだ」と。「競技が台無しになる」というのは少し曖昧な表現だ。だがこの主張は一理ある。たしかに，仮に副作用がなく，全員がそれを平等に使用できたとしても，MLB の選手が自由にステロイドを使って構わないと言い切るのはためらわれる。そしてその理由は，ドーピングが競技それ自体におよぼす影響と関係しているように思えるのである。

　マイケル・サンデルのドーピング反対論は，こうした直観を，より明確に理論化している（サンデル 2010a : ch. 2；サンデル 2010b : 264-269）。次のような事例を考えてみよう。ケーシー・マーティンはプロゴルファーだが，足に障害を負っていた。そのためトーナメントでホールからホールへ移動する際，ゴルフカートを使いたいと申し出た。だが全米プロゴルフ協会はこの要求を拒否した。そこでマーティンはアメリカ障害者法（ADA）に基づきカート使用権を認めるよう，訴訟を提起した。連邦最高裁はマーティンにカート使用権を認めた

が，その論拠は，カートを使わずにコースを歩くことは，ゴルフという競技の本質的な要素（essential aspect）ではなく，したがって一部の選手にカートの使用を認めても競技が損なわれることにはならないというものであった。この事例を敷衍してサンデルは，スポーツの制度のあり方を評価するにあたっては，スポーツ競技の「本質」ないし「目的（telos）」を考慮しなくてはならないのだと指摘する。

3.2 「美徳」への実践としてのスポーツ

ではその「目的」とは何か？ ここで，ちょっとだけ耳慣れない用語を導入しておこう。それは「美徳（virtue）」ないし「卓越性（excellence）」という言葉である[3]。これは一般には，主体の意図や欲求にかかわらず，身につけたり発揮されることがそれ自体として望ましい，人間のすぐれた性格や特質を指す。例えば「知識があること」という性質を考えてみよう。「俺は知識なんていらないよ」と言う人がいたとして，それでも人間である以上はやっぱり知識を身につけるほうが——単に知識が他のことに役に立つからではなく，知識を身につけることそれ自体が——良いだろうか？ これにもし Yes と答えるならば，あなたは知識を身につけることを美徳と見なしていることになる。もちろん知識以外にも様々なものが美徳でありうる。

サンデルはスポーツの目的にはこの美徳の考え方があるとする。彼によれば，スポーツの目的は，人間が自らの美徳や卓越性を示そうと試み，それを祝福（celebrate）することにあるという。なんだか大げさに聞こえるかもしれない。だがスポーツを観戦するときのわたしたちの態度を思い出してみよう。わたしたちは素晴らしいプレーに拍手したり感心したりするが，それはどうしてだろうか？ それはプレーに表現された人間のすぐれた特質に心を動かされるからではないだろうか。陸上のような記録系の競技を考えればわかりやすいだろう。100m走の世界新記録の走りを見るとき，観客が目にするのは人間の卓越した特質であり，まさにそれに対して観客は熱狂し賛辞を送るだろう（「超人！」「人類の限界を更新した」などと彼らは言うだろう）。これをサンデルは「美徳」という語で表現しているのである。スポーツは美徳への実践なのだ。

3.3 美徳を損なうものとしてのドーピング

スポーツが美徳への実践だという指摘は説得的だ。だが，このこととドーピングの問題がどう関係するのだろうか？　この点を考えるためには，サンデルの考えるスポーツの美徳の中身をまず理解しなくてはならない。

サンデルは，スポーツの目的たる美徳を，人間が与えられた能力や資質の限界を受容し，そのなかで自らの能力や資質を最大限に開花させることに見出している（サンデル 2010a）。才能や資質は個人によって残酷なまでに異なるし，あくまで人間である以上，選手に与えられた能力には種としての限界がある。だが生来可能な骨格や筋肉量の差，動体視力の良さなどを所与として受け入れつつ，それでも最大のパフォーマンスをあげようとすることにこそ，スポーツにおける美徳がある。

そして，ドーピングはこのような美徳を損なってしまうとサンデルは考える。なぜならドーピングは，所与とされるべき選手の能力や資質自体を（時に人間という種の通常の限界を超えて）向上させ，強化しようとするからだ。ドーピングのうえでのパフォーマンスは，もはや限界を受容したうえでの能力資質の最大限の開花などではなく，むしろその対極にあるものに変容してしまう。だからどんなに凄い記録が出たとしても，それは賞賛されるべき美徳の実現ではない。したがって，美徳への実践というスポーツの目的はドーピングによって損なわれてしまうのである。[4]

サンデルのこの議論は，わたしたちがドーピングの何を本当に懸念しているのかを的確に捉えている。たとえ仮にステロイドに実は副作用が全くないと言われても，全員にその使用が認められて競技の公正さを損なわないと言われても，毎イニング場外ホームランが出てエンターテイメントとしてもっと面白くなると言われても，多くの人はドーピング有りの野球に賛成する気持ちにはなれないだろう。なぜなら，そこにはわたしたちがスポーツの本質的目的と考えているものが存在しないからだ。この点にこそ，ドーピングを憂慮する真の理由があるのである。

3.4 卓越主義とその不安

スポーツの目的と美徳からの議論は，スポーツ関連団体の内部規律としての

ドーピングの禁止を正当化してくれるだろう。だがこの論拠から，国家がこれらの団体の規制に対して援助したり，国家自身が主体的に法的規制を行うことまでを正当化できるだろうか？

当然そうでしょ？ と思うかもしれない。誰にとっても備えるのが望ましい美徳があるのだとしたら，その美徳に沿った生き方へと人を導くのは，その主体が私的団体であっても国家であっても変わらず良いことだろう。いやむしろ，強大な権力を有している国家のほうが，よりよく人々を美徳を備えた生へと導くのにふさわしいかもしれない。国家はどういうものが美徳かを市民に教えたり，美徳に反するような実践を禁じたり，美徳を促進するような制度に助成することができる。こうした様々な仕方で，一定の人間的理想の実現へと個人を陶冶することを国家の役割とする考え方は，卓越主義（perfectionism）と呼ばれている。例えばサンデルはこの意味での卓越主義者の一人である。卓越主義者は，スポーツの美徳を保全するために，国家がドーピング禁止の主体となることになんら問題を見出さないだろう。

何が美徳かが自明で，美徳を備えた生が誰にとっても価値ある人生だと言えるとしたら，それを陶冶する役割が国家に与えられても特に問題はないかもしれない。だが実際には，何が美徳かは必ずしも自明ではなく，何が価値のある生き方かについての各人の見解——これを哲学者たちはしばしば「善き生の構想」と呼ぶ——は互いに大きく異なっている[5]。あなた自身の「人生の目標」や「価値観」を周囲の人のそれと比べてみれば，このことはよくわかるだろう。

このように，善き生の構想が各人で異なっていて，それらの間に優劣はつけられないように見えること（善き生の構想の多元性）を前提にすると，卓越主義的国家像には不安がある。そこでは，「美徳ある生」のような一定の善き生の見解が公定され，異なる価値観を持つ個人までもが公定された「理想的生き方」へ向けて「陶冶」されていってしまうように見えるからだ。

3.5 中立性原理とドーピング規制

こうした懸念を前提にすれば，国家の政策は，特定の善き生の構想の本質的価値に基づくべきではなく，人々が抱く善き生の構想から中立であるべきだ——このような発想にわたしたちは行き着くだろう。すなわち，ある生き方が

別の生き方より劣っているとか，この生き方こそが誰にとっても価値ある生だという理由から，個人の自由を制約したり，制度を助成したりすべきではない。善き生き方を構想し，追求するのは諸個人の自由で自律的な選択に委ねられるべきだ。この考え方は，中立性原理（neutrality principle）とか反卓越主義（anti-perfectionism）と呼ばれている。

中立性原理の根拠や意義，射程をめぐっては多くの議論がある[6]。とはいえ，人々の抱く善き生の構想の多元性をふまえれば，中立性原理か，少なくともそれに近似した原理は妥当であると言ってよさそうだ。しかし，そうだとすればドーピング禁止において国家が積極的役割を果たすのは許されるのだろうか。なぜなら，ドーピングを禁じる根拠がスポーツの美徳が損なわれるのを防ぐことにあるのだとすると，国家がドーピング禁止を援助したりその主体となったりすることは，ある一定の事柄が美徳であり，それを発揮したりそれを評価する生き方が誰にとっても善き生であるという見方を根拠として国家が行動することに他ならないように見えるからである。これはまさに中立性原理が禁じていることである。中立性原理を受け入れるなら，ドーピングについて国家が許されるのは，せいぜい各スポーツ団体の自己規律を尊重することに留まるのではないだろうか？

3.6 背後にある問題

実はここにあるのは，法哲学の世界で言えば，一般に中立性原理を認めるリベラリズムの立場と，一般に卓越主義を認める共同体論者（サンデルもこの一人だった）との間で問題となった論点の一つである（キムリッカ 2005：357-362）。

共同体論者の懸念の1つは次のようなものである。単に個人の生の選択に対して国家が干渉しなければ，人々が善く生きられるというわけではない。なぜなら，人は現実にはゼロから生き方を構想するわけではなく，すでにある文化的社会的実践のなかから，生き方の範型や価値観を選びとったり学んだりしなければならないからである。よって生き方の自律的選択が真に有意義であるためには，選択の背後にある文化的社会的実践の豊かさや多様性が保障されている必要がある。だが，様々な文化実践は個人の自由な選択に委ねたままでは，価値あるものであっても衰退・消滅する可能性がある。よって国家はかかる文

化や社会実践を保護し，自律的選択の背景となる文脈の豊かさを保障すべきである。

しかし中立性原理を支持するリベラリズムは，このような文脈の豊かさを保障できない。というのも，中立性原理からすれば特定の生き方や実践が価値を有することを根拠に国家が行為してはならないのだから，特定の文化社会実践の保護や援助に国家が関わることは禁じられてしまうのではないか。

要するに中立性原理を支持するリベラリズムは自壊的である。例えば「自由に好きなサークルに入れます！」と言われても，実は大学にサークルが1つしかなかったり，全部同じようなテニスサークルだったりすればどうだろうか。このとき「自由なサークル選び」というのは画餅に過ぎないだろう。同じように，価値ある生き方の選択肢として，多様な文化的社会的実践がなければ，生き方についての「自由で自律的な選択」が本当に存在しているとは言えないだろう。「善き生き方を構想し，追求するのは諸個人の自由で自律的な選択に委ねられるべきだ」とリベラリズムは言うが，実際にはその理念に反するような社会の出現を彼らは容認してしまうのである。

4 ── 私はこう考える

4.1 リベラルの応答

上記の批判は，中立性原理（ないしそれに類似の立場）を支持するリベラリズムにとって応答すべき問題を提起している。だが本当に中立性原理を支持すると，国家は芸術や文化と関わり合いを持てなくなるのだろうか。たしかに，特定の芸術が他よりも価値があるなどといった理由で補助金を支出したり，まして特定の文化実践が無価値だからその実践に制裁を科すことは中立性原理に反していそうだ。しかし，国家と芸術や文化との関わり方はそれら以外にもありうるのではないだろうか？

ここで国家の芸術助成に関するロナルド・ドゥオーキンの議論を参照しよう（ドゥオーキン 2012：ch. 13）。彼によれば，特定の芸術作品や形態を，その美的価値を理由に保護助成することはたしかに認められない。だが「その美的価値を可能にし，我々にとってそれらを価値たらしめる構造的枠組み」を国家が支

援することには問題がない，と彼は述べる。この文化構造のパラダイム的事例としてドゥオーキンは言語をあげる。言語は貧しくなったり豊かになったりしうるが，言語を豊かにする，あるいは貧困化を防ぐことは，誰かの特定の価値観に反するわけではなく，誰かの生き方の選択肢を狭めるわけでもない。むしろそれは生き方の選択肢自体を豊かにし，諸個人の自由な選択の前提的文脈を豊かにする。この意味で文化構造自体への国家の積極的支援は，中立性原理には反しない。

そして，ドゥオーキンによれば，文化構造の豊かさを決定づける要素の1つは過去の文化的蓄積である。わたしたちは一部の現代芸術がそうであるように——パロディやオマージュといった手法を想起すればよいだろう——過去の種々の文化的蓄積を利用しながら文化を創造的に発展させていく。逆に言えば，過去の文化的蓄積がなければ文化は貧しくなる。この考え方からすれば，文化構造自体の豊かさを保護する目的であれば，特定の形態の芸術や作品に対する公金支出——例えば特定の映画のフィルムを保存することも，中立性原理に反しないことになろう。

ドーピングと国家の関わりについても同様に考えれば良いのではないか。スポーツも芸術と同様に，善き生の構想のための「文脈」を提供するものであるからである。ドーピングは現在のスポーツ実践の美徳を損なう。そうだとすれば，ドーピング規制に失敗するならば，そのことによってわたしたちの善き生の選択の前提となる文化構造はそのぶん貧しいものになるだろう。したがって，ドーピングを禁止する実践に対して国家が協力し，またその主体となることは，豊かな文化構造を維持する目的によって遂行される限り，中立性原理を承認する立場からも認められる。そこでわたしたちは特定の美徳を備えた生が他の生より価値があるといった判断に依拠しているわけではないからである。

4.2 自由の限界をもっと遠くへ

やっとわたしたちはドーピングがなぜ禁じられるべきか，そしてドーピング規制における国家の積極的役割を擁護する議論を手にした。これで1.5で提示した問いには答えたことになる。だが誤解を恐れず言えば，法哲学の学習で重要なのは，理解することよりも議論することである。そこで，最後に若干論

争的な見解を付け加えておこう。私はここまでの議論から，ドーピング禁止に対する国家の積極的支援が認められると考える。だが一方で，ドーピングを禁じないような新たなスポーツ実践——例えば医師の監督下でドーピングの使用を認める新しい野球のリーグの設立——を国家が禁じることまでは正当化できないとも考えている。もしそうした「スポーツ」が仮に提案され，それが選手に深刻な健康上のリスクを与えない形で実践されるなら，中立性原理を支持する国家はそれを無価値だとか美徳に反するといった理由で禁じることはできず，むしろそれを認めなければならないと主張したい。

馬鹿げていると思うだろうか？ しかし芸術でもスポーツでも，それまでのやり方への冒涜と誹られるような実践が，徐々に新しい価値を見出され，広まっていった例はいくらでもある。かつてプロのコーチをつけて練習することは，陸上競技のアマチュア精神を損なうと批判された。エレキギターを持ったボブ・ディランは，それまでのファンから激しく非難された。同じように，ドーピングを認める野球も，はじめはスポーツへの冒涜だと批判されながらも，そこに新しい価値が見出されることになるかもしれない（し，そうでないかもしれない）。それはある種の賭けである[7]。だが，善き生の構想の前提となる文化の少なくない部分はそうやって作られてきた。そうだとすれば，わたしたちの自由の限界はもっと遠くに引かれるべきではないだろうか——私はこう考えるが，あなたはどう考えるだろうか？

📖 ブックガイド

① ハミルトン，タイラー＆コイル，ダニエル（2013）『シークレット・レース—ツール・ド・フランスの知られざる内幕』児島修訳，小学館
　　選手自身によるドーピングの実態の告白。読みやすく，ドーピング問題の入り口として最適。

② サンデル，マイケル（2012）『それをお金で買いますか—市場主義の限界』鬼澤忍訳，早川書房
　　美徳の観点から制度を評価するというサンデルの発想に関心があるなら，まずこちらを読むと良い。

③ ドゥオーキン，ロナルド（2012）『原理の問題』森村進・鳥澤円訳，岩波書店
　　本章で扱ったドゥオーキンの議論が収められている。初学者には難しいが，興味のある章だけでも挑戦する価値はある。

〔注〕

1) アイヴァン・ウォディントンらによれば，WADAの設立は，IOCの反ドーピング政策が効果をあげていないことに業を煮やした各国政府の圧力の所産であるという（ウォディントン&スミス 2014：ch. 10）。その意味ではWADAの設立自体がドーピング規制における国家の役割の増大という現象の一例といえるかもしれない。

2) 倫理学者のジュリアン・サヴレスキュ（Julian Savulescu）は，副作用から選手を守るためにはむしろドーピングを解禁するほうが良いと主張している（Savulescu 2012）。彼によれば，選手にはドーピングへの強いインセンティブがあり，一方で検査によって発覚する可能性は低いという現状に鑑みれば，ドーピング禁止の実効性は低く，現実的でない。それよりは次善の策として，ドーピングを解禁し，そのかわりに健康状態についての医師のモニタリングを義務づけるほうが，結果として選手たちの健康はより良く守られるだろうという。サヴレスキュの提案が正しいかは議論の余地があるだろうが，副作用による健康被害を防ぐためという目的が直ちにドーピングの禁止を正当化するわけではないことには注意が必要である。むしろ，現状の禁止は適切な医学的観点からの助言を欠いたままドーピングをする選手を増加させ，却って害悪を増やしているのかもしれない。

3) 単に「徳」と呼ばれることもある。

4) だが，もしかするとサンデルの言うような美徳とドーピングとの関係はより微妙なものかもしれない。ドーピングによってどの程度競技能力を向上させることができるかには先天的な個人差がある。ある医師によれば「ドーピングが横行するレースで勝つのは，もっとも激しくトレーニングした者ではなく，もっとも激しくトレーニングし，かつ，もっとも上手く薬物に身体的な適応をした者なのだ」という（ハミルトン&コイル 2013：116-117）。そうだとすれば，ドーピングは「人間の所与の能力資質を受容し，その中でその限界を探ること」に違背しないどころか，まさにそのような実践に他ならない，という見方もできないわけではないかもしれない。

5) ちなみにこれは近年のサンデルの主張全般に対して言える事柄である。サンデルは，様々な社会制度の目的をそれが称揚し涵養する美徳によって理解し，正当化しなくてはならないのだと言う。そして彼は非常に多様な美徳の例をあげる。にもかかわらず，なぜそれらが美徳と言えるのかという問題をほとんど気にかけていない。何が美徳かが論争的である場合にも——このようなケースの存在をサンデルも認めている——その論争をどうやって解決するべきかについて，サンデルは公共的討議が必要かつ不可避であると指摘する以上のことを述べていない。

6) よくある誤解を防ぐために1つだけ付け加えておくと，中立性原理は国家政策の根拠を限定するものであって，国家があらゆる善き生の構想の実現可能性を等しく保障することを要求するものではない。

7) もちろん賭けの見通しは現状では暗いだろう。現在ドーピングを行っているスポーツ選手がそのようなドーピング有りの競技に移行するとも考え難い。彼／彼女らの目的はドーピングが禁止された現在の競技のなかで勝利することであって，ドーピング有りの競技をしたいということではないからである。とはいえ，ドーピングに対する人々の拒否反応は実はごく最近になって生じた現象であるという指摘もある（ウォディントン&スミス 2014）。このことを考えれば，将来ドーピング有りの競技が社会に受け入れられ

るというのも，そこまで突飛な想像ではないのかもしれない．

〔文献〕

ウォディントン，アイヴァン＆スミス，アンディ（2014）『スポーツと薬物の社会学――現状とその歴史的背景』大平章・麻生亨志・大木富訳，彩流社

小笠原正・塩野宏・松尾浩也編集代表（2012）『スポーツ六法 2012』信山社

小笠原正ほか（2007）『導入対話によるスポーツ法学〔改訂第2版〕』不磨書房

岡田晃・黒田善雄編著（1990）『Sportsmedicine Express1――ドーピングの現状・現実を語る』ブックハウスHD

キムリッカ，ウィル（2005）『新版 現代政治理論』千葉眞・岡崎晴輝ほか訳，日本経済評論社（Kymlicka, Will, *Contemporary Political Philosophy: An Introduction,* second edition, Oxford University Press, 2002）

サンデル，マイケル（2010a）『完全な人間を目指さなくてもよい理由――遺伝子操作とエンハンスメントの倫理』林芳紀・伊吹友秀訳，ナカニシヤ出版（Sandel, Michael, *The Case Against Perfection: Ethics in The Age of Genetic Engineering,* Belknap Harvard, 2007）

サンデル，マイケル（2010b）『これからの「正義」の話をしよう――いまを生き延びるための哲学』鬼澤忍訳，早川書房（Sandel, Michael, *Justice: What's the Right Thing to Do?,* Farrar Straus and Giroux, 2009）

サンデル，マイケル（2012）『それをお金で買いますか――市場主義の限界』鬼澤忍訳，早川書房（Sandel, Michael, *What Money Can't Buy: The Moral Limits of Markets,* Farrar Straus and Giroux, 2012）

高橋正人・立木幸俊・河野俊彦（2000）『ドーピング――スポーツの底辺に広がる恐怖の薬物』講談社

ドゥオーキン，ロナルド（2012）『原理の問題』森村進・鳥澤円訳，岩波書店（Dworkin, Ronald, *A Matter of Principle,* Harvard University Press, 1985）

ハミルトン，タイラー＆コイル，ダニエル（2013）『シークレット・レース――ツール・ド・フランスの知られざる内幕』児島修訳，小学館

Savulescu, Julian, 'Permit Doping So We Can Monitor It', NyTimes. com, August 7, 2012, http://www.nytimes.com/roomfordebate/2012/08/07/should-doping-be-allowed-in-sports/permit-doping-so-we-can-monitor-it/ (last accessed at 2015/08/24)

Tännsjö, Torbjörn (2009) 'Medical Enhancement and the Ethos of Elite Sport', in Savulescu, J. and Bostrom, N. eds., *Human Enhancement,* Oxford University Press

【米村幸太郎】

02 自分の臓器を売ることは許されるべきか？

1 ── はじめに：そして魔神現る

　あなたの臓器は他の誰のものでもなく，「あなたのもの」に思われる。それでは，「あなたの本」や「あなたの自動車」のように，「あなたの臓器」を誰かに売ることは許されるだろうか。本章では，「自分の体は自分のものだ」という道徳的直観に依拠する自己所有権[1]とその限界について考えてみたい。

　自己所有権を考えることを通して，日常生活では，当たり前のものとして受け入れられている法制度や法概念に対する疑問が湧いてくる，あるいは，いまある法制度や法概念が当たり前のものとして受け入れられていること自体が「なぜなんだろう」と不思議なことに感じられるとすれば，あなたは法哲学の入り口に立っていることになる。まずは，「当たり前のもの」と考えられていることの不思議さを感じてもらうために，少し遠回りに思われるかもしれないが，「魔神があなたの臓器を要求する」という架空の話から始めよう[2]。

　ある日，魔神があなたの前に現れたと想像してほしい。その魔神は世のため人のために尽くす「善良な」魔神だという。そして，その魔神はできるだけ多くの人々が幸せになれるように様々な活動をしているという。

2 ── なぜ移植患者のために臓器を提供しなくてよいのか

2.1　魔神からの要求

　こう聞いたあなたは，魔神があなたのために何かよいことをしてくれるのではないかと期待したかもしれない。しかし，話の続きを聞くとそうではなかった。魔神は次のように話を続けた。「今，世界には臓器移植を必要としている

第Ⅰ部　自　由

人が何人もいる。ところで，おまえはとても健康だ。そこで私からの頼みだが，おまえの臓器を臓器移植を必要としている人々に提供してもらえないか。おまえが，心臓，肝臓，膵臓を1つずつ，そして2つの腎臓を提供してくれれば5人の命を救うことができるのだが」と。

「ちょっと待って」とあなたは言いたくなるだろう。あなたは魔神に「5人の命が救われるかもしれないが，私の命はどうなるのか」と強い口調で抗議した。魔神は少し不機嫌になって，次のように話した。「たしかに，おまえの命は失われるだろう。しかし，おまえ1人の命で5人の命が救われる。素晴らしいことではないか」と。「おまえはできるだけ多くの人が幸せになれる社会が素晴らしいとは思わないのか」と魔神はあなたに問いかけてきた。

あなたは，「なぜ私が犠牲にならなければならないのか」と尋ねたくなるかもしれない。その問いに対して，魔神は，穏やかに次のように答えた。「おまえは何も悪いことはしていない。これは何かの罰ではない。安心しろ。単におまえが不運だったというだけだ。今回おまえが臓器提供者とされたのは，公正なくじの結果だ。ただそれだけだ」と。

あなたが，魔神の話に納得せずにいると，魔神は次のようにあなたを非難し始めた。「多くの人の幸せの実現に協力する気がないとは，おまえは，なんと身勝手な人間なんだ。たしかに，おまえが臓器提供者に選ばれたことは，おまえにとっては不運だったかもしれない。だが，社会全体から見れば，5人の命が失われるよりは，1人の命が失われるほうがましではないか。もしおまえが臓器提供を拒めば，5人の命が失われることになるんだぞ」。

そして最後に魔神はこう述べた。「私は魔神だから，お前が納得しなくても，できるだけ多くの人間の幸福のために，いつでもおまえの臓器を取り上げることができる。しかし……」，と魔神は続けた。「私は善良な魔神だから，私がおまえに対して不正な要求をしているのだとすれば，臓器提供の要求は撤回しよう。おまえは私の要求が正しくないと説明できるのか」。

あなたはどのようにして，魔神のこの要求を正当に拒否することができるだろうか。

2.2 魔神からの要求を拒否できるか

いま述べた魔神の要求は，生命倫理学者のジョン・ハリスが提示した「サバイバル・ロッタリー」をもとにしたものである（ハリス 1988）。ここで問いかけられていることは，要するに，もし，1人の命と5人の命で，どちらを救うべきか問われたときに，5人を救うべきだと答えるのであれば，たとえあなたが命を失うことになったとしても，5人の命を救うほうが望ましいのではないか，ということである。あなたはどう考えるだろうか。

そもそも，多くの人の役に立つのであれば，私たちはどんなものでも差し出さなければならないのだろうか。魔神があなたに突きつける要求は，命でさえ，多くの人の幸せのためになるのであれば差し出せ，というものである。多くの人の命のためであっても，さすがに命まで差し出す義務はないだろう，とあなたは思うかもしれない。しかし，魔神がもう少し控えめな要求をしてきたらどうだろうか。「腎臓1個，あるいは肝臓の一部を提供しろ」という要求である。心臓を提供すれば命に関わるが，腎臓1個，肝臓の一部であれば，健康を損ねることはあっても，命が失われることはない。「それならばよいか」と魔神が尋ねてきたら，あなたはどう応じるだろうか。

もし，あなたが，魔神の要求にも一理あり，臓器を提供しなければならないのではないかと思い始めているのであれば，もう少し考えてみてほしい。私たちは，「多くの人の役に立つため」であれば，個人の「わがまま」は少しも許されないと考えているのだろうか。このことを考えるために，臓器提供の話から少し離れて，「誰もが欲しがるトランペット」の話をしよう。

3 ── 所有権があることの意義

3.1 誰もが欲しがるトランペット

あなたは大学生でジャズバンドのサークルに所属している，と想像してほしい。あなたはトランペット奏者である。あなたは，トランペット奏者であれば誰もが手にしたいと思う素晴らしい音色のトランペットを所有している。それを所有しているのは，あなたが額に汗して働いてお金を貯めて購入したからかもしれないし，裕福で気前の良い親戚のおじさんがくれたからかもしれない。入

手の過程はどのようであっても，それが違法なものでない限り構わない。重要なことは，あなたが，そのトランペットの正当な所有者であるという点である。

さて，あなたのジャズバンドサークルには，あなたの他に3人のトランペット奏者がいるとする。その3人は，あなたのトランペットを吹きたくて仕方がない。そこで，サークルで次のような話になったと考えてほしい。あなたのトランペットを日替わりで，あなたを含め4人のトランペット奏者で順に使うことが提案され，あなた以外の3人が賛成し，あなただけが反対した。この場合，多数決による決定だからという理由で，あなたは自分のトランペットを他の3人にも使わせなければならないのだろうか。

もし，そのトランペットがあなたの所有物であれば，あなたが望まない限り，他人に使わせる義務はないはずである。仮に，あなた以外のトランペット奏者がそれを望んだとしても，である。あなたがそのトランペットを所有し，所有者として所有権を有している限り，そのトランペットに対して「排他的支配権」を有しているのだから，他人の言うことを聞く必要はない。たとえ他の3人のトランペット奏者が不満に思ったとしても，あなたの「勝手」にしてよいはずである。

3.2 自由を保障する所有権

さらに，次のような場合も考えてみてほしい。残念ながら，あなたは素晴らしいトランペットを持ってはいるが，演奏技術はいまひとつである。他のメンバーのほうがはるかに演奏技術が高いとしよう。所有者であるあなた以外のメンバーがそのトランペットを使ったほうが，コンクールでの入賞の可能性が高まると考えられた結果，ジャズバンド部員の多数が，あなたのトランペットを別のメンバーに使わせるように要求してきた。さて，あなたは，トランペットを他のメンバーに使わせなければならないだろうか。

この状況で，もし，あなたがサークルの入賞に少しでも貢献するために，トランペットを他のメンバーに使わせたいと考えたのならば，使わせることができる。しかし，使わせたくないと考えれば，使わせなくてよい。使わせたくない理由を説明する義務もないだろう。使わせたくなければ，使わせる必要はな

い。それが，所有権という物に対する直接的で排他的な支配権を有していることの意義である。

　私たちが生きる現代の日本社会では，憲法によって，財産権が保障され（憲法29条1項），所有権は，民法によって「自由にその所有物の使用，収益及び処分をする権利」と規定されている（民法206条）。あなたが，あなたのトランペットに対して所有権を有している限り，あなたが使いたいように使うことができ，それを人に貸したいと思えば貸すこともできる。人に貸す場合には，使用料を取ってもよいし取らなくてもよいだろう。また，それを誰かに売ることも，無償で譲り渡すこともできる。捨ててもよい。所有権を有しているのであれば，原則として，誰にも気兼ねすることなく，その物に対してあなたの好きなようにしてよいはずである。つまり，あなたの「わがまま」が認められるということである。所有権を持つということはこういうことである。このような形で所有権は個人の自由を保障しているのである。

3.3　「切り札」としての所有権

　このように考えてくると，所有権は，「全体の利益」に対する「切り札」として，物の利用に関する個人の自由を守るものと見ることができる（権利を切り札と見る権利観はドゥウォーキン2003を参照）。そうすると，所有権が成立している物については，「誰かの役に立つから」，「みんなの役に立つから」という理由で提供を求められたとしても，所有権を有することを根拠として，その要求を正当に拒否できると考えてよさそうである。

　次のような例を考えてほしい。もし，あなたが宝くじに当たり，大金を手にしたとする。それを知ったあなたの友人が，そのお金は困った人のために寄付すべきだと言ったとしよう。あなたは寄付をしなければならないだろうか。寄付をする義務はないはずである。なぜか。それは，そのお金があなたのものだからである。あなたがそのお金をどのように使おうが，それはあなたの自由である[3]。財産権が保障され，私的所有が認められている社会では，所有物に対する扱いは，所有権者が自由に決められるのである。

　もっとも，所有権は絶対ではない。「所有権絶対の原則」は近代私法原理の1つとされるが，わが国の法制度を見ても，例えば，財産権を保障する憲法29

条は，2項で，「財産権の内容は，公共の福祉に適合するやうに，法律でこれを定める」としているし，さらには，3項で，「私有財産は，正当な補償の下に，これを公共のために用いることができる」としている。また，所有権の内容を定める民法206条も，「法令の制限内において」という条件を付している。実際，土地に対する所有権も，建築基準法や都市計画法等によって様々な制約が課せられており，所有権が認められるからといって「何でもあり」というように完全に自由なわけではない。所有権は絶対ではないのである。

3.4 「みんなのため」と所有権

しかし，だからといって，「公共の福祉」や「みんなのため」というキーワードを持ち出せば，どのようにでも所有権を制限できると考えることはできないし，「法令」に基づきさえすれば，どのように所有権を制限してもよいと考えることもできないだろう。仮に際限なく所有権の制限が認められるのだとすれば，財産権を保障し，私的所有を認めていることにならないからである。

そもそも，財産権を保障するということは，「みんなの役に立つ」という観点から国家が物の利用について決定するのではなく，個々の所有者が自由に所有している物の利用について決定することを認めることである。私的所有を認めるということは，物の利用に関する個人の決定をできる限り尊重しなければならないということである。私的所有が認められている社会では，所有物の利用法は，「みんなの役に立つから」ということで公的に決められるものではなく，所有者がどうしたいかによって私的に決められるものである。

さて，もともとの話に戻ろう。もし，臓器に対して所有権を有しているのであれば，魔神の要求を拒否することができそうである。臓器に対する所有権を自分が持っているのであれば，「私の臓器は私のもの」だから，自分の好きなようにしてよいはずである。多くの人の命を救うために提供したいと思えば提供してもよいし，逆に，多くの人の役に立つかもしれないが，自分は提供したくないと考えるのであれば提供しなくてもよい。自己所有権が成立するということは，そういうことである。すなわち，臓器を含め自分の身体に所有権が存在し，自分がその所有権者であるということである。

それでは，このような自己所有権はどのようにして正当化できるのだろう

か。

4 ── 自己所有権は正当化できるか

4.1 ロック的自己所有権論

　自己所有権の正当化は，それほど難しいことではないかもしれない。なぜなら，自己所有権の考え方は，私たちの道徳的直観に強く訴えるものだと考えられるからである。「私の体は私のものだ。私の臓器も私のものだ。だから私の好きなようにしてよいはずである」との主張は，多くの人に道徳的直観として受け入れられるもののように思われる。

　例えば，ジョン・ロックは，『統治論』の第27節で，「すべての人間は，自分自身の身体に対する所有権をもっている。これに対しては，本人以外のだれもどんな権利ももっていない」と述べている（ロック 2007：33）。あなたは，このロックの主張が道徳的直観に反すると考えるだろうか。

　また「自己所有権のテーゼを現代の哲学界に再生させた」（森村 1995：37）とされるロバート・ノージックは，ロック的な自己所有権論をもとにして，リバタリアニズムと呼ばれる最小国家を正当とする正義論を強力に展開した（ノージック 1995）。ノージックの議論が魅力的に感じられ，一定の説得力を持つのは，「人は自身の体を所有し，その体を用いて得たものはその人自身のものだ」という自己所有権テーゼが直観的に正しいと感じられるからではないだろうか。[7]

4.2　マルクス主義も!?

　さらに，最小国家を理想とするリバタリアニズムとは全く相容れないと考えられるマルクス主義も，その思想の根底には，自己所有権の観念を潜在させていると言われる（コーエン 2005：13）。コーエンの考えによれば，マルクス主義は，資本家による労働者の搾取を問題にするが，それは，「資本家が労働者の労働時間を盗んでいる」という批判であり，そのように主張できるためには，労働者が労働時間に対する権利を持っていなければならないが，「労働者が労働時間に対する権利を持っている」というのは，とりもなおさず，「労働者は

自らの労働する能力の正当な所有者である」ということであり，それは，自己所有権テーゼだということになる（コーエン 2005：205-206）。こうして，マルクス主義も自己所有権テーゼを受け入れていると考えられるのである。

このように考えてみると，「私の体は私のものだ」という自己所有権テーゼは当然に認められるべきもののように思われる。自己所有権テーゼが私たちの道徳的直観に訴えかける力には抗いがたいものがあるように感じられる。「われわれは意識していないにせよ自己所有権テーゼを自明の理として受け入れている」（森村 1995：35）といってもよいかもしれない。しかし，「私が私の体を所有している」のであれば，その所有権に基づいて私の体を私が売ることも許されるということになりそうだが，現実はどうだろうか。

5 ── 臓器売買を考える

5.1 法規制の現状

自分の体に対して所有権を持つのであれば，当然に，臓器売買は認められることになりそうだが，臓器売買に関する法規制はどのようになっているだろうか。

わが国では，臓器売買は，臓器移植法によって明文で禁止されており（臓器移植法11条），違法行為である臓器売買を行えば刑事罰が科される（臓器移植法20条）。わが国の臓器移植法は，もっぱら，死体からの臓器移植を規制する法律であり，生体臓器移植に関しては，法律のレベルでの規制はなく，学会の指針による規制があるのみと言われるが，こと臓器売買の禁止に限っては，生体，死体を問わないとされている。したがって，あなたが，誰かに臓器を売りたいと考えても，現行法上，あなたの臓器をあなたが売ることは認められないし，死後に臓器を提供するからと約束して，金銭を受け取ることもできないのである。

このような臓器売買の禁止は，わが国に限ったことではなく，世界的な趨勢といえる。国際移植学会（The Transplantation Society）と国際腎臓学会（International Society of Nephrology）が2008年に公表した「イスタンブール宣言」（The Declaration of Istanbul on Organ Trafficking and Transplant Tourism）では，臓器取引は禁止すべきも

のと明確に述べられており（イスタンブール宣言，原則6），世界保健機関（WHO）も2010年に世界保健会議（WHA）で承認した「ヒトの細胞，組織および臓器の移植に関するWHO指導指針」（WHO Guiding Principles on Human Cell, Tissue and Organ Transplantation）で，臓器売買を禁止すべきものとしている（指導指針5）。他国についても，例えば，アメリカでは，連邦法である全米臓器移植法（National Organ Transplant Act, NOTA）によって，臓器売買は刑事罰が科される違法行為として禁止されているなど（NOTA, Title III），多くの国において，臓器売買は違法行為として禁止されている。

臓器売買が禁止されているこのような事実を，どう考えたらよいだろうか。「私の体は私のものである」つまり「私の体の所有権は私が持っている」という自己所有権の考えを受け入れるのであれば，私の体の一部である臓器は，所有権に基づいて売買することができるように思われる。しかし，臓器売買は違法行為として禁止されている現実がある。この「矛盾」をどのように考えたらよいのだろうか。自己所有権の考えが誤っているのだろうか。それとも，今ある法規制が間違っているのだろうか。

5.2 公序良俗違反？

まずは，臓器売買を禁止する法規制が正しいかについて考えてみたい。臓器売買はなぜ認められないのだろうか。

1つには，「臓器売買は公序良俗に反するから」という理由が考えられそうである。しかし，臓器売買を禁止する理由としての「公序良俗違反」は，一見もっともらしく感じられるが，しかし，少し考えてみると，確たる根拠というには不十分なもののように思われる。なぜなら，「臓器売買は公序良俗違反だ」と述べるだけであれば，なぜ，臓器売買が公序良俗に反するといえるのかの理由が明らかではないからである。「臓器売買は公序良俗に反するから禁止されるべき」との主張は，簡単に分析してみると，①「公序良俗に反する行為は禁止されるべき」であるところ，②「臓器売買は公序良俗に反する行為」であり，したがって，③「臓器売買は禁止すべき」という主張であると考えられる。しかし，②についての論証がなければ，仮に，「公序良俗に反するものは禁止すべきである」との①の主張を受け入れたとしても，臓器売買が公序良俗

に反するか否かが不明確なままであるから，この主張を直ちに認めるわけにはいかないだろう。

ただ，これに対しては，臓器売買が公序良俗違反といえるのは臓器移植法によって臓器売買が禁止されているからである，という反論がありえるかもしれない。たしかに，臓器売買を民法90条にいう公序良俗違反と考える限りは，「法令で禁じられているのだから公序良俗違反である」との主張が可能であるように思われる（山本 2000：92参照）。しかし，そもそも問われていたのは，「なぜ臓器売買を法的に禁止すべきなのか」というものだったはずである。にもかかわらず，この反論では，第1の「なぜ臓器売買は法的に禁止すべきなのか」との問いの答えとして，「公序良俗に反するから」と答え，第2の「なぜ臓器売買は公序良俗違反に当たるのか」との問いに対する答えとして，臓器移植法によって「臓器売買が法的に禁止されているから」と答えていることになる。これでは，「なぜ臓器売買は法的に禁止すべきものなのか」との問いに対して「臓器売買は法的に禁止されているから」と答えていることになってしまい，結局のところ，本来の問いに対して何も答えていないのと同じである。

以上のように考えると，「臓器売買は公序良俗違反だ」という説明は，臓器売買の禁止根拠を示したことにはならないように思われる。それでは，臓器売買を禁止する実質的な理由はないのだろうか。もし，明確な禁止根拠が見つからないとなれば，「なぜ私の体は私のものなのに私の好きに売ることが許されないのか」という自己所有権テーゼに基づく疑問に答えることができず，現在の法規制は無根拠なものとなりかねないが，どうだろうか。

5.3　公平・正義・人間の尊厳

臓器売買禁止の根拠としては，例えば，イスタンブール宣言が述べる，公平，正義，人間の尊厳といった原則に反するということが考えられる。これらは，臓器売買を禁止する十分な根拠といえるだろうか。少し検討してみたい。

まず，臓器売買は公平性に反する，という主張を考えてみよう。臓器売買が認められれば，「お金持ち」しか臓器を買うことができなくなると考えて，それが公平性に反すると思われるかもしれない。しかし，臓器売買を認めたからといって無償提供を禁止するわけではないから，必ずしも裕福な者しか臓器を

手に入れられないということではないだろう。臓器売買が認められたとしても、例えば親族間での無償提供が皆無になるとは考えにくい。もちろん、臓器売買が認められれば、無償提供が減り有償提供が増え、結果として裕福な者が有利になり、不公平が生じるかもしれない。しかし、そうした「不公平」は、高額の医療や医薬品についていくらでも生じている[10]。にもかかわらず、なぜ、臓器売買だけが禁止されるのか。公平性という理由は、臓器売買を禁止する論拠としては不十分ではないだろうか。

次に、臓器売買は正義に反する、という主張を考えてみよう。この主張も、臓器売買は公序良俗に反するという主張と同じように、これだけでは、なぜ臓器売買が正義に反するのかが明らかではない。また、むしろ臓器売買を禁止することのほうが正義に反すると考える余地すらあるかもしれない。もし、自己所有権テーゼを正しいものとして受け入れるとすれば、自分の臓器を売ることは自分の所有権の行使であるところ、それを理由もなく制限することは不当な所有権の侵害で正義に反すると考えられるかもしれないからである（自己所有権論者であれば、このように考えるほうが自然ではないだろうか）。少なくとも、なぜ臓器売買が正義に反するのかについての根拠が明らかにされない限り、臓器売買が正義に反すると断じることは、単なる決めつけに留まるのではないだろうか。

最後に、臓器売買は人間の尊厳に反する、という主張を考えてみよう。この主張も、これだけであれば、単に、臓器売買は人間の尊厳に反する、と断定しているだけの主張であり、十分な説得力を持つとは言い難い。というのも、なぜ臓器売買が人間の尊厳に反するのか、という肝心な点が明らかにされていないからである。

以上のように、公平、正義、人間の尊厳に反するという主張は、臓器売買を禁止する根拠としては十分なものとはいえないだろう。それでは、臓器売買を禁止する根拠として他に何か考えられないだろうか。

5.4　強制あるいは搾取？

臓器売買を禁止すべきなのは、それを認めると、貧しい者に対する強制・搾取を許すことになるから禁止すべきだという主張がある。この主張によれば、

臓器売買が認められると，結果的にお金に困っている者が臓器を売ることになり，対して，買い手は，おそらく相当の高額になるであろう臓器を買うことができる者だから，相応の富裕者だと考えられ，これが，貧しい者に対する富める者による搾取だと考えるのである。また，貧しい者は，お金に困っているから臓器を売ることになるのであり，これは，売りたくないものを売らされる，ある種の強制だと考えるのである。そして，こうした強制や搾取を排除するために，臓器売買を禁止すべきだと考えるのである。それでは，こうした「強制」や「搾取」は臓器売買禁止の根拠といえるだろうか。

　詐欺や脅迫によって臓器を売らされるのではなく，あくまで自発的に臓器を売ると決めているのであれば，それを強制と見なすことには無理があるだろう。もちろん，臓器を売るという決定の背景には，お金に困ったためということがあるかもしれない。しかし，お金に困って大切な車や家をしぶしぶ売るということはしばしば見受けられると思うが，それを「強制」と見なして，車や家の売買を禁止するだろうか。お金に困っての車や家の売却は「強制」だから認められない，ということであれば話は別だが，そうでないのであれば，「強制」を理由とする臓器売買禁止論の説得力は弱いと考えるべきだろう[11]。

　また，臓器売買は，貧困層に対する搾取につながるから禁止すべきとの議論も，お金に困っていない者からの臓器売買であれば（例えば，臓器を売る資格を高額所得者に限る？），臓器売買は認めてよいのかという批判が考えられるため，臓器売買を一部の者に制限すべきだとの議論としては一定の説得力があるかもしれないが，臓器売買の完全な禁止論としては弱いだろう。このように，強制や搾取も，臓器売買を禁止する理由としては十分に説得力を持つものとは言い難い。

　ここまで，臓器売買の禁止根拠として，公平，正義，人間の尊厳の原則に反すること，また，臓器売買が強制や搾取に当たる，という主張を検討してみたが，いずれも，禁止根拠として十分なものではなかった[12]。このように，臓器売買は，その禁止が世界的趨勢ではあるものの，その根拠となると意外にはっきりしないのである。他方で，臓器売買を認めるべきだとの有力な主張が存在している。もし，臓器売買について，禁止の根拠が不明確で，容認すべき主張のほうに説得力があるならば，現実の法規制はどう説明すればよいことになるの

だろうか。現実の法規制は臓器売買を禁止しているが，その法規制には理由がないことになってしまうのだろうか。

5.5 臓器売買容認論

アメリカの法学者のなかには，臓器売買容認論を主張する者が少なくない[13]。

例えば，エプステインは，利他主義に基づく臓器提供，すなわち臓器の無償提供と合わせて，市場取引に基づく臓器提供，すなわち臓器売買を認めるべきだという（Epstein 2008）。なぜなら，それが，臓器不足の有効な緩和手段となるからである。たしかに，無償での提供には応じないが，有償での提供には応じるという者が一定数存在するのだとすれば，無償提供のみを認めるのではなく，臓器売買も認めたほうが臓器提供件数の総数は大きくなると考えられる。臓器売買を禁じる明確な根拠がないのであれば，少しでも多くの臓器を移植患者に提供すべく，政策的な観点から臓器売買を認めるべきと考えることができるかもしれない。どうだろうか。

また，ヴォロクは，「医療上の自衛の権利」という考え方を根拠として，臓器売買を容認できると主張する（Volokh 2007）。すなわち，自分の命を守るためには，正当防衛として人を殺すことさえも許される場合があるのだから，自分の命を守るためであれば臓器を買うことも許される，と考えるのである。例えば，ここに，有償であれば臓器提供を考えるが，そうでなければ臓器を提供しない，と考えるXがいて，他方で，移植用臓器を必要とし，Xが提示する臓器の対価を支払えるYがいた場合，臓器売買が禁止されてさえいなければ，YはXから臓器を購入することにより生きることができる。しかし，臓器売買が禁止されていると，Yは生きることができない。このように考えれば，Yが臓器を得て生きることを妨げるものは，臓器売買を禁止する法規制だということになる。通常は許されない人の命を奪う行為も自らの命を守るためであれば，すなわち正当防衛であれば許される余地があるのだから，自らの命を守るために臓器を買うことも許されるべきだ，とヴォロクは訴えかけるのである。あなたはどう考えるだろうか。

また，「契約の自由」の観念に訴えて臓器売買の合法化を主張する議論がグッドウィンによってなされている（Goodwin 2007）。たしかに，契約はその内

第Ⅰ部 自 由

容を当事者の合意によって自由に決められるものだとする契約自由の原則に基づけば，臓器売買も，当事者が合意している限り認められるべきもののように思われるがどうか。

6 ── 自己所有権の限界を考える

6.1 前提としての自己所有権

　前節で紹介した臓器売買容認論が正しいのであれば，臓器売買を禁じる理由はないということになりそうだが，どうだろうか。ただ，こうした臓器売買容認論は，いずれも，臓器を取引の対象，つまり所有権の対象だということを暗黙裡に前提にしているように思われる。もし，自己所有権テーゼが正しいのであれば，臓器売買の是非を論じる際の前提として，臓器を所有権の対象としてもよいのかもしれない。しかし，もし，臓器がそもそも所有権の対象でないとすれば，臓器は本人の意思で売ってよいものではなく，たとえ臓器売買を認めたほうが臓器提供件数を増やすことになろうとも，それによって命の助かる者が増えようとも，臓器売買は許されないということになるかもしれない。

　こうして，臓器は所有権の対象か（そもそも臓器はその人の所有物といえるのか）という問いの検討が必要になり，自己所有権テーゼを改めて吟味する必要性が生じるのである。本章のこれまでの議論では，自己所有権テーゼが道徳的直観に訴える力を素直に受け入れ，一応，自己所有権テーゼは正しいものとして議論を進めてきた。しかし，そもそも自己所有権テーゼは正しいといえるのだろうか。このことについて改めて考えてみたい。

6.2 自己は所有できない？

　カントは，「人間は自己自身の所有物ではない」と述べ，自己所有権を明確に否定する（カント 2002：166）。カントによれば，人は物ではないので処分の対象ではないところ，人が自身を所有できるとすれば，物ではない人間を物として扱うことになり（物だから処分の対象となりうることになり），矛盾だと考えるのである。カントは，人は人格であり所有権の主体で，物は所有権の客体だと考えるため，人が所有者であると同時に所有物でもあると考えざるをえない

自己所有権は矛盾であり不可能なものだと考えるのである[14]。

たしかに,「私が私を所有する」というのは,少し奇妙に感じられる。所有する主体と所有する対象が同一であることに違和感を抱いたとしてもおかしくない。なぜなら,通常は,所有権という権利を有する「人」がいて,所有権の対象となる「物」があると考えられるところ,「人」と「物」,つまり「権利の主体」と「権利の客体」とが同一であることが不可能に感じられるからである。しかし,本当に不可能だろうか。

例えば,身体の一部である髪の毛や歯であれば,それを物のように扱うことは現実に可能だろう。髪や歯を使用することも,処分することも,売ることも,それが許されるかどうかは別として,物理的に不可能かと問われれば,それは不可能ではない。さらに,「自己自身の所有」ということが,「身体全体」あるいは「人格」の所有を意味するのだとしても,それはある程度は可能であろう。身体全体や人格を他人に譲渡する（＝奴隷になる）ことも,身体全体や人格を処分すること（＝自殺）も事実としては可能だからである[15]。

したがって,「自己を所有すること」は事実としては不可能ではない。問題は,それが許されるか,である。つまり,問われるべきことは,自己所有は可能だとしても自己所有を認めてよいか,ということであり,さらに言えば,自己所有を権利として認めるべきか,ということなのである[16]。

6.3 自己所有権を認めるべきか

自己は所有できるし,自己に対する所有権を想定することも可能である。しかし,自己に対する所有権を認めてよいのだろうか。

例えば,身体全体や人格を他人に譲渡する（＝奴隷になる）ことや,身体全体や人格を処分すること（＝自殺）は事実としては可能であると述べたが,これらは許されるべきことだろうか。日本法も含め,近代法が前提とする価値観に基づけば,奴隷や自殺を当然に認めることには無理がありそうである。いまを生きる私たちの道徳的直観としても,自分の体は自分のものだということと同じ程度かそれ以上に,「自殺は許されることではない」,「奴隷は認められない」と考えられているようにも思われる。そうすると,自分の体は自分のものだとしても,身体全体や人格の譲渡や処分までは認められないと,私たちは考

えていると理解することが妥当であるように思われる[17]。

　しかし，このような理解は，自己に対する所有権の内容に一定の制約を課すことの理由にはなっても，自己所有権を否定する理由にはならないかもしれない。自己所有権テーゼは，身体全体や人格の譲渡や処分は認められないことを含みこむことが可能であり，「私の体は私のものだが命や人格を毀損する権利はない」と主張する穏当な自己所有権テーゼへと修正可能だからである。それではこのような穏当な自己所有権テーゼを受け入れた場合，臓器に対する所有権はどのように理解すべきだろうか。

6.4　臓器に対する所有権

　穏当な自己所有権テーゼの下では，命に関わる臓器の提供は，自殺と同視されて許されないかもしれないが，命に関わらない臓器の譲渡や処分は自殺ではないから許されるだろう。また，身体の一部を譲渡や処分しても，人格を譲渡したり処分したりすることにならず奴隷になるわけでもないから許されるだろう。このように考えると，臓器に対する所有権は認められるべきもののように思われる。

　また，現実の医療実践を考えても，臓器に対する所有権は一定程度認められるべきものであるように思われる。わが国を含め，移植医療を認めつつ臓器売買を禁止している多くの国では，臓器の無償提供が認められ推奨されている。そして，臓器の提供にあたっては，提供者本人の意思を尊重することがきわめて重要だと考えられている。それはなぜなのか。理由としては，臓器はやはりその人のものだからだ，と考えるのが素直に思われる。つまり，提供される臓器は提供者のものだから，所有物の譲渡に際して所有権者の意思を最も尊重すべきなのは当然であると考えるのである。このことから，私たちの社会では，臓器に対する所有権がある程度すでに認められていると考えることもできるかもしれない。

　しかし，このような現実の医療実践を根拠に議論を進めるのであれば，臓器売買が禁止されている現実をどのように説明するのか，という疑問が生じる。臓器に対する所有権を認めるのであれば，臓器売買が認められるはずであるのに，なぜそうなっていないのだろうか。

6.5 臓器に対する適切な権利構成は何か

　臓器の無償提供を推奨しつつ，臓器売買を禁止することは矛盾ではないのか。もし，臓器が所有権の対象であれば，そうかもしれない。しかし，臓器に対して，所有権以外の権利構成を考えることはできないだろうか。

　例えば，身体に対するプライバシー権はどうだろうか[18]。アメリカでは，女性の中絶の権利がプライバシー権として認められている[19]。ここにいうプライバシー権は，自己決定権とも呼べるもので（新保 2000：163），身体に関する決定は，自分自身が行い，国家を含め他人が口出しできるものではないとして，身体に関する自由を保障するものである。しかし，所有権とは異なり，身体に対して対価をともなう交換や譲渡は認められない。臓器に関しても，同様に考えることはできないだろうか。

　また，臓器に関して所有権を認めたとしても，適切な制約を正当化できれば，無償提供のみ認められ有償提供は禁止される，という結論を導くことができるかもしれない。所有権は，使用，収益，処分に代表されるように，様々な権利の束だと考えることができる。もし，有償譲渡の権利が制約されるという論証に成功すれば，臓器売買を禁止しつつ臓器の無償提供を認める移植医療制度を正当化できる余地がありうるだろう。

　このようにして，臓器売買の是非を考えることは，臓器という特殊な財に対する権利をどのように設定するのか，という問題につながっている。それはまた，臓器をめぐって，私的決定の領域（自己決定の領域つまり自由の領域）をどこまで認めるべきか，という問題である。つまるところ，ここで問われていることは，臓器に関する私的決定の領域をどのような権利構成でどこまで認めるのか[20]，そして，それはどのようにして正当化できるのか，である。あなたはどのように考えるだろうか。

7 ── むすびに：魔神からの問いかけ

　最後に，本章の冒頭で登場した魔神にもう一度登場してもらうことにしよう。

　魔神は，相変わらず，あなたに臓器の提供を要求している。ここまでいろい

ろと考えてきたあなたは，自己所有権テーゼを根拠にして，魔神の要求を拒否した。「私の臓器は私のものだ。他の人の役に立つとしても，私には提供する義務はない。私の臓器が私のものである限り，私の自由にできるはずだ」と。

魔神は，あなたの主張に一応納得した様子で，「それならば……」，と次の提案をしてきた。「いくら出したら，おまえの臓器を売ってくれるんだ。おまえの臓器はおまえのものだから，おまえが納得すれば臓器を譲ってくれるんだろう。さあ，いくらだ。言い値で買うぞ」。

自己所有権を認め，臓器を売る自由を認める社会が自由を尊重する社会なのだろうか。あるいは，自己所有権には何らかの制約を課して，臓器を売る自由まではないとする社会が，自由を尊重する社会なのだろうか。自己所有権の限界を考察することは，自由な社会とはどのような社会か，を問うことにつながっているのである。

「臓器を売ることは私たちの社会では認められていない」と言ったあなたに，魔神は問いかける。「なぜもっと自由な社会を構想しないのか」と。あなたはどのように答えるだろうか。

📖 ブックガイド

① 森村進（1995）『財産権の理論』弘文堂
　自己所有権テーゼを擁護する立場から，自己所有権を包括的かつ詳細に検討する。
② 森村進（2004）「臓器はいかに分配されるべきか——社会正義・公序良俗・取引の自由の交錯」長谷川晃・角田猛之編『ブリッジブック法哲学』信山社
　臓器売買禁止論に疑問を投げかけながら，私たちの素朴な正義観の再検討を迫る。
③ 奥田純一郎（2009）「生命倫理と法——臓器売買問題を中心として」井上達夫編『現代法哲学講義』信山社
　移植医療の正当性まで遡って検討し，臓器売買は認められないと主張する。

〔注〕
1）　下川によれば，「自己所有権」という言葉は，コーエンによって普及したという。下川は「人身所有権」との名称が適切であると述べる（下川 2000：25；コーエン 2005も参照）。本章でも，臓器売買について考えるため，人身に対する所有権と捉えたほうがわかりやすいが，「自己所有権」という言葉が普及しているため，こちらを用いる。
2）　「法と経済学」で有名なカラブレイジは，ロースクールの1年生の講義で，「魔神」に関する質問をするという（カラブレイジ 1989：13）。本章でも，カラブレイジに倣い，

魔神に登場願うことにしよう。
3) それでは，様々な形で課されている「税」の存在をどのように考えるべきか。税と所有権の関わりをどのように考えるかは，きわめて興味深い法哲学的論点の1つである。マーフィー＆ネーゲル 2006を一読してほしい（ちなみに，この著作の原題は『所有の神話』である）。
4)「財産権はこれを侵してはならない」（1項）としつつ，「財産権の内容は……法律で……定める」（2項）というのはどういうことなのだろうか。不可侵のはずの財産権の内容は法律でどのようにでも決められるということなのだろうか。なぜ財産権の内容を法律で決める必要があるのか。この「謎」に対する1つの答えは，長谷部 2010：46-49 にある。
5) 所有権の限界については，民法の教科書の該当部分を確認してほしい（例えば，千葉・藤原・七戸 2008：19-27）。
6) 公共のために財産権を制限する最たる例は，土地収用などの公用収用である。税と同様に，公用収用も財産権，所有権を法哲学的に考える手がかりを様々な形で提供してくれる（エプステイン 2000が参考になる）。
7) もちろん，ノージックの自己所有権論に基づくリバタリアニズム正義論は様々な批判にさらされている（例えば，キムリッカ 2005：158-188）。
8) 本章では，第1節と第2節とで，「魔神からの要求」という形でハリスのサバイバル・ロッタリーについて考え，自己所有権テーゼの説得力と魅力を示そうとしたが，森村も同様にサバイバル・ロッタリーをどのように否定するかという検討を通して，自己所有権テーゼの説得力を示している（森村 1995：28-33）。
9) これに対し，サンデルは，臓器売買を認める者も，自己所有権に基づいて認めるわけではないと述べる（サンデル 2010：95-96）。
10) 医療保険制度が整備されているわが国では，こうした「不公平」は実感しにくいかもしれない。
11) 臓器を売ることは「強制」によると考える立場は，そもそも臓器は「売ってはならないもの」だとの前提に立っているのかもしれない。つまり，臓器は「売ってはならないもの」で「売る」ことは通常は考えられないところ，それをするということは何らかの「強制」に基づいて「売らされている」としか思えない，と考えているのかもしれない。しかし，そうであれば，「臓器は『売ってはならないもの』である」という前提を，「強制」を根拠とせずに論証しなければならないはずである。
12) もちろん，臓器売買の禁止論はこれだけではない。例えば，サンデルは，「公正」と「腐敗」の2つの観点から臓器売買に異論を唱えられるという（サンデル 2012：157）。
13) ここでは，紙幅の都合上，簡単な紹介に留めざるをえないが，アメリカにおける臓器売買容認論をさらに検討したいのであれば，今井 2004：186-189；鈴木 2010：185；鈴木 2012：3-35を参照してほしい。
14) カントはこのようにして自己所有権を否定し，「人間には自分の一本の歯もその他の手足も売る資格がない」（カント 2002：166）と述べるので，臓器売買も認めないものと考えられる。
15) 厳密には，身体全体や人格を完全に他人に譲渡することはできないかもしれない。奴隷の「反乱」が存在する以上，奴隷は完全に身体全体や人格を譲渡しているわけではな

いようにも思われる。しかし，身体全体や人格に対する「権利」の譲渡だと考えれば，他人への完全な譲渡はありうる。事実として，奴隷が主人の意向に従わないとしても，そのように反抗する「権利」（＝自由）は奴隷には全くないと考えることが可能だからである。「身体全体や人格を完全に他人に譲渡することは事実として可能である」という説明は，より正確には，「身体全体や人格に対する『一切の権利』を他人に譲渡することは，事実として『観念することが』可能である」と言い換えるべきかもしれない。
16) コーエンは，自己所有権概念（コンセプト）と自己所有権命題（テーゼ）を分けて考えるべきだと述べる（コーエン 2005：298）。
17) 自己所有権テーゼを徹底させ，身体全体や人格の譲渡や処分まで認めるべきだという主張も不可能ではないが，そうすると，かえって自己所有権テーゼの持つ直観的な説得力は減じるように思われる。
18) アメリカ法においては，身体に対する権利は，所有権や準所有権として構成される場合とプライバシー権として構成される場合がある（Rao 2000を参照）。
19) Roe v. Wade, 410 U. S. 113 (1973). 判決の概要については，小竹 2012を参照。
20) 自己所有権として考えられている権利は，「自己防衛権」や「自己用益権」というべきものであるとの主張（高橋 2005）や，ロックの考える自己所有権テーゼを，各人が「『労働による所有』の主体」であることを表明したものと捉え，ロックは身体使用権を認めても，労働の産物ではない身体に対しては，譲渡や処分を含む所有権は認めないとする見解がある（今村 2011：213-214）。

〔文献〕

今井竜也（2004）「臓器提供インセンティブの法と倫理―選択肢としての有償提供」『法哲学年報2003 ジェンダー，セクシュアリティと法』有斐閣

今村健一郎（2011）『労働と所有の哲学―ジョン・ロックから現代へ』昭和堂

エプステイン，リチャード・A.（2000）『公用収用の理論―公法私法二分論の克服と統合』松浦好治監訳，木鐸社

カラブレイジ，グイド（1989）『多元的社会の理想と法』松浦好治・松浦以津子訳，木鐸社

カント（2002）「コリンズ道徳哲学」『カント全集20 講義録Ⅱ』御子柴善之訳，岩波書店

キムリッカ，W.（2005）『新版 現代政治理論』千葉眞・岡崎晴輝ほか訳，日本経済評論社

コーエン，G. A.（2005）『自己所有権・自由・平等』松井暁・中村宗之訳，青木書店

小竹聡（2012）「妊娠中絶と憲法上のプライバシーの権利(1)［Roe v. Wade］」『アメリカ法判例百選 別冊ジュリスト213号』有斐閣

サンデル，マイケル（2010）『これからの「正義」の話をしよう―いまを生き延びるための哲学』鬼澤忍訳，早川書房

サンデル，マイケル（2012）『それをお金で買いますか―市場主義の限界』鬼澤忍訳，早川書房

下川潔（2000）『ジョン・ロックの自由主義政治哲学』名古屋大学出版会

新保史生（2000）『プライバシーの権利の生成と展開』成文堂

鈴木慎太郎（2010）「臓器をめぐる所有と交換の法理」『法哲学年報2009 リスク社会と法』有斐閣

鈴木慎太郎（2012）「アメリカ法学における臓器売買論の検討」『愛知学院大学論叢 法学研

究』53 巻 1・2 号
高橋文彦（2005）「自己・所有・身体―私の体は私のものか？」森田成満編『法と身体』国際書院
千葉恵美子・藤原正則・七戸克彦（2008）『民法 2―物権〔第 2 版補訂版〕』有斐閣
ドゥウォーキン，ロナルド（2003）『権利論〔増補版〕』木下毅・小林公・野坂泰司訳，木鐸社
ノージック，ロバート（1995）『アナーキー・国家・ユートピア―国家の正当性とその限界』嶋津格訳，木鐸社
長谷部恭男（2010）『憲法入門』羽鳥書店
ハリス，ジョン（1988）「臓器移植の必要性」加藤尚武・飯田亘之編『バイオエシックスの基礎』新田章訳，東海大学出版会
マーフィー，L. & ネーゲル，T.（2006）『税と正義』伊藤恭彦訳，名古屋大学出版会
森村進（1995）『財産権の理論』弘文堂
ロック（2007）『統治論』宮川透訳，中央公論新社
山本敬三（2000）『公序良俗論の再構成』有斐閣
Epstein, Richard A.（2008）*The Human and Economic Dimensions of Altruism: The Case of Organ Transplantation*, 37 J. LEGAL STUD. 459
Goodwin, Michele（2007）*The Body Market: Race Politics and Private Ordering*, 49 ARIZ. L. REV. 599
Volokh, Eugene（2007）*Medical Self-Defense, Prohibited Experimental Therapies, and Payment for Organs*, 120 HARV. L. REV. 1813
Rao, Radhika（2000）*Property, Privacy, and the Human Body*, 80 B. U. L. REV. 359

【鈴木慎太郎】

03 犯罪者を薬物で改善してよいか？

1 ── はじめに

1.1 選択肢としての化学的去勢

　犯罪者に対してどのような処遇をすることが望ましいのだろうか。犯罪者は悪いことをしたのだから、一定の権利を制約されるのはやむをえない。したがって、一般の人に対して行うことが許されない居住、移転の自由（憲法22条1項）や、財産権（憲法29条1項）などの制限を犯罪者に課すことが許される場合もあるだろう。しかし、犯罪者であっても、あらゆる権利を剥奪されるわけではなく、犯罪者に対してであれば、何をやってもよいというわけでもなかろう。それでは、どのような刑罰の方法であれば道徳的に許されるのだろうか。

　2012年5月23日の「中央日報」（日本語版）によると、2012年、韓国において「性暴力犯罪者の性衝動薬物治療に関する法律」に基づき、一人の性犯罪者に対して「化学的去勢」の処置が実施された。化学的去勢とは、薬物の注射によって、男性ホルモンのメカニズムを調整し、性欲自体を抑制しようとするものであり、性器を切除するといった「物理的去勢」から区分される。化学的去勢は、韓国だけではなく、アメリカのいくつかの州や北欧などでも実施されている。また、日本においても法務省（法務省2006）で検討したこともあったようである。本章において考えたいのは、このような刑罰の方法は許されるのか、という問題である。化学的去勢の実施国においても、このような処置が道徳的に許されるのかといった問題については、激しい論争が展開されているようであり、刑罰の方法に関して考えるうえで、現在における議論の焦点の1つとなっている。

　化学的去勢は50年前であれば、夢物語に過ぎなかったかもしれない。しか

し，脳科学などの進展にともない，脳の機能に対する理解が深まるとともに，その評価はともかく，化学的去勢は現在においてはわれわれの選択肢の1つとして登場しているのである。たしかに化学的去勢は多くの人にとってはおぞましいものであろう。しかし，おぞましいか，おぞましくないかは，慣れによる部分も少なくない。日本において行われている刑罰の方法の主たるものは自由刑と罰金刑であるが，これらが実際に行われており，馴染み深いというだけの理由でその正当性を認めたり，化学的去勢が（少なくとも日本においては）現実には行われておらず，馴染みがないというだけの理由で考察の対象から外したりすることは哲学的な態度とは言えないだろう。両者を含めて哲学的に吟味することは法哲学にとって重要な課題の1つである。

1.2　問題の設定

　最初に断っておかなくてはならないのは，化学的去勢の正当性について検討する際に，議論は複雑なものにならざるをえない，という点である。その背景の1つは，そもそも刑罰の意義が何なのかということに関して，議論の蓄積はあるものの，社会，あるいは刑事実務のなかでも明確な合意が存在していないという事情である。具体的には，この点に関して，応報刑論，一般予防説，特別予防説などが対立しており，小林憲太郎（小林 2010）が主張するように，どれか1つの説で刑罰の意義のすべてを説明し尽くすことは困難である。刑罰の意義という問題について合意が存在しないにもかかわらず，われわれは刑罰の方法について議論しなくてはならないのである。したがって，以下では，刑罰の意義に関する特定の立場だけに立脚するのではなく，様々な刑罰の意義を表現できる刑罰の方法が望ましいという観点から，いくつかの刑罰の方法を比較検討することとしたい。

　また，化学的去勢の評価は，その対象となる人の範囲（性犯罪者のなかでも化学的去勢を実施するべき特に危険性が高い人たちをどのように定義するのか），具体的な執行方法（仮出所の条件とするか否か，受刑者の同意を求めるか等），その効果に対する評価，副作用に対する評価など，多様な要素に基づいて行われるべきだろう。ここでは，第1に，これらの問題については無視して，化学的去勢を道徳的根拠のみに基づいて，検討することとしよう。道徳的根拠に限定するの

は，技術的な問題に関しては，進歩，あるいは変化が著しく，法哲学の議論の対象となりづらいというだけでなく，現在の日本において，化学的去勢はまだ検討段階であり，制度設計の詳細の是非について議論する以前の段階だと思われるからである。

第2に，本章では化学的去勢の道徳的根拠を，主として自由刑との比較において考察することにしたい。化学的去勢の道徳的根拠を自由刑のそれと比較するのは，第1に，刑罰とはすばらしい善を目指すものではなく，より少ない害悪といった相対的な悪に関わるものであり，比較が不可避だからである。第2に，比較の対象として自由刑を取り上げるのは，日本の刑罰の方法として自由刑が一般的だからである。

以下では，2において，刑罰の方法として望ましいものの条件をいくつか抽出する。続いて，これらの望ましい刑罰の条件をどの程度満たしうるのかという観点から，3において自由刑の評価を，さらに4において化学的去勢の評価をそれぞれ行うことにしよう。

2 ── 刑罰の条件

本節では，刑罰の目的，意義についての理解が多様であることを前提としつつ，刑罰の方法が満たすべき条件をいくつか確認する。

2.1 公平性

刑罰の方法に求められる一般的な条件の1つとして，公平性をあげることができよう。アリストテレス（アリストテレス1971：第5巻）は「矯正的正義」の要請として，犯された罪とそれに対して科される刑罰との間でつり合いがとれていることを求めたが，公平性はこの要請に関わる。公平性には2つの種類のものがある。第1は，「水平的公平性」であり，同種の犯罪を行った人に対する罰として公平であることが求められる。これは当たり前のことであり，簡単に実現できるように思われるかもしれないが，実際にはそれほど容易には解決できる問題ではない。例えば，同じ罪を犯した2人の犯罪者，大金持ち氏と貧困氏への刑罰として，同額の罰金を科すことが公平なのか，それとも資産の多

寡に応じて，罰金の額を変えることが公平なのだろうか。この問いに答えることは容易ではなく，水平的公平性をどのようにして実現するのかは，刑罰の方法を評価するうえで重要かつ困難な問題の1つである[1)]。

　公平性の第2の条件は，「垂直的公平性」である。垂直的公平性とは，より重大な犯罪に対してはより重い罰を，より軽微な犯罪に対してはより軽い罰を科すことによって，様々な犯罪とそれに対する刑罰との間の均衡を実現することである。この観点からは，貧困氏が行った窃盗に対して科される罰金よりも高い反則金を，大金持ち氏の速度違反に対して科すことは垂直的な公平に反するかもしれない。ただし，大金持ち氏と貧困氏の間の垂直的公平性を確保しつつ，両者の間の水平的公平性を維持することは，容易な課題ではないだろう。

2.2　残酷でないこと

　日本国憲法36条は，公務員による「残酷な刑罰は，絶対にこれを禁止する」と規定している。したがって，正当な刑罰の条件として，残酷でないことをあげることは当然だろう。

　それでは，どのような刑罰が残酷なのだろうか。この問題を考える際に重要なのは，ある刑罰の方法に内在的な問題と，その刑罰の具体的な執行方法にともなう外在的な問題とを区分することである。例えば，死刑は人の命を奪うという内在的な残酷さを有しているが，死刑の執行の仕方によっては，この残酷さに，外在的な残酷さが追加されることがある。そのため，同じ死刑であっても，その執行方法が磔刑と銃殺刑とでは私には前者のほうがより残酷に思える。したがって，死刑の内在的な残酷さにもかかわらず，死刑を存置するのであれば，より残酷ではない死刑の執行方法の検討が不可欠であろう。

　刑罰のなかでも残酷性が高いとされるのが，身体刑である。身体刑にも様々な種類があるが，共通の特徴は，受刑者の身体への侵襲をともなうことであり，これが身体刑の内在的な残酷さである。死刑の場合と同様，身体刑の外在的な残酷さは，その執行方法によって大きく異なる。なかでも，物理的去勢に代表される身体の一部を切除する刑罰はかなり残酷であるように思われるが，化学的去勢のような残酷さの少ない身体刑を考えることもできる。したがって，ある刑罰の執行方法が残酷であるかどうかは，それに内在する残酷さと外

在的な残酷さの両方を考慮しなくては判断できない問題であり，身体刑として一括してその残酷さを問うことには慎重でなければならないだろう．

2.3 目的適合性

　刑罰の意義をどのように捉えるにせよ，刑罰は，刑罰の意義を十分に表現できる方式でなければならないだろう．例えば，刑罰の1つの機能を社会的な非難を表現することに求めるのであれば，罰金や反則金は，時として，このメッセージを誤った仕方で伝えてしまいかねない危険を有している．このことを示すために，M. サンデル（サンデル 2012：第2章）は，高速道路を速度制限以上で走行することに対する反則金が，そのスピードで走るための料金として捉えられかねないという問題を提起している．サンデルによれば，お金に色は着いていないので，罰金や反則金としての1万円と，代金としての1万円とでは，支払う人にとってはその意味に大差がないかもしれない．目的地まで1時間早く着くために，特急料金として1万円を支払う人がいるのと同様に，1時間早く着くための料金として1万円の反則金を捉える人もいるかもしれない．この意味で，罰金という方式は，社会的な非難の表現方法として，それほど適切なものではないかもしれない．

　もちろん，刑罰の意義を別のものに求めるならば，罰金刑も適切なものとなるだろう．例えば，一般人を犯罪から遠ざけることを刑罰の目的とする消極的一般予防という観点からは，ある程度高額な罰金刑は有効な手段として適切性を認められるかもしれない．このように，刑罰の特定の方式の適切性は，刑罰の意義をどのように捉えるのかに依存しているが，前述したように，刑罰の意義に関しては合意が存在していない現状においては，刑罰の意義であるとされるもののすべてに適合的な刑罰の方法が望ましいだろう．しかし，実際にはそのような刑罰の方法を見出すのは困難であり，様々な価値を比較衡量し，時には妥協することも必要になるだろう．

3 ── 自由刑

　本節では，前節で確認したような視点から自由刑の利点と難点とを検討して

みよう。自由刑とは受刑者の身体を拘束することにより，自由を奪う刑罰である。自由刑は，多様な刑罰の方法のなかでも，わが国に限らず，多くの国の刑罰制度において中核的な位置を占めている。それは，自由刑には3．2で述べるような利点が存在しているからである。しかし，自由刑にもいくつか難点が存在する。この難点を3．3と3．4で確認することにしよう。

3．1　2つの難問

どのような刑罰の方法を用いるにせよ，刑罰である以上，受刑者から何かを剥奪することになる。しかし，剥奪には2つの難問が待ち構えている。第1に，その「何か」を最初から有していない人からは剥奪できないので，そのような剥奪は無意味となってしまう。第2に，その何かにほとんど価値を認めていない人から剥奪しても，刑罰としての意味が薄れるであろう。

この難問は，「目には目を，歯には歯を」という同害報復にとっては解決が困難なものとして立ち現れる。同害報復は一見すると，犯罪と刑罰との均衡，いくつかの刑罰の間の公平性を確保しやすいという意味においては優れた方法であるように見えるかもしれない。すなわち，同害報復は他人の目を奪った者からはだれであれ目を奪うという形で，水平的公平性を確保しやすい。また，同害報復は目を奪った者と歯を奪った者との間の刑罰の垂直的な公平性も確保しやすいという利点も有する。

しかし，同害報復は残酷であるという難点を棚上げし，公平性という観点からのみ評価したとしても，難問に直面する。すなわち，同害報復は，目がすでにない者からは目を奪えないという事実によって無意味となるだけでなく，目に価値を認めない人から目を奪ったとしても，受刑者から大切な何かを奪ったとは言えなくなってしまうのである。このように，同害報復は，目をすでに有している人や目に価値を認めている人たちと，目がすでにない人や目に価値を認めない人たちとの間の水平的公平性を確保することが困難なのである。

3．2　自由刑の普遍性と柔軟性

これに対して，自由はすべての人間が多少の差こそあれ有しているものであり，すべての人から奪うことが可能である。また，自由は多くの人にとって価

値を有するものであるとするならば，自由を奪うことは，受刑者から重要な「何か」を奪う刑罰として意味のあることであろう[2]。そのため，自由刑は水平的公平性を確保するために必要な普遍性をある程度有している。

　また，自由刑は垂直的公平性を確保するために必要な柔軟性を有している。自由刑と一括されるものの，自由を剥奪される期間だけでなく，剥奪される自由の質や量に応じて，様々な種類のものが存在しており，この多様性，柔軟性が垂直的公平性の確保に貢献する。例えば，窃盗には懲役3年，殺人には禁錮15年といった仕方で刑期（自由を奪われる時間）や奪われる自由の種類などを調整することによって，垂直的な公平性も確保しやすいだろう。また，矯正施設のなかで行いうる行為の種類が限定されている比較的厳しい自由刑の方法だけでなく，矯正施設のなかに留まる限り，様々な行為が許される比較的束縛の緩い自由刑など多様な形態の自由刑が利用可能である点もまた，垂直的公平性を実現するのに貢献するであろう。

　さらに，自由刑は刑罰の様々な意義を表現しやすいという利点も有している。すなわち，自由が貴重な価値であるという共通の認識に依拠するならば，自由を奪うことは，応報の実現形態として意味を持つだろう。また，自由という貴重な価値を奪うことで，一般の人が犯罪から遠ざかるとするならば，自由刑は消極的な一般予防としての機能を果たしうる。さらに，日本においても行われているように，矯正施設におけるプログラムを工夫し，自由刑の刑期中に，再犯予防の教育を行うことによって，自由刑に特別予防の機能をある程度もたせることも可能である。

3.3　言うは易く，行うは難し

　以上で確認したように，様々な利点を有する自由刑ではあるが，難点も存在する。第1の問題点は，自由の剥奪を実行することは意外に困難だという点である。例として，「自殺する自由」を考えてみよう。そのような自由が認められるか否かには争いがあるだろうが，たとえそのような自由を一般の人たちには認めたとしても，受刑者にこの自由は認められないと考えることは可能だろう。というのも，自由刑を宣告された受刑者は一定の期間，自由を剥奪されるという義務を課されており，自殺することはこの義務を自発的に回避すること

だからである。この場合には，自殺する自由を剥奪することは矯正施設における重要な課題となる。

　また，矯正施設のなかでは，時折，ある受刑者が他の受刑者を暴行することがある。暴行する自由は一般社会においても，そして矯正施設においても認められない。暴行する自由を受刑者から奪うことは，他の受刑者の安全という面においても重要である。これに対して，受刑者は「暴行を受けない自由」もまた自由刑によって剥奪されているのだという考え方も成り立たないわけではない。しかし，たとえそうであったとしても，一部の受刑者が「暴行する自由」を有していると考えるわけにはいかないだろう。というのも，暴行は一般社会では刑法によって処罰の対象となっていること，また刑務官による暴行は刑法195条で禁止されていることなどを考えると，この特別な「暴行する自由」が自由を剥奪されているはずの受刑者にのみ与えられている，と考えるのは無理があろう。

　さて，自殺する自由や暴行する自由は受刑者には認められず，それらは剥奪されるべきであったとしよう。にもかかわらず，それを実現することは困難である。というのも，それらの自由を完全に奪おうとするならば，拘束衣を着用させるなど，残酷な処置が必要になるからである。衝動的な自殺や暴行を防止するために，一時的にそのような処置を行うことが正当化される余地は存在するかもしれないが，これらの処置は自由刑としても極端に過ぎ，残酷であるので，長期的にそのような処置を行うことは正当化できないであろう。

3.4　過剰剥奪の危険

　自由刑の第2の難点，すなわち，「過剰剥奪」の危険という問題に移ろう。自由刑の理想的な執行方法は，アイスホッケーにおけるペナルティーボックスであろう。アイスホッケーにおいて反則をした選手は，一定の時間，退場となり，ペナルティーボックスに入れられる。反則をした選手はその間，プレイする自由を完全に奪われるが，その時間が経過したら，その選手はゲームに復帰することが許される。しかも，復帰の際に，特に制限は設けられておらず，通常の選手としての自由をすべて与えられる。ここでは，選手の自由の剥奪は一定の時間だけに限定されている。

これに対して、自由刑、特に長期に及ぶ自由の剥奪は、刑期が終了した後もその効果が続くことが予想される。ある種の自由、あるいは能力は、長期間にわたってそれを行使しないことによって、衰弱することがある。対人能力などはそのような能力の典型例である。対人能力は、もともと矯正施設のような閉鎖環境においては発達しにくいうえに、受刑者同士のコミュニケーションも制約されている状況においては、維持することさえも難しいように思われる。また、少年の場合に顕著であるが、ある年齢までに習得しておかないと十分な仕方で習得することが困難な能力も存在するだろう。これは決して杞憂ではない。ペナルティーボックスからリンクに戻ったアイスホッケーの選手が十分にプレイすることができるのに対して、自由を過剰剥奪された元受刑者が社会にうまく適応できず、刑務所に戻ってくるという事例は少なくない。平成27年度犯罪白書（法務省 2015：図4-1-3-1）によると、刑務所に入所した者のうち、再入者の率は59.3%であり、決して低い数字ではない。

　自由を行使しないことによって、自由そのものが衰弱していくことを恐れていたのは、J. S. ミルであった。ミルが考察の対象としていたのは、犯罪者ではなく、一般人であったが、そこでの考察は自由刑の受刑者にもあてはまる。ミルによれば、人間の能力は「選択を行うことによって、鍛えられる」（ミル 2006：132）のであり、何も考えずに慣習に従う人は、理性などの力が不活性になっていく、というのである。同様のことは、矯正施設の内部においても起こりうるであろう。というのも、矯正施設においては、命令に従うことが原則であり、選択をする機会はほとんど存在しないからである。もちろん、これらの能力の低下を防ぎ、あるいは新たな能力を習得するために、矯正施設内で教育、訓練を行うことは不可能ではないし、実際に様々な工夫が行われてもいる。しかし、そのような努力では能力の低下を十分に補うことができない場合には、ある種の自由は、刑期を過ぎても剥奪されたままになってしまう可能性が高いのである。その場合には、長期の自由刑は身体の一部を切除する身体刑に類似した性質を持つことになり、後述するように（4.4）、物理的去勢と同じ意味で残酷である。

　自由刑が3.2で確認した利点を有していることを考えるならば、今後も自由刑が中核的な位置を占め続けることが予想される。しかし、自由刑を実際に

科し，しかも過剰剥奪にならないようにするのは，それほど簡単ではないという点には留意する必要がある。われわれはややもすると，刑務所に入れておけば問題は解決したかのような錯覚に陥るが，自由刑がかなり難しい課題を矯正施設の現場に押しつけているという事実から目をそらしてはならず，自由刑の改善についても考える必要があるだろう。

4 ── 化学的去勢

自由刑にはいくつかメリットがあるものの，犯罪の種類のなかには，薬物乱用などを筆頭に再犯率が高いものもいくつか存在する。この再犯率の高さは，少なくとも特別予防という観点からは，自由刑がそれほどうまく機能していないことを示している。さらに，これらの犯罪のなかには，被害者に甚大な影響を及ぼすがゆえに，被害者をこれ以上増やさないためにも，社会としても何らかの対応が必要なものも存在する。例えば，幼児に対するレイプを繰り返す犯罪者である。韓国をはじめとする諸外国で化学的去勢が実施されている背景としては，以上のような事情があろう。それでは，化学的去勢という刑罰の方法をどのように評価すべきだろうか。自由刑の場合と同様，2で確認した刑罰の方法に求められる諸条件に照らして，評価することとしよう。

4.1 水平的公平性

ある性犯罪者には化学的去勢を行うが，別の性犯罪者には実施しないということであれば，水平的公平性を侵害することになるだろう。しかし，その場合であっても，化学的去勢を実施する場合としない場合とを区分する基準が合理的であるならば，水平的公平性は侵害されていないと評価することも可能である。例えば，あるタイプの人間には化学的去勢が有効ではないとか，副作用によって健康を害する可能性があるといった場合には，そのようなタイプの受刑者に対しては化学的去勢を行うべきではないと言えるかもしれない。もちろん，その場合には，化学的去勢を実施しない受刑者に対して，化学的去勢と同等の刑罰を科すことが必要になる。

また，いくつかの国で行われているように，仮出所後に化学的去勢を受ける

ことを仮出所の条件とする場合には，化学的去勢は実際上，強制になってしまうという批判がある。この批判によると，誰もが一日でも早く矯正施設から出たいと考えるのであり，そのためなら，化学的去勢を受け入れざるをえないというのである。たしかに，化学的去勢を強制するのではなく，受刑者の選択に委ねるのであれば，化学的去勢を受け入れることが，化学的去勢を受け入れず，矯正施設に残る場合と比べて，水平的に公平であることが求められるであろう。例えば，化学的去勢の実施を受け入れるならば，1年早く仮出所できるとしよう。その場合，2つの選択肢，すなわち，化学的去勢を受けず，もう1年矯正施設に留まる事態（x）に対する評価と，化学的去勢を受けて1年早く矯正施設から出る事態（y）に対する評価とがある程度近似していることが重要だろう。xのほうがyよりも価値が高いのであれば，化学的去勢など誰も受け入れないだろうし，yのほうがxよりも価値が高いのであれば，化学的去勢の実施は強制の色彩を帯びることになる。水平的公平性を確保するためには，自由刑と化学的去勢との交換比率を確定することが必要だろう。

4.2　垂直的公平性

　性犯罪の累犯よりも，殺人の累犯のほうが重大であるとしよう。そして，殺人の累犯者のなかには，化学的去勢に類するものが不可能，または困難な人たちが存在するとしよう。例えば，この種の殺人者の犯罪行為（のみ）を抑制するような薬物は発見されていないかもしれない。その場合には，この種の殺人者に化学的去勢を行うことは無意味である。もし殺人の累犯のようなより重大な犯罪を行った者には行われない化学的去勢という刑罰の方法を，性犯罪のようなそれよりも軽微な犯罪に対して実施するのであれば，垂直的公平性が侵害されるのではなかろうか。

　ここでもまた，自由刑の刑期と化学的去勢の交換比率を決定することが必要だろう。垂直的公平性を実現するためには，自由刑に換算して，性犯罪者に対する刑罰が，殺人者に対する刑罰を上回らないようにするなどの配慮が必要となるだろう。したがって，化学的去勢が水平的公平性と垂直的公平性とを実現するためには，他の刑罰の方法との間の交換比率を決定するという難問に取り組まなくてはならない。たしかにこれは難問であり，厳密な交換比率を得るこ

とはほとんど不可能だろう。しかしながら、これはいかなる刑罰の方法を用いるにせよ、公平性を実現するためには避けて通れない問題であり、化学的去勢という刑罰の方法に固有の難点が存在しているわけではない。

4.3 残酷さの程度

　化学的去勢をはじめとする身体刑には残酷であるとの印象がつきまとう。特に、「治療」の名の下に行われた様々な薬物投与やロボトミー手術といった暗い過去を思い起こすならば、このような印象には一理も二理もあろう。しかし、前述したように、ある刑罰の方法が残酷であるかどうかに関しては、刑罰そのものが持つ内在的な残酷さと、刑罰の執行方法が持つ外在的な残酷さとを区分すべきである。同じ身体刑であっても、その執行方法によって、より残酷な身体刑とより残酷ではない身体刑とが存在するのである。したがって、化学的去勢と物理的去勢とを同列に論じることはできないし、化学的去勢のなかでも、残酷さに程度の差がある。

　それでは、残酷さとは何なのだろうか。すぐに頭に浮かぶのは受刑者に痛みを与えることである。例えば、むち打ち刑は、受刑者に痛みを与えることを目的としているように思われる。実際、受刑者に麻酔をかけて、無痛むち打ち（そのようなものが可能であればの話だが）を実施したら、むち打ち刑の目的を十全に実現することはできないだろう。したがって、むち打ち刑は内在的に残酷である。これに対して、化学的去勢は受刑者に与える苦痛が比較的軽微であるように思われる。また、受刑者に苦痛を与えることを目的としているわけではなく、したがって、無痛の化学的去勢が行われたとしても、化学的去勢を無意味にするものではなく、むしろ望ましいであろう。

　残酷さを身体への侵襲という点に求めるのであれば、たしかに、化学的去勢も物理的去勢と同様に、身体への侵襲をともなっている。しかし、身体への侵襲という概念もまた、程度の次元を有していることに留意すべきである。すなわち、医療において、注射や投薬と、手術とでは身体への侵襲の程度が大きく異なるのと同様に、物理的去勢と化学的去勢とでは身体への侵襲の程度が大きく異なるのである。

第I部　自　由

4.4　過剰剥奪という残酷さ

　痛みや身体への侵襲以外にも，残酷さは存在する。例えば，イスラム法などには窃盗犯の手首，または腕を切断するという刑罰が存在する。この切断は，たとえ麻酔を使用して切除を行ったとしても，残酷であるように思われる。その理由は何だろうか。いくつか理由があるだろうが，その1つの理由を，前述した（3.4）「過剰剥奪」に求めることができるように思われる。つまり，腕を切断された人は，犯罪者として処罰されたという刻印を押されたまま，一生を過ごすのである。しかも切除された身体の一部は，一時的に受刑者から剥奪されるのではなく，一生，受刑者から奪われたままであり，このような身体刑は一生涯にわたって受刑者を処罰し続けるとも言える[3]。この一生涯にわたる処罰はどのようにして正当化されるのだろうか。

　窃盗犯の腕を切断するという発想の根底にあるのは，悪事を働く腕を切断することによって，その後，窃盗を犯すことを困難にするという特別予防論なのかもしれない。しかし，腕の切断は窃盗以外の多くの行為もまた不可能としてしまうという意味において，特別予防という観点からは過剰剥奪である。軽い虫歯を治すために抜歯することがまともな治療とは言えないのと同様に，犯罪行為と関係のない可能性までも剥奪する刑罰は，受刑者の治療を目的とする特別予防の観点からは正当化できない。

　過剰剥奪のなかでも極端なものは死刑である。死刑は，受刑者のあらゆる可能性を奪うという意味において，特別予防という観点からは，完璧な解決策である。死者は二度と犯罪を行いえないからである。しかし，まさに，受刑者のあらゆる可能性を奪うというその性質において，死刑は過剰剥奪であり，死刑の残酷さの一端はここにある。

　化学的去勢が過剰剥奪を招くか否かは，化学的去勢の副作用がどの程度のものであるのかにも依存するだろう。化学的去勢の副作用として，性欲や暴力的衝動の軽減だけでなく，意欲全般の減衰のようなものがともなうとするならば，過剰剥奪と言えるだろう。ただし，化学的去勢は過剰剥奪そのものを目指したものではなく，性欲のみを減退させる薬物が開発されたら，そのほうが望ましいことは言うまでもない。

　他方，化学的去勢は過小剥奪だとの批判にもさらされている。つまり，薬物

は定期的に投与しなければその効き目が切れ，受刑者は遅かれ早かれ元の状態に戻る。これでは，剝奪の程度として過小であるというのである。仮出所をした者に定期的に薬物の投与を強制することが実際に可能であるかという難問がここには存在する。

　過小剝奪の可能性は重大な問題を惹起するが，その問題の性質を見極めることが重要である。過剰剝奪は残酷さの問題であるが，過小剝奪の可能性は，残酷さの問題というよりも，むしろ，化学的去勢と他の刑罰の方法との間の公平性という問題や，特別予防の手段としての有効性といった問題を提起するものである。公平性に関しては，化学的去勢を自由刑などと併用することによって，ある程度それを確保することが可能であろう。有効性に関しては，どのような薬剤がどのような効能と副作用を持つのかといった自然科学者による研究だけでなく，具体的な制度運用の比較などについての社会科学的な研究も必要となるだろう。

4.5　予防と応報

　化学的去勢は本来，自由刑が特別予防という観点からは有効ではなく，性犯罪者の再犯率の高さに対応するために，導入されてきたものである。したがって，化学的去勢は，その効果を実現できるのであれば，犯罪者の再犯を阻止することが期待でき，特別予防という目的にかなっている。それでは，一般予防や応報という観点からは，化学的去勢はどのように評価することができるだろうか。

　化学的去勢は，応報の要請を一定程度満たしている。応報の基礎には，犯罪者に刑罰を与えることにより，犯罪者と被害者との間の釣り合いをとるべきであるという正義感情があるように思われる。「目には目を」という応報感情が素朴であり，様々な欠陥を有しているにもかかわらず，一定の支持を集め続けている原因の一端はこの正義感情にあるように思われる。他人から腕を奪った人から自由刑という方法により，自由を奪うことは，それで等価なのかという疑念を常に引き起こす。これに対して，腕を奪うことは，（残酷さの問題は残るものの）等価性を直接的に実現する方法として優れた部分がある。物理的であれ化学的であれ「去勢」もまたこの正義感情に直接的な仕方で応えている。

一般予防を，刑罰による威嚇によって，潜在的な犯罪者が犯行に及ぶことを抑止するという意味で理解するならば（消極的一般予防），化学的去勢が他の刑罰の方法に比べて，この意味での一般予防において特に優れているかどうかは現状においては不明である。人々が化学的去勢を厳罰，あるいはおぞましいものと捉えるのであれば，威嚇効果はあるかもしれない。しかし，ある種の性犯罪に関しては，誰もがその罪を犯す可能性があるというよりは，むしろ，特定の人が繰り返し犯すという傾向が存在しており，このような犯罪に関して，この意味での一般予防の要請がどこまで重要であるかも不明であろう。

これに対して，一般予防を一般民衆が共有している規範意識を維持することに求めるならば（積極的一般予防），化学的去勢の持つ応報的な性格は，この意味での一般予防の要請にある程度応えることができるだろう。

4.6　治療か刑罰か

以上の主張に対しては，化学的去勢はそもそも治療であって刑罰ではないのではないかという批判が提起されるであろう。たしかに，性的衝動のコントロールに悩み，薬物の投与を希望する人たちに対して，薬物を投与するのは治療であって，処罰ではない。これが治療となるのは，1つにはこの人たちが自発的に治療を受けることを選択したからであり，受刑者に関しても，化学的去勢を受けることに対する同意を要件とするならば，化学的去勢は治療に接近するであろう。このような化学的去勢の実施方法では，処罰にはならないのではないだろうか。

しかし，治療と処罰とは同意という不明確な一線で仕切られており，同意それ自体もあいまいさを含んだ概念である。化学的去勢の処置に対して同意を求めたとしても，他の選択肢が魅力的ではなければ，強制に近いであろう。したがって，化学的去勢が治療に近いのか，それとも刑罰に近いのかという問題は，化学的去勢を実施する具体的な方法（どのような条件で同意を求めるのか）や処置を受ける人たちの具体的な状況（他にどのような選択肢があるのか）などを考慮しなくては決定できないものであろう。逆に言うならば，化学的去勢に関わる制度設計の仕方によっては，化学的去勢を処罰的なものにも治療的なものにもできるのであり，真の問題は，われわれが化学的去勢に何を求めるのかと

いうことにあるだろう。

5——おわりに

　化学的去勢をはじめとした様々な刑罰の方法についての評価は，刑罰の目的が多様であることを考えるならば，多様な要素の比較衡量という形をとらざるをえず，その答えは文脈によって変化するであろう。そして，残念ながら，すべての要素を最大限に実現するような完璧な刑罰の方法は存在しないのかもしれない。したがって，様々な刑罰の方法のメリットやデメリットを見据えて，特定の文脈においてよりましな刑罰の方法を求めて模索し続けるしかないのだろう。

　本章は，まず，自由刑が刑罰の方法として望ましいものであるのかを検討した。3．2で確認したように，自由刑にはいくつか利点が存在するが，自由刑は，「言うは易く，行うは難し」という側面があり，実際に，自由刑の理念を実現することは難しい。しかも，自由刑には過剰剥奪の危険がつきまとう。

　このような欠点を有する自由刑ではあるが，世間は刑務所に入れたら問題が解決したかのように関心を失うし，犯罪者に税金を使うことに敵対的でさえあり，矯正施設に利用できる資源はそれほど多くないというのが現状であり，自由刑について考えてみようという風潮も存在しないようである。まずは，見たくないものの処理を下請けに出して，知らぬ顔を決め込むことをやめて，現状の刑罰の方法の中核をなしている自由刑のあり方について再検討し，望ましい刑罰の方法について考えるべきであろう。

　本章はついで，化学的去勢について検討を行った。化学的去勢は，多くの人の神経を逆なでする部分があり，検討の対象となりにくい。しかし，月並みな言い方ではあるが，技術は日進月歩であり，過去の化学的去勢のイメージに基づいて，化学的去勢をタブー視してはならない。また，自由刑が様々な難点を有していることからすると，この可能性についても検討する必要があるだろう。化学的去勢には，犯罪行為以外の自由を過剰剥奪しないなどの優れた側面があることを本章は示しえたものと思う。もちろん，化学的去勢の全体的な評価のためには，効果と副作用，受刑者の同意の取り方などについての考察が不

可欠であり，これらを検討の対象から除外している本章の結論が暫定的なものでしかないことは明白である。しかし，本章の議論をきっかけにして，化学的去勢，さらには望ましい刑罰の方法について考えてみてほしい。

📖 ブックガイド

① **姜暻來（2012）「韓国における性犯罪者に対する化学的去勢」『比較法雑誌』第46巻2号**
韓国の「性暴力犯罪者の性衝動薬物治療に関する法律」の詳細とそれをめぐる議論に詳しい。化学的去勢について具体的に考えるうえで，重要な素材を提供してくれる。

② **法務省（2015）『犯罪白書平成27年度版』日経印刷**
日本の犯罪についての多種多様なデータが掲載されている。本章と特に関連が深い「性犯罪者の実態と再犯防止」という特集が組まれている点においても重要である。

〔注〕
1) 懲役という形で時間を奪う場合にも水平的公平の問題は生じうる。20歳の犯罪者から20年を奪うのと，60歳の犯罪者から20年を奪うのとでは同じだろうか。違うとしたら，どちらが重いだろうか。
2) ここで主張されていることは，自由の価値について，社会のなかである程度の合意が存在するだろうということであり，すべての人が自由を同じように評価しているというものではない。
3) 一度奪われたら二度と戻ってこないという性質は，罰金でも同じではないかと言われるかもしれない。たしかに，1万円の罰金を支払ったならば，その1万円は二度と戻ってはこない。この意味において罰金も剝奪されたままである。しかし，1万円の罰金は，1万円の収入によって容易に代替可能であるのに対して，身体の一部に関しては，再生医療の現状を前提とする限り，代替がきかないものが多いという点において，重要な相違がある。

〔文献〕
アリストテレス（1971）『ニコマコス倫理学（上）』高田三郎訳，岩波書店
小林憲太郎（2010）「刑罰に関する小講義（改）」『立教法学』第78号
サンデル，マイケル（2012）『それをお金で買いますか—市場主義の限界』鬼澤忍訳，早川書房
法務省（2006）「性犯罪者処遇プログラム研究会報告書」http://www.moj.go.jp/content/000002036.pdf
法務省（2015）『犯罪白書平成27年度版』日経印刷
ミル，J. S.（2006）『自由論』山岡洋一訳，光文社

【若松良樹】

04 ダフ屋を規制すべきか？

1 ── 「ダフ屋を規制する」とはどういうことか？

■顔認証で本人確認…新技術で自衛策も
　ネットでのチケットの転売が止まない中，耐えかねて自衛策に乗り出す運営者も出てきた。
　昨年〔2014年：筆者註〕注目を集めたのは，人気アイドルグループ「ももいろクローバーZ」のコンサート。12月に開かれたさいたまスーパーアリーナ（さいたま市）での公演で，顔認証技術を使った本人確認システムを採用し始めた。
　来場者はチケット購入前に，ネット上の会員ページなどで顔画像を登録。会場で，その画像とカメラを搭載したタブレット端末で当日撮影した顔画像を照合し，本人と確認できればチケットを発券する仕組みになっている。
（参照webページ1．より）

　このような記事が，話題になっている。そこで本章では，この問題を法哲学的に考えてみたい。
　まず本節では，本章の議論の射程を明らかにしておくことにする。本章では，章題の問の「規制」を，「法律や命令で禁止する」という意味で限定的に捉えることにする。すなわち，第三者として，ダフ屋やダフ屋と取引する人を道徳的に非難することは，本章で言う「規制」には当たらない，ということになる。また，当事者として，ダフ屋からは買わないと決めたりダフ屋に対する不買運動を展開したりすることも同様に，「規制」には当たらない。したがって，上の記事に出てくる「ももクロ」の採った自衛策も，それ自体は本章で言う「規制」には当たらないのである。それゆえ，「ダフ屋を規制すべきだ」とする主張は当然ももクロの自衛策をも擁護するであろうと言えるのに対し，「ダフ屋を規制すべきではない」という主張は，「ももクロの自衛策は許されな

い」という結論に直結するものではない，ということになる。この点を確認したうえで，「ダフ屋を規制すべきだ」とする主張を見ていくことにしよう。

2 ── なぜダフ屋を規制すべきなのか？

本節では，「ダフ屋を規制すべきだ」とする主張（以下「規制論」と呼ぶ）について，その理由づけを見ていくことにする。

2.1 規制論の論拠はどのようなものか？

規制論としてよくまとまった主張を述べているのは，紀藤正樹である。彼の論拠をまとめると，次のようになる。

1. 現状の各都道府県の迷惑防止条例では，ネットダフ屋を規制するのが困難だから
2. ダフ屋は，チケットの流通を阻害するから
「ダフ屋がチケットを買い占めるから，本当に見に行きたい人が入手しにくくなってしまう」
3. ダフ屋行為は，供給が限られたものを買い占め，値段をつり上げる行為だから
「ダフ屋を禁止するのは被害者がいるからというより，もっと高次の公共的規制だ」
4. ダフ屋が現れないように，最初から高い値段を設定すると，金持ちしか行けなくなってしまうから
「主催者の値段設定には，多くのファンに来てほしいといった主観的意図が入っている」

（以上は，参照 web ページ 2．から抜粋し，適宜手を加えた）

また，鉄道の切符におけるダフ屋行為を規制すべき理由として，杉山淳一は次のものをあげている。

5. ダフ屋行為は，反社会的勢力の資金源になるから
6. ダフ屋は，「本当に乗りたい人が正価で買う権利」を奪っているから
「乗車券において「乗りたい人の権利を乗るつもりのない者が奪う」とは許しがたい」
7. ダフ屋を放置することは，鉄道会社の機会損失であるから
「鉄道会社がオークション出品を黙認する行為は，本来，自らが得るべき利益を見過ごしている」
8. ダフ屋を放置すると，鉄道会社の法令遵守が疑われるから

「指定券のオークション販売が鉄道会社や旅行会社内の不正の温床になる」
（以上は，参照 web ページ３．から抜粋し，適宜手を加えた）

この他に，次のような意見も，ネット上で散見される。

9．ダフ屋に払った金が，アイドルの収入にならないから
「あいつら〔ダフ屋：筆者註〕に払った金はアイドル運営とかにはビタ一文入らないんですよ。どうせ払うなら自分の好きなアイドルのために金使いたいじゃないですか」
（以上は，参照 web ページ４．から抜粋し，適宜手を加えた）

2.2　規制論はどのように整理できるか？

さて，これらの論拠を，どのように整理すれば良いだろうか。私は，次のような表を作成して，これらを整理することにした（表１）。

表１

		着目される主体		
		主催者	ダフ屋	客
考慮する点	人	A	――	B
	金	C	D	E

（筆者作成）

各項目の説明と，そこに分類される論拠は，次のとおりである。

A ……主催者が，チケットを与えたい客に，適切にチケットを与えられないから（4．）
B ……客が，適切にチケットを得られないから（2．，6．）
C ……主催者が，正当に金を得られないから（7．）
D ……ダフ屋が，不当に金を得るから（3．，5．）
E ……客が，金を与えたい主催者に，正当に金を与えられないから（9．）

ここで，この表のAとBの間が抜けている理由について説明しておきたい。その理由は，ダフ屋が金にしか興味がないから，である。すなわちダフ屋は，高く売れればそれで満足であり，誰がチケットを得るかには無頓着なので，ここが空欄となるのである。もし仮に，そうではなくて，例えば「アンチももクロの人だけに大量のチケットを二束三文で（そうじゃないと買ってくれない）ばらまき，ずっとブーイングをさせてコンサートを失敗させよう」と考えるダフ

屋がいたとすれば,「そのような行為が迷惑だから」という理由づけが,この空欄に入ることになる。しかし,それはもはや「悪しき意図を持った妨害者」であって,ただのダフ屋ではない。また,仮にチケットを無料で貰ったとしても時間的コストはかかるのだから,アンチの人たちが会場に行くという確証は得られず,このような企てが本当に成功するかどうか自体が,そもそも疑わしい。したがって,このAとBの間は空欄となるのである。

2.3 いくつかの論拠が分類されていないのはなぜか?

さて,この表には1.と8.が分類されていないので,その理由を示さねばなるまい。まず8.について述べる。8.をこの表に分類していない理由は,それが論点先取を犯しているため,あえて無視したからである。8.が述べていることはつまり,「ダフ屋を規制しないと鉄道会社の従業員がダフ屋になるから」である。しかし,そのこと自体は,「ダフ屋が規制されるべきもの」でない限り,悪いことだとは言えない。それにも関わらず,この8.をダフ屋を規制すべき理由としてあげることは,「ダフ屋は規制されるべきだからダフ屋を規制すべきだ」と述べるに等しい。これは典型的な論点先取である。

次に,1.を分類していない理由を説明する。その理由は,1.がネットダフ屋と非ネットのダフ屋を区別した細かい議論をしているため,である。すなわち紀藤は,1.において,非ネットのダフ屋に対する規制がネットダフ屋に対しては効果が薄いことを理由に「ネットダフ屋に対する新たな規制が必要だ」と主張しているのであって,「ダフ屋を規制すべき理由」そのものを述べてはいないのである。しかし本章は,ネットダフ屋と非ネットのダフ屋を区別せず,ダフ屋全般について論じている。それゆえ,1.をこの表中に上手く組み入れることはできなかった。

さて以上が,私なりに行った,規制論の論拠の分類整理である。次節では,この分類に即しつつ,「ダフ屋を規制すべきではない」とする立場がこれをどのように批判するのかを,明らかにする。

3 ── なぜダフ屋を規制すべきではないのか？

本節では，「ダフ屋を規制すべきではない」とする主張（以下「規制反対論」と呼ぶ）を，私なりに考えてみることにする。具体的には，前節で整理した規制論の論拠のうち，最も典型的である B「客が，適切にチケットを得られないから」をとりあげ，これに対して 1 つの問いかけを行ってみたい。すなわちそれは，「「チケットを得るべき客」とは，誰か？」というものである。

3.1 ダフ屋が扱うチケットの存在は何を意味するか？

まずは，この「「チケットを得るべき客」とは，誰か？」という問いかけの前提に 1 つの認識が含まれていることを，説明しておきたい。それは，「ダフ屋が介入するようなチケットが存在するということは，そこで差別が行われていることの証拠である」という認識である。

もしももクロが，コンサートのチケットを廃止して誰でも出入り自由にしたら，一体どうなるであろうか。おそらく，会場に入りきらない数の人が詰めかけるであろう。そして，会場に入れなかった人は，ももクロを見られない。これはつまり，需要量が供給量を上回っている，ということを意味する。そしてそのような場面では，必ず，供給量と等しい量の人の需要のみしか満たすことはできず，それ以外の人の需要は満たされない。ある人の需要は満たし，別の人の需要は満たさないのであるから，これは差別である。そして，この差別の道具が，チケットなのである。つまりももクロは，チケットを発行し，チケットを持っていない人を差別して，チケットを持っている人だけを会場に入れているのである。

このような差別は，もちろん，ももクロだけが行っているわけではない。需要量が供給量を上回っている場面では，全員の需要を満たすことが原理上不可能なのであるから，差別を行うことは不可避である。それゆえ，上述の認識のとおり，「ダフ屋が介入するようなチケットが存在するということは，そこで差別が行われていることの証拠である」と言えるのである。このように，われわれの社会は，差別で溢れているのである。

むしろ，差別をしなくても済むのは需要量が供給量を上回っていない場合のみに限られる，と述べるほうが適切である。例えば，JR千葉駅近くのデパートの前の広場には，時々アイドルグループがやってきて，歌ったり踊ったりしている。彼女らを見るためにチケットは必要ないが，それは，需要量が供給量を下回っているため，需要者を差別する必要がないからである。すなわち，見たい人は全員，彼女らを見られる[1]。

また例えば，そこから少し離れたところに，千葉市美術館がある。そこに入るには入館券が必要だが，これを扱うダフ屋はいない。なぜそれを扱うダフ屋がいないかというと，そこに行きさえすれば，いつでも誰でもそれを買えるからである。これはつまり，需要量に合わせて供給量を増やすので需要量が供給量を上回らない，ということを意味する。もし仮に，千葉市美術館に人々が殺到したとして，その混雑解消のために同館が入館券の発券数を制限したとしたら，何が起きるだろうか。そこにダフ屋が登場してくることは，間違いない。そしてまた，このように入館券の供給量を絞るということは，同館が客を差別せざるをえなくなった，ということを意味するのである。

3.2　各種のチケット分配方法の共通点は何か？

さてこのような場合に差別が不可避であるならば，その次にわれわれが直面するのは，「何を基準として，どのような方法で差別すべきか？」という問題である。しかし私には，この問題が論理的に解決可能であるとは，全く思えない。なぜなら，その差別の諸基準の間の優劣を，理性の力で判断することなど不可能だからである。以下に，そう言える理由を示すことにする。

規制論Bが述べるように，ダフ屋が介入してチケットの値段が高騰すると，金持ちしかチケットを買えなくなる。これが貧乏人に対する差別であるとするBの見解は，正しい。しかし，差別すること自体は，不可避なのである。廉価で先着順にチケットを売ることは，並ぶ暇のない多忙な人に対する差別である[2]。これと同様のことが，チケットを分配するいかなる方法に対しても言える。ファンクラブの会員を優先するならば非会員に対する差別だし，自分がどれだけももクロが好きかをレポートに書かせて選抜するならば，それは文章力が低い人に対する差別である。一見平等に見える抽籤による方法でさえも，籤

運が悪い人に対する差別である。

　さらに言えば、これらの差別の諸方法はいずれも、規制論Bと同じ大前提に立っていると見ることができる。例えば、ファンクラブの会員を優先する方法で考えてみよう。この方法は、「本当に行きたい人が、「チケットを得るべき客」である」というBと同じ大前提を立て、「ファンクラブの会員が、本当に行きたい人である」という基準を小前提として設け、ここから三段論法によって導かれた「ファンクラブの会員が、「チケットを得るべき客」である」という結論を採用している方法、と解釈できる。そして、ここで注目すべきは、この方法が大前提を完全に実現することはできない、という点である。なぜなら、ファンクラブ会員のなかで一番冷めている人よりも熱狂的なファンが、非会員のなかにはたくさんいるはずだからである。したがって、「本当に行きたい人」か否かをファンクラブの会員か否かで計ることは、正確に言えば、できない。つまりこれは、自らが採用する大前提をどれくらい実現できているかさえわからないことを承知のうえで用いられる、差別、すなわちチケット分配の一方法なのである。

　他の方法についても、事情は同じである。つまり、各種の分配方法の違いは、小前提として立てる仮説的基準の違いに過ぎない。例えば、一般的な規制論は「列に並ぶ時間を厭わないのが、本当に行きたい人である」という小前提を、これに対して一般的な規制反対論は「支払う金を惜しまないのが、本当に行きたい人である」という小前提を、それぞれ差別基準として採用しているのである。同様に、これが「文章力を磨く努力ができるのが、本当に行きたい人である」になるならレポートによる選抜になるし、「(そういう場面で) 籤運が強いのが、本当に行きたい人である」になるなら抽籤になる。そして、これらすべてに共通して言えることは、いずれの方法も、それが採用する（規制論Bと同一の）大前提を近似的に実現できるであろうと言えるに過ぎない、ということである。なぜなら、この大前提を完全に実現するために仮説的ではない基準を小前提として立てる能力を、われわれ人間は欠いているからである。結局のところ、われわれが行っていること、そしてわれわれにできることとは、この程度なのである。この意味において、われわれ人間の採りうる分配方法は、すべて誤っている、とすら言えるであろう。

3.3 「チケットを得るべき客」とは，誰か？

さて，問題を以上のように整理すると，「客が，適切にチケットを得られないから」という規制論Bの主張が，誤解を招くものであることがわかる。すなわち，「チケット分配の適切性」について考えているのは，規制論だけではない。規制反対論を含めた他の分配方法もそれぞれ，チケット分配の適切性，すなわち「チケットを得るべき客」についての主張を含んでいるのである。

したがって，正確に記述し直すならば，規制論Bの主張は，次のようなものとなる。すなわち，「チケットを得るべき客とは，列に並ぶ時間を厭わない者である」と考える分配方法は「チケットを得るべき客とは，支払う金を惜しまない者である」と考える分配方法より正しい，と。このように，この論争が，小前提として立てる仮説的基準に由来しているという点は，きわめて重要である。なぜならば，そうである以上，この規制論の主張は，自らの基準は後者のそれよりも「「チケットを得るべき客」の基準の客観的な「正解」」に近い，という主張に等しいからである。

そしてこの主張には，致命的な論理矛盾が含まれている。なぜなら，2つの近似値のうちどちらが正解に近いのかを，その「正解」を知らないまま判断することは不可能だからである。そして，われわれがその「チケットを得るべき客の基準の客観的な正解」を知りえないことは，明らかである。なぜならわれわれの理性は，その「正解」はおろか，上述のとおり「ある分配方法が，それの採用する大前提をどれだけ実現できているか」すら，知りえないのであるから。そして，「そのような「正解」をわれわれは知りえない」というこの事実は，世界の側にある「人間」の条件である。それゆえ，この条件を無視して「正解」への近接を語ることが可能であると夢想することは，人間が神であると夢想するのと同じだけ，愚かである。そして私は，このような理由から，規制論を否定するのである。

以上が，本節の冒頭で述べた「「チケットを得るべき客」とは，誰か？」という私の問いかけの真意である。私の考えでは，需要が供給を上回っている財を分配する以上差別が不可避であることを理解したうえで，われわれの理性的能力の限界を正しく把握するならば，その差別の諸基準の間に優劣がつけられると想定することは理不尽である。つまり，「客が，適切にチケットを得られないから」

という規制論 B の主張は，その問題の設定からして間違っているのである。

3.4 いかなる論拠から規制反対論を採用するか？

ところが，これと同じ誤りは，一般的な規制反対論にも見られる。それゆえ私は，一般的な規制反対論にも与することはない。

例えば，最も有名かつ典型的な規制反対論として，ブロックの規制反対論をあげることができる。しかし，彼の規制反対論（ブロック 2006：141ff.）は，規制論を丁度逆にしたものである。すなわち彼は，貧乏人を差別する分配方法は多忙な人を差別する分配方法より正しい，と主張するのである。このような規制反対論に対しては，それは規制論と同じだけ間違っている，と私は言わねばならない。なぜなら，このような主張もまた，差別の諸基準の間に優劣がつけられるとする誤った想定の上に，成立しているからである。

それでは，この種の規制反対論にも規制論にも反対する私の立場は何なのか，と問われれば，結論としては規制反対論である。ただし，私が規制反対論を採用する論拠が，ブロックのものとは決定的に異なっていることを，強調しておきたい。私の考えでは，上述のとおり，差別の諸基準の間に優劣はつけられない。それゆえ，もしそこに，そのような差別の一方法として自生的にダフ屋が登場するのであるならば，それを規制する根拠も存在しえない。私はただこのような理由からのみ，規制反対論を採用するのである。

3.5 差別は本当に不可避なのか？

ところで，これまで私は差別が不可避であると言い続けてきたが，本当にそうであろうか。実は，差別をしないことのみを徹底的に追求するならば，それは可能である。ただしそれは，何もしないことを意味する。つまり，ももクロがコンサートをしなければ，チケットを得られる人と得られない人の間の差別は解消される。「一人も客を入れないでコンサートを行い，テレビで中継する」という方法も考えられそうだが，テレビを持っている人といない人の間に差別が生じるし，持っているテレビの性能による差別も生じるので，差別は解消されない。差別を解消するためには，やはりなんとしても，ももクロにコンサートを止めさせるしかないのである。

第Ⅰ部　自　由

　実はこれは，すべての平等主義が当然に持っている，論理的帰結である。すなわち，平等主義を貫こうとすれば，われわれはほとんど何も行うことはできなくなる。言い換えれば，ほとんどすべての問題について「平等を実現するために何もするな」と命令しない限り，平等など実現しないのである。

　それではなぜ，平等主義を貫くと，このような不都合が生じてしまうのか。この問に対する私の見解は，上述のとおりこの世は差別に溢れており，人間が差別をせずに生きてゆくことなどおよそ不可能なのであるから，無理に平等を貫けば不都合が生じるのは当然である，というものである。そこで次に，この見解が本当に正しいかどうかを考察してみたい。

3.6　平等主義は適用可能か？

　この私の見解に対する根源的な批判は，私の「差別」の用語法が間違っている，と論じるものである。すなわち，チケットを得られる人と得られない人が生じることを「差別」と呼ぶ私の用語法を批判し，それは単なる「区別」であって是正されるべき「差別」には当たらない，とするのである。そしてこれは，平等主義者の常套手段である。

　しかし，私に言わせれば，差別と区別の区別など，ただのまやかしである。差別と区別の間には，行為様態としての客観的な違いなど存在しない。結局のところ，これは典型的な論点先取である。つまり平等主義者は，自分の都合に合わせて，平等主義を主張しやすそうなケースだけを「差別」と呼んで，「区別」と区別しているに過ぎないのである。[3] しかしわれわれには，そのような彼らの都合につき合う義務はない。行為様態に違いがないのだから，全部「差別」と呼んで差し支えないのである。

　しかも今回のケースは，百歩譲って平等主義者の差別と区別の区別を容れたとしても，差別に当たる。なぜなら規制論Bは，ダフ屋行為によって貧乏な人々が差別されているという認識に基づいて，主張されているからである。それにもかかわらず平等主義者たちは，それは差別ではなく区別なので自分たちの出番ではない，と口を噤む。その理由は，規制論に加担する形で貧乏人に対する差別を解消しても，それは結局，これを別の差別に置き換えているに過ぎないということを，彼らが正しく理解しているからである。そしてまた，差別

66

そのものを取り除くための平等主義本来の解決策，すなわちももクロにコンサートを止めさせるという解決策が誰にも受け入れられないということにも，彼らが気づいているからである。

3.7　平等主義を維持することは可能か？

　このように現実のケースに当てはめて考えると，平等主義の実行可能性がきわめて低いことが明らかとなる。そしてこのことは，よく考えてみれば，至極当然である。なぜならば，人間には価値観というものがあり，その「価値」の本質は，価値があるものとないものとを「差別」することにあるからである。人間のこの事実は，平等主義の抱える深刻な矛盾を露呈させる。というのも，平等主義も，それ自体が1つの価値観であることを，免れえないからである。

　平等主義者はよく，それが不平等を容認することを理由に，自由主義を批判する。これはすなわち「平等主義は自由主義より正しい」と言っているのであり，それは価値的な主張である。そして，価値的な主張は，その本質上必ず差別をともなう。すなわちこの例であれば，平等主義者は，自由主義を差別することによって，平等主義が正しいと言っているのである。これは，平等主義者が率先して差別をしていることを意味しており，それは明らかに，平等主義と矛盾した行動である[4]。しかし，その矛盾を除くべく平等主義を貫いて（自由主義に対する）差別を止めるとすると，今度は，平等主義が正しいと言えなくなる。そして，それが正しいと言えないのなら，結局のところ彼は，平等主義を（含めいかなる主義をも）主張できないことになるのである。

　これはつまり，「平等を実現するために何もするな」という命令を，平等主義者が自分自身に対して発した結果，平等主義の主張をもやめる，ということである。すなわち平等主義は，論理的に突き詰めるならば，このような過程を経て自然に消滅せざるをえないことが最初から決定されている，そういう1つの価値観である。そしてそうなる原因は，それが価値観でありながら差別を否定するという致命的な矛盾を孕んでいる，という点にあるのである。

　逆の言い方をすれば，平等主義者は，いまだその論理的帰結を充分に突き詰めていないがゆえに，平等主義者でいられるのである。しかし，彼らが平等主義を維持するためにどれだけ現実から目を背け，差別と区別の区別などを持ち

出そうとも，価値観を持つ「人間」が形成するこの世の中は，差別に溢れている。そして，先に述べたとおり，人間が差別をせずに生きてゆくことなどおよそ不可能なのである。

例えば，ももクロのコンサートに押し掛けて需要量を押し上げているももクロファンの大部分が，デパート前の広場のアイドルには見向きもしない。これはつまり，彼らが後者を差別をしている，ということである。このように自ら差別を行っているももクロファンが，コンサート会場に入りきらないという理由で，今度はももクロから差別されるのである。しかし，これで何も問題は無いのである。むしろ，このように差別が満ちあふれていることによって，われわれの社会は，いろいろなことが活発に起きる，住んで楽しい社会になっているのである。

そして，この「人間が差別をせずに生きてゆくことなどおよそ不可能だ」という事実は，先に述べた「われわれはチケットを得るべき客の基準の客観的な正解を知りえない」という事実と同様に，世界の側にある「人間」の条件である。

さて以上が，規制論Bに対する私の反論である。規制論の他の論拠には触れていないが，規制論全体を批判するという本節の目的は果たせたと，私は考えている。なぜならば，この問題を考える際に私が依拠している概念的道具を，本節で網羅的に示してしまったからである。

ただし，これまでにあえて触れなかった論点が１つある。それは，「市場」についての論点である。そこで，節を改めて，市場について考えることにする。

4 ── 可謬主義的市場論とは何か？

さて本節では，市場について考える。ここで唐突に市場という言葉が登場して驚くかもしれないが，前節までと違う話をするつもりはない。つまり，前節で規制論Bについて論じた内容が，私が市場を擁護する理由そのものである。むしろ，本章の問を扱う場合には，話を逆に進めることのほうが，一般的である。すなわち，ダフ屋について論じる際には，それを，市場を擁護する規制反対論と市場の限界を指摘する規制論との対立として図式的に説明することから始めるほうが，普通である。そして私も，この説明図式は正しいと思う。

4.1 これまで「市場」の概念を用いなかったのはなぜか？

それでは，なぜ私はこの図式に基づいて論じてこなかったのか。その理由は2つある。1つ目は，市場という語を，説明項ではなく被説明項（これらの用語についての詳しい説明は嶋津 2004：45を参照されたい）として用いたかったからである。「市場論に適合するから規制反対論は正しい」という主張は，市場を説明項として扱っている。そしてこれは，市場については何も語っていないに等しい。そうではなく，「〇〇の事実や××の感覚に合致するがゆえに市場は大切である」というように，市場を被説明項として扱うことで初めて，市場とそれを擁護する理由について，充分に論じることができるのである。

私がこの図式を採用しなかったもう1つの理由は，先に「市場」という語を用いて私の立場が誤解されることを，避けたかったからである。前節で述べたとおり，私の規制反対論は一般的な規制反対論とは異なる。そして，規制反対論が2種類あるということは，市場論が2種類あるということを意味する。その一方は，一般的な規制反対論が依拠する功利主義的（もしくはリバタリアン的）市場論である。これに対して，私が擁護するのは，ハイエクの市場論を私なりに再構成したものである。私はこれを，可謬主義的市場論と呼ぶことにする。そして，この2つの市場論が哲学的に全く相容れないことを示すために，ハイエクの功利主義批判を引用しておくことにする。彼は，次のように述べている。

> 功利主義アプローチがもつ困難は，［……］それがルールを必要とさせる要素すなわちわれわれの無知を完全に排除していることにある。［……］それ故，整合的な功利主義はしばしば進化の産物を神人同形同性論的に設計の産物と解釈［……］せざるをえなくなる。［……］そのような神人同形同性論は功利主義もその一つの特定の形態にすぎない設計主義概念のすべてに特徴的である。（ハイエク 2008：32-34）

これを私なりに再構成し，功利主義的規制反対論に対する批判に適用したのが，前節の議論である。

4.2 「市場の失敗」にどう対処するか？

さてそれでは最後に，市場の失敗について考えることにする。法哲学の教科書は，ほぼ必ず「市場の失敗」について説明する。例えば『法哲学』（瀧川ほか

2014：81）は，ノージックを解説するなかでこれに触れ，市場は公共財の供給に失敗するため政府が必要となる，と説明する。これは，ノージックの解説としては，正しい。しかし，すべての市場論者が，市場が失敗したらすぐに政府に頼ろうと考えるわけではないことを，私はここで強調しておきたい。

　私も，市場が失敗しうることは認める。しかし，その失敗を埋め合わせる方法として私がまず想定するのは，人々の自発的な醵金(きょきん)である。つまり，その社会で比較的暮らし向きの良い人は，公共財を供給する資金を自発的に出すだろう，と考えている。このような考えは，非現実的だと思われるかもしれない。しかし私は，社会科学理論と人間との関係は，自然科学等の場合とは異なると考えている。すなわちそこには，人間のありようを写し取って理論が作られるという面だけでなく，提示される理論によって人間のありようが変わるという，自己実現的な側面が存在する。われわれは，この側面をもっと意識すべきである。

　例えば「人間は徹頭徹尾利己的なので，強制的に徴税しない限りビタ一文出さない」という前提で理論を構築すれば，人間は実際にそう行動するようになるであろう。これとは逆に「普段は自己利益のために市場で競争しているからこそ，そこで偶々競争に勝った者は，それが幸運に過ぎないことを熟知しており，それゆえ不運だった者に対して慈愛心を示すようになる」という前提から理論を構築すれば，人々は自発的に醵金するようになるに違いない。私は，固くそう信じている[5]。

4.3　可謬主義的市場論とは何か？

　さてこのような考え方は，可謬主義的市場論に特徴的なものである。なぜなら，功利主義的市場論は，効率性の追求を目的とし，その効率性とは何であるかをわれわれは知っている，と想定するからである。そして，このように想定するゆえ，彼らは，政府の介入を容認しやすい傾向を持つ。すなわち，市場が失敗し，政府のほうがその効率性を上手く達成できると考えられる場合には，そこからは，「それを政府に行わせるべし」という結論が自然に導かれてしまうのである。

　しかし，可謬主義的市場論は，そのようには考えない。可謬主義的市場論に

も秩序維持という目的はある。しかし，何がその目的に資するのかを人間の理性の力で前もって知ることなどできない，と可謬主義的市場論は考える。それゆえ，個人がそのなかで間違える場所として，市場が必要となるのである。すなわち，諸個人がそれぞれの考えに従って自由に生き方を試せば，その結果としてある者は成功しある者は失敗する。そして，この様々な試行の結果という諸情報こそが，秩序の実現を可能とする「知」の源泉なのである。つまり，可謬主義的市場論における市場とは，そういう諸情報をお互いに伝達し合うことを通して，何が社会秩序の維持に資するかを見つけてゆく，そのための装置なのである。言い換えれば，「理性」ではなくこの「市場」という装置を通して，われわれの「正しさ」についての認識を進化させることで，社会秩序の維持が初めて可能となるのである。

　ところが，この市場に対して政府が介入し，個人の自由を制限すると，そのなかで伝達される（様々な試行の結果という）諸情報の内容が歪められてしまう。その結果われわれは，社会秩序を維持するために何が有益かを，見誤ってしまうのである。可謬主義的市場論は，このような理由から政府の介入を危険視して市場を擁護するのであって，それが効率性を実現するがゆえに市場を擁護するのではない[6]。私は，この点を判然と強調しておきたい。

　そして，私が第1節において「規制」の定義を「法律や命令で禁止する」としたのも，実はこれら2つの市場論の違いを強調するためである。私人がダフ屋を道徳的に非難することは大いに結構である。同様に，ももクロが自衛策を採ることにも何ら問題はない。というのも，前者に対抗してダフ屋を道徳的に賞賛することが可能だし，後者に対抗して「その自衛策は理不尽である」とももクロを非難することも可能だからである。つまり，両者はともに市場のなかにいて，われわれの認識を進化させることに貢献しているのである。しかし，そこに政府が介入してダフ屋を規制することは，許されない。なぜなら，そのような規制を認めると，われわれは「ダフ屋という生き方から生じる様々な帰結」という情報を得る機会を失い，われわれの認識の進化が阻害されるからである。これは，ただの人間に過ぎない無知なるわれわれにとって，あまりにも大きな損失である。それゆえ（政府が）法律や命令でダフ屋を規制すべきではない。可謬主義的市場論は，このように考えるのである。

第I部　自　由

📖 ブックガイド

① サンデル，マイケル（2012）『それをお金で買いますか―市場主義の限界』鬼澤忍訳，早川書房
　　規制論の哲学的思考枠組みが明快に描かれている。具体例が豊富で，われわれの視野を広げてくれる。
② ブロック，ウォルター（2006）『不道徳教育』橘玲訳，講談社
　　規制反対論の代表的著作。「論理の力で常識に対抗する」という哲学の醍醐味を教えてくれる一冊。
③ 嶋津格（2011）『問いとしての〈正しさ〉―法哲学の挑戦』NTT出版
　　可謬主義的市場論は，同書の自由概念から多くを得ている。豊富な論点が，われわれの思考を深めてくれる。

〔注〕
1)　彼女らのチケットが存在しない理由は，完成度が低いからでも努力していないからでもなく，端的にそれに金を払う聴衆がいないから，である。すなわち，ある財の価値は，それを受け取る側の主観的な効用（満足度合い）で決まるのである。価値についてのこの見解は，主観価値説ないし効用価値説と呼ばれており，これが現代の経済学の主流である。すなわち，他人の認めない労働に，価値は無い。ところが巷では，これに反する見解も根強い。それは客観価値説ないし労働価値説と呼ばれるものであり，財の価値は，投下された労働時間等の客観的な基準で決まる，と主張する。そして例えば，規制論と関連深い「適正価格」等の用語も，この労働価値説から導かれる概念である。
　　私は，この労働価値説は，きわめて危険な見解であると考える。そのことを示すために，これを本気で採用すると社会がどうなってしまうかを，考えてみたい。その場合，デパート前広場のアイドルは，自らの労働に対する報酬を請求する，正当な権利を持つことになる。そして，そのような権利を保障するためには，われわれが社会全体で，その報酬を支払わねばならない。なぜなら，彼女らが無料でコンサートをやっているのは，チケットを買ってまで聞きに来たい人が充分にいないから，なのであるから。それゆえ，そのような報酬の支払いを可能とするためには，誰がどのような労働をした際に報酬を支払うのかを，社会全体で前もって決めておかねばならないこととなる。さもないと，人々が好き勝手な労働をし，それに見合った報酬を社会に請求してくることになるが，それらすべてに応じていたらすぐに社会が破産することは，明白だからである。すなわちこれは，完全な統制計画経済の姿である。そして，労働価値説に従うことは，そう主張する本人は気づいていないかもしれないが，自由社会を否定し，このような全体主義を擁護することに，等しいのである。
2)　この点に関して，サンデルは「「早い者勝ち」という行列の倫理には，平等主義的な魅力がある」（サンデル2012：60）と述べる。しかしこれは，明らかに間違っている。なぜなら，早い者勝ちが，チケット発売後に新たにファンになった者や，多忙で列に並ぶことができなかった者を差別する論理であることは，明白だからである。
3)　これは，何らかの「主義」を採用する者の態度として考えても，異様である。例えば

自由主義者は，不自由すなわち「自由の抑圧」についてきわめて敏感であり，普通の人なら見過ごしてしまうほど小さな「自由の抑圧」を見つけては，それを攻撃する。ところが平等主義者は，実は誰よりも「差別」に対して鈍感なのである。

4) この指摘に対しては，平等主義者からの次のような反論が予想される。すなわち「平等主義は，ある特定の場面における「人々」を平等に扱うべきだと主張するものであって，「理論」を含めた全ての価値判断を否定するものではない」と。この反論に対して再反論するために，私は，ドゥオーキンに依拠（ドゥオーキン 2009：180ff.）して次のように答えたい。すなわち，このような反論は，（それを自覚しているか否かはともかく）理論活動を生活実践から切り離してメタレベルに置くことで，初めて可能となる。しかし，そのようなアルキメデスの点は存在しない，と。

5) 仮にこの考えが間違いで，人々が自発的に醵金することなどなかったとしても，私にはさらに，醵金を当てにできるもう1つ別の理由がある。それは，言論市場の存在である。つまり私は，がっぽり儲けているくせに一切醵金しない人は，言論市場において人々に非難されるであろう，という期待を持っている。それを怖れるため，自発的ではなく内心は渋々でも，富者は醵金するようになるはずである。

6) このように市場を捉える観点は，本来の自由主義が持っていた，核心的な主張とも合致する。すなわちその主張とは，「社会にとって重要な事柄は，重要だからこそ，集合的決定に委ねてはならない」というものである。この点についての詳細な議論は，拙稿（登尾 2011）を参照されたい。

〔文献〕

嶋津格（2004）「国民への法学教育―小中学校での実験授業など」『ジュリスト』1266号
瀧川裕英・宇佐見誠・大屋雄裕（2014）『法哲学』有斐閣
登尾章（2011）「大きな社会とその規範的構成」『法哲学年報2010 市民／社会の役割と国家の責任』有斐閣
サンデル，マイケル（2012）『それをお金で買いますか―市場主義の限界』鬼澤忍訳，早川書房
ドゥオーキン，ロナルド（2009）『裁判の正義』宇佐見誠訳，木鐸社
ハイエク，F. A.（2008）『法と立法と自由Ⅱ―社会正義の幻想』篠塚信吾訳，春秋社
ブロック，ウォルター（2006）『不道徳教育』橘玲訳，講談社
「紅白整理券50万円…「ネットダフ屋」捜査最前線」イザ産経デジタル，2015年1月28日，http://www.iza.ne.jp/kiji/events/news/150130/evt15013008000001-n1.html（2016/7/6アクセス）＊参照webページ1．
「ネットダフ屋「より欲しい人に行き渡る」「普通の人は買えなくなる」…山崎元，紀藤正樹両氏が激論」金曜討論，産経ニュース，2013年3月13日，http://www.sankei.com/economy/news/131213/ecn1312130048-n1.html（2016/7/6アクセス）＊参照webページ2．
杉山淳一「「ネットダフ屋を締め上げろ」―鉄道業界はなぜ無策なのか」杉山淳一の時事日想，ITmediaビジネスオンライン，2014年8月1日，http://bizmakoto.jp/makoto/articles/1408/01/news027.html（2016/7/6アクセス）＊参照webページ3．
skicco「ネットダフ屋は悪か」SKiCCO REPORT, 2013年12月18日，http://skicco.hateblo.jp/entry/20131218/p1（2016/7/6アクセス）＊参照webページ4．

【登尾章】

05 チンパンジーは監禁されない権利を持つか？

1──はじめに

1.1　人間でないものの権利について考えるということ

　本章のテーマは「チンパンジーは○○の権利を有するか？」である。チンパンジーは動物（そして人間ではない動物）である。ではなぜ本章のテーマは，犬ではなく，猫ではなく，チンパンジーなのか。本当は犬でもよかったのではないか。しかし，本章のタイトルが（犬ではなく猫でもなく）チンパンジーであるということは，動物の権利を考えるうえで，私たちにひとつの視角を与えている。まずはここから始めたい。

　はじめに，以下の事例を考えてみよう。

　　米国の Y 大学 A 研究室では，身体の動きについて研究するにあたり，チンパンジー 2 頭を実験動物として飼育していました。この研究では，チンパンジーの筋肉に極細の電極線が埋め込まれ，様々なデータを獲得するという実験が行われていたのでした。あるときこのことを，動物保護活動をする NPO 団体 X が知り，Y 大学 A 研究室に対し，この 2 頭のチンパンジーを，本来チンパンジーがチンパンジーらしく暮らすことのできる場所へと直ちに解放すべきだ，と主張しました。これが聞き入れられないとなれば，X は「この 2 頭のチンパンジーは Y 大学 A 研究室に監禁されている状態にあり，この状況はチンパンジーが本来有している基本的権利を侵害している」として，裁判所に対し「人身保護令状」*を請求し，2 頭のチンパンジーの監禁からの解放を求めて裁判に訴えたのです。
　　＊　人身保護令状：　拘束された人の拘束の合法性を審査するために，当人を法廷に出廷させるよう命じる令状。不法に拘束される人を解放する機能を持つ。

1.2　実践的自律

　「チンパンジーは監禁されない権利を侵害されている。すなわちチンパン

ジーは，基本的権利を持つのだ。」

　この主張を行う理由の1つに，チンパンジーが発生論的に人間に近い，という事実がある。たしかに，進化論上人間とチンパンジーとが分岐したのはおよそ600万年前であり，比較的最近のことである（それまでは共通の祖先を有していた）。このことからも，類似性は他の動物よりも高い。ただし，チンパンジーに監禁されない権利があることの主たる理由は，別に示されるもう1つの理由である。すなわち，チンパンジーが，人間と同様に心を持っているから，すなわち実践的自律 practical autonomy の能力を持っているからである，と考えられている。詳しく論じよう（ワイズ 2012）。

　ここでいう「基本的権利」とは主として，身体的なインテグリティ（統合性）が確保されることを意味する。身体的なインテグリティの確保とはすなわち，本人の同意なしに自分以外の他のいろいろな人などから触られない（刺されたり，撃たれたり，そして監禁されたりしないことなどの）ことを意味している。人間でない動物であっても，例えばチンパンジーは，身体的なインテグリティに対する権利，すなわち基本的権利を有している。なぜなら，私たち人間は，私に心があるように，他人にも（私とは異なる）心があることを認識しているが，同様にチンパンジーにも自分に心があり，そして他のチンパンジーにも同様に心があることを認識しているということが，最新のチンパンジーをはじめとする霊長類研究の実験により証明されているからである。すなわち，おのおのに"自己意識"が存在するという"心の理論"が，チンパンジーをはじめとする霊長類にも認められるのである。

　これらの能力を持つということは，あらゆる人生における諸問題について，完全な自律能力を駆使して物事を判断し行動できるとまでは言えないとしても，少なくとも，自分を理解し他者を感じることができるという意味で，人間の認識能力の基礎である実践的自律 practical autonomy が認められる，ということを意味する。そしてこのことは，自分自身というものについての自覚（sense of sense）がある，ということをも意味するのである。自分自身には一定の目的があって，それは達せられたり達せられなかったりするのだけれども，それは（他人の問題ではなく）自分の問題なのだ，とみずから自覚することができるだけの複雑さを持っている，ということである。椅子には自意識はない

が，チンパンジーにはある。だからチンパンジーは椅子とは異なっているのであり，したがって物とは異なり，基本的権利を持つ存在として尊重されなければならない。

　生物学の最新の知見によれば，人間ではない動物について，この実践的自律を有するかどうかにはグラデーションがあり，各々にクラス分けが可能とされている。チンパンジー，ゴリラ，ボノボやイルカの一種については少なくとも，この能力を有していることが明らかになっている（図1【クラス1】）。人間ではない動物の実践的自律の能力の程度は評価可能であり，少なくとも，上記の動物については，人間に近い実践的自律能力があることが認められている。また，犬，象，オウムなどがその次のカテゴリーに区分され（図1【クラス2】），他の動物もまた次のカテゴリーに分類される，ということである。したがって，チンパンジーには基本的権利があるのであり，これは法的に保護の対象となる。すなわち，チンパンジーには監禁されない権利がある，ということになるのだ。

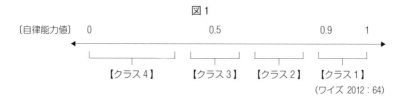

図1

（ワイズ 2012：64）

　なるほど，自覚があることを基礎とする実践的自律を人間の認識能力の基礎と考え，これが認められる以上，人間でない動物にも基本的権利を認めるべきである，とするこの最新の生物学的知見に基づいた主張には，なかなかの説得力があるようにも見える。

　しかし他方で，このように人間でない動物に対して法的権利を認める立場には，異論もある。以下では，代表的な2つの視角からの見解を取り上げることにしよう。

　第1に，認識能力を持つかどうかを，法的権利主体であるかどうかの基準とすべきであると考えるべきなのだろうか，という視角である。そして第2に，動物に対しては，虐待を含み不当な扱いをすべきではないが，果たして不当な扱いをしないためには，法的権利を付与しなければならないのだろうか，とい

う視角である。

2 ── 2つの視角：認識能力と法的権利の付与

2.1　「認識能力を持つかどうかということ」と「法的権利主体であること」

　チンパンジーに権利を認めようとする人々は，その動物が認識能力を持つかどうかという基準を採用し，チンパンジーがその基準を満たしている，すなわち認識能力を持っているから権利を有すると認めるべきだ，と主張する（シンガー 2012）。しかし果たしてその基準は妥当なのだろうか（ポズナー 2012）。

　たしかに，認識能力の有無は，権利を持つことと何らかの関連はあるだろう。例えば選挙権のように，この社会がどのような社会であるべきかを考え判断するために必要となるであろう一定程度の能力を前提とする権利については，認識能力があることは必要である。もちろん，チンパンジーに権利を与えようとする立場は，ここまで高度な能力を求めてはいないのではあるが。しかし果たして，認識能力を持つことは，権利を有することの決定的な基準なのだろうか。少なくとも私たちの多くは，非常に限定的にしか認識能力を持たない人間，あるいは全く認識能力を持たないように見える人間について（新生児であるとしても，また意識を失い回復の見込みがない遷延性の意識障害者であるとしても），彼／彼女たちが生命に対する基本的な権利を有する，と考えている。そうした人々に対して危害を加えることは，端的に言って不当であり違法であると考える。私たちの多くは，「1日たった人間の胎児（one-day-old human fetus）は，たとえ認識能力をもたないとしても，生命に対する権利をもつべきであると信じている。～動物の知性に比例して動物の権利を与えることが全く奇妙なことであると考える」（ポズナー 2012：75）のではないだろうか。

　もし仮に，動物の知性の程度によって権利の付与が決定されるとするならば，「サルやコンピュータが，重度の知的障害者よりも高い認識能力をもっている」とされるとき，このことを理由として「サルやコンピュータに対して彼らより多くの権利を与える」（ポズナー 2012：75）べきであるというのだろうか。

2.2 人種差別問題を振り返る

　虐待等によって動物への不当な扱いをすべきではない，ということは共有できる。しかしそのために，チンパンジーに権利を与えなければならないのだろうか。

　チンパンジーの権利を支持する人々はしばしば，米国等の奴隷制の事例をあげ，次のように主張する。すなわち，人間であるのに法的人格が認められない，あるいは同等の権利が認められない存在は，この社会に少なからずいた。最も典型的には，アメリカの奴隷制を考えれば明らかであろう。150年ほど前まで，奴隷は人間ではあるけれども法的人格は与えられておらず，1865年の南北戦争で解放される以前，法的に物だった。この状況を変えたのは法廷である。船の甲板に鎖でつながれた黒人奴隷に対し，人身保護令状を出してその身を解放させたように（ジェームズ・サマーセット事件[1]），また，黒人と白人とが通学する公立学校が別々であるよう分離することを許容していた州法に対し，「分離している」という理由それ自体によって，アメリカ合衆国憲法第14修正条項で保障される法の下における平等の保護が奪われている，と判決を下したように（ブラウン判決[2]），法的保護の対象となるべきその存在に法的人格があることを確認したのは，法廷である。そして法的人格が認めることによってはじめて，それらの物は，虐待をはじめとする不当な取り扱いから解放されえたのだ，と。

　このことと，チンパンジーに権利を付与することとを同様に位置づけてよいだろうか。

　黒人奴隷に権利を認めることや，人種別学を否定し平等保護を確保するという問題は，人種隔離政策を廃止し，彼／彼女らに対し，彼／彼女らが本来有していたはずの，既存の法的人格者と同等の権利を認め，その権利行使を保障し，黒人であることを理由として，正当な理由なく彼／彼女らの基本的人権を侵害することを許さないことを，この社会の基礎に据えるべきだ，とする明確な目的を持って問題解決に向けた運動が展開された。これに対して，チンパンジーへの権利付与の問題はどうか。

2.3 人種差別問題とチンパンジーへの法的権利付与問題

チンパンジーに法的権利を付与すべきだ，とする場合，その主張は，以下の前提に立っている。すなわち，「私には権利がある」ことが認められれば，それを侵害することは正当な理由がない限り許されないはずである，という前提である。いわば権利とは切り札なのである。「実験室であれ，農場であれ，野生状態であれ，人間が人間以外の動物を利用することは原則として悪いことであり，止めねばならぬと考える」（青木 2009：213）わけである。

この点で，動物の福祉という考え方と，動物に権利を付与する考え方とは一線を画する。

いわゆる動物の福祉という考え方は，「人間以外の動物を研究目的で利用したり，食用に飼育したり，スポーツや営利のために動物を狩猟したりわなにかけたりすることは，それらの活動によって得られる全利益が動物の受忍する苦痛を上回るときには，許容される（悪いことではない）」（青木 2009：213）と考える。したがって，功利主義的考え方を受け入れるのである（功利主義については，瀧川ほか 2014）。他方，権利を付与する考え方によれば，人間以外の動物が権利を有するとする以上，極論すればなんであれ人間が人間以外の動物を利用することは，そもそも誤っているのであり，人間にとって有益であるかどうかとは無関係に，動物を利用することはそれ自体としてそもそも許されない，ということになる。さてこのように考えたとき，人間以外の動物に権利を付与するという考え方は，どのような社会を目指していると言いうるだろうか。

3 ── 動物の権利と動物の福祉

3.1 動物を権利主体とする社会

例えば，新規の医薬品を作る際，人間への投与の安全性を図るために現在求められている動物実験や，私たちが生きていくために必要となる食料として動物の肉を食べるといったことを考えてみよう。人間の権利と動物の権利とが衝突する際には，どのような解法がありうるのだろうか。人間に何らかの優先性を認めるのかどうか。仮に認めるとするならば，それはどのように正当化されうるのだろうか。もし人間に優先性を認め，私たち人間が，動物を食べること

を許容するならば，動物に付与された権利とは一体何であるのだろうか。一定レベルの認識能力があることを，権利を付与する基準とするならば，なぜ人間と動物との間で，人間に優先性が与えられるのか。そして，人間を前にしては，切り札として機能しないことを前提とするこの動物に付与された権利は，むしろ動物の保護に欠けることにさえなりはしないか。動物に付与される権利というのは，人間の権利を前にしては常に劣後するという，非常に力のない概念である，というように。

　この点で，むしろ動物に権利を付与するのではなく，動物を物＝財産として位置づけることのほうが，あるいはまた場合によっては商品化することのほうが，すなわち，物として，商品として，残虐なことを行ってはならないとする法制度を作ったほうがむしろ，現実的に動物を保護することになるのではないか。繰り返そう。「人間以外の動物を研究目的で利用したり，食用に飼育したり，スポーツや営利のために動物を狩猟したりわなにかけたりすることは，それらの活動によって得られる全利益が動物の受忍する苦痛を上回るときには，許容される（悪いことではない）」とする動物の福祉という立場を採用することが，当初の共有事項である「虐待を含む動物への不当な扱いを為すべきではない」ことを実現する妥当な考え方であるとすることもまた，考えられるひとつの考え方である（青木 2009：213）。

　なるほど確かに，何かの能力を基準としてチンパンジーに権利を付与することは，とても不自然なことのようにも思われる。また私たちは事実，動物を食べ，動物により安全性を点検された医薬品を服用する社会に生きている。チンパンジーに権利を付与することで目指される，この社会ではない新たな社会とは，いったいどのような社会であるというのだろうか。

3.2　動物の福祉の理論　動物の解放

　チンパンジーに権利を付与すべきとする立場が不自然だ，とする主張が果たして理にかなった主張であるかどうかについて，チンパンジーに権利を付与すべきだとする立場からの批判，という観点からもう少し分け入って考えてみよう。以下では，動物が人間同様に快楽や苦痛を感じることのできる能力を持っている限り，それらに対して道徳的配慮を払うべきだとする考え方に着目して

検討する。

　私たち人間の多くが、仮に動物の権利と人間の権利とが対立したときには、人間の権利が優先されるべきだと考えるならば、それはなぜか。それは私たち人間がそうしなければ、栄養が得られなくなるからであり、あるいはまた安全な医薬品による医学的治療を受けることができなくなるからであり、つまり私たちが困り、この社会がうまく立ち行かなくなるからである。そこには、私たち人間は、「「下等な創造物」よりもはるかに価値がある」（シンガー 2012：105）のだから、人間と「下等な創造物」である動物との間には、道徳的な立場の違いがあるのであって、人間と動物の間には明確に境界線を引くことができる。だから両者を異なる取り扱いをすること、すなわち人間を優遇し動物を冷遇することは間違っていないのであって、人間の利益と動物の利益とが衝突する際には当然、動物の利益は犠牲となるべきなのだ、と考えているのだろう。

　このとき、動物が「下等な創造物」で、人間がそうではない高等な創造物であるとする理由には、人間が理性的で自覚的な存在であり、言語能力をはじめとしたその他様々な知的能力を有する、といった前提がある。たしかに、私たち人間の多くは、そうした能力を有し、活用し、活動している。しかし少し考えてみれば明らかなように、生まれたての赤ちゃんや、認知症を患った高齢者、何らかの要因で意識がなく回復の見込みのない遷延性意識障害の患者などには、チンパンジーの知的能力と比較をしても、その能力が劣るものもあるのではないか。現代の霊長類研究によれば、どうやらそのようである。そのように考えるならば、赤ちゃんや認知症の高齢者、遷延性意識障害の患者といった人間は、チンパンジーよりも「下等な創造物」となるのではないか。

　本来、能力の有無を基準にする考え方に基づくならば、答えはそのとおり、彼／彼女らはチンパンジーよりも「下等な創造物」なのであり、したがって彼／彼女らよりもチンパンジーのほうが道徳的配慮は優先されるべきである。もしそれはおかしい、彼／彼女らは仮に能力がないとしてもなお、チンパンジーよりも道徳的に手厚い配慮対象となるべきだ、と主張するのであればそれは能力の有無ではなく、彼／彼女らが、人間だからという理由で、道徳的配慮がより手厚くなされるべきだというのであり、チンパンジーは、人間ではない動物だからという理由で道徳的配慮の対象とはならない、と考えているからであ

る。それは、かつて人間と奴隷とを分けていたのと同様に、白人と黒人とを分けていたのと同様に、あるいはまた男性と女性とを分けていたのと同様に、人種差別や性差別といった考え方と同根の「種族主義 speciesism」に基づいているのだ。

以上の見解をふまえて、チンパンジーの権利についてどのように考えるべきか、さらに検討を進めたい。そのために次節では、本章のテーマである、実験動物の保護法制の歩みと、その保護の考え方とこんにちの保護法制の状況について、概観しておこう。

4 ── 動物保護の法制度

4.1 近代動物法の歴史

人間は動物を保護することに古くから関心を持ち続けてきた。人間の生活を支える食料として、家畜として、それらは貴重な存在であり財産であり続け、動物は人間のために保護されてきた。人間のための存在として保護の対象とされるという動物の捉え方は、近代に至り、大きく転換する。すなわち、人間のための存在として保護するという保護対象から、動物それ自体を保護すべき価値対象とする考え方への転換である。そしてこんにちの動物保護・福祉法制の礎は、19世紀のヨーロッパにあると考えられている。

ここでは、〈人間のための保護法制〉から〈動物のための保護法制（近代動物法）〉への転換について、特に法制度としての動物保護の形を牽引してきたヨーロッパの動き、なかでもイギリス、フランス、ドイツをあげて概略しておこう。

・イギリス　人間のために、ではなく、動物それ自体が保護されるべき主体としての価値を持つ、という理解と結びついた、「個体としての動物を不必要な苦痛から保護する」（青木 2009：7）という新たな発想に基づく動物保護法制の始まりは、リチャード・マーチン議員の主たる尽力により成立したマーチン法（畜獣の虐待および不当な取り扱いを防止する法律、1822年）に遡る。さらにマーチン法と同時期には、こんにちのイギリス国内における動物に関する訴訟の多くを担う、王立動物虐待防止協会（RSPCA）の前身となる団体が設立されている。

法制度および動物の保護に関する活動の基盤となる団体の活動とともに，イギリスでは早い段階で，動物虐待罪の対象となる動物の範囲が拡大され，1876年には動物実験の規制および実験動物の保護が法的に規律された。動物保護法制上〈動物実験問題を動物虐待規制の枠組みのなかで捉える〉という発想をいち早く導入したイギリスの動物保護法制は，ヨーロッパにおける動物保護の基本的思想として受け継がれるに至った。動物実験問題を動物虐待の枠組みのなかで捉えるという思想は近代動物法の重要な特徴と言えよう。

・フランス　フランスにおいても，イギリスの法制をふまえてグラモン法（動物虐待罪が創設される，1850年）が制定されて以来，詳細な規定を持った動物保護法制が採られており，手続法上も大きな特徴を有している。なかでも1976年法は，フランスの動物保護法制上大きな役割を担っている。同法は，動物への虐待等の行為者を被告人として動物虐待罪で刑事訴追するにあたり，直接公益動物保護団体を原告として，裁判の提起をする権限（私訴権）を明文で規定している（第14条）。また私訴権は刑事訴追のみならず，これと並行して損害賠償請求をも同時に行う道を開いており，こんにちに至っている（青木 1998）。

・ドイツ　ドイツもまた，1871年の刑法典に動物虐待規定が盛り込まれ（1933年には動物保護法によって体系化され）るなど，早くから近代動物法の体系化が進んだ。とりわけ1990年の「民事法中の動物の法的地位の改善のための法律」で，「動物は物ではない。動物は特別の法律によって保護される。動物については，物についての規定を，ほかに規定がない限りにおいて準用する」（民法90a条）とし，さらには2002年のドイツ連邦共和国基本法の改正により，動物保護を「国の責務」であると明文で規定し（20a条），憲法レベルで動物保護が要請されている。

　英，仏，独は，動物を単なる人間のためにする，物への保護，としてではなく，動物それ自体を保護の主体として，一定の価値を認めた動物保護法制，すなわち近代動物法を確立してきた。ここで注意すべきことは，しかしながらいずれの国も，動物に権利主体性を付与してはいない，ということである。まさにこの点は，本章で考えるべき重要な論点の1つであるので，後述する。

　以上，今日に至るまでの近代動物法の確立に大きな影響を与えた3国をあげた（表1）。このような状況をふまえて，現在 EU レベルにおいて，家畜，実験

第Ⅰ部 自　由

表1

	イギリス		フランス		ドイツ
1822	マーチン法				
1824	動物虐待防止協会（SPCA）設立				
1835	動物保護関連法制定				
1840	SPCA，王立動物虐待防止協会へ（RSPCA）				
		1846	動物保護協会設立		
1849	法改正により保護動物の範囲，犯罪行為類型の拡大				
		1850	グラモン法制定		
				1871	ドイツ帝国刑法典に動物虐待罪
1876	動物虐待法（動物実験規制，実験動物保護）制定				
1903	ブラウン・ドッグ事件				
1911	動物保護法制定（現行法規制の基礎）				
1925	演技動物規制法制定				
				1933	動物保護法
1951	ペット動物法（販売規制）制定				
1954	麻酔に関する動物保護法制定				
		1959	グラモン法廃止→刑法典に動物虐待罪，動物の範囲の拡大（動物中心主義へ）		
		1963	より重大な残虐行為への処罰規定（軽罪規定）新設		
1968	家畜福祉協議会「家畜福祉の原則（5つの自由）」提唱				
				1972	動物保護法改正（現行法の原型）
1973	犬繁殖法制定				
		1976	自然保護に関する法律制定（動物を感覚ある存在と明記）		
1981	動物健康法制定				
1986	科学的使用に関する動物法制定				
		1987	デクレ：動物実験の条件規定		
				1990	民事法中の動物の法的地位の改善のための法律制定
		1992 —1994	刑法典改正により動物虐待罪が「財産に対する犯罪」から「その他重罪・軽罪」へ		
1996	野生哺乳類保護法制定				
1999	犬繁殖・売買法制定				
				2002	基本法改正（動物保護は国の責務）

（青木 2009；環境省自然環境局 2004をもとに筆者作成）

動物，娯楽動物，野生動物等，領域ごとに動物福祉に関する様々な協定，規則，指令，決定，その他判例が生成されている。これに対して，米国やカナダにおける動物の福祉へのアプローチは様相を異にしており，この点は後述する。

4.2　実験動物の福祉の動向

さて，動物の保護の延長線上の課題として，本章が取り組む「実験動物」について考えてみよう。動物実験の実施にあたり，こんにち広く共有される考え方に「3Rs 原則」がある。3Rs 原則とは，動物実験が必要な場合がありうるとしても，実験に際しては代替法の活用 Replacement，使用数の軽減 Reduction，実験動物の苦痛の軽減 Refinement に努めなければならない，とする原則である。

① 代替法の活用 Replacement： 科学的知見を得るために実験動物を用いる以外の手法がある場合には，代替手法を用いること。
② 使用数の軽減 Reduction： より少ない数の実験動物から比較可能なレベルの情報を獲得できる場合には少ない数の，同数の実験動物からより多くの情報を獲得できる場合には同数の実験動物を用いること。
③ 苦痛の軽減 Refinement： ありうる苦痛を軽減・最小化し，実験動物の福祉を高めるような手法を用いること。

(W. M. S. Russell & R. L. Burch 1959)

この原則は，動物福祉のための大学連合の W. M. S. ラッセル，R. L. バーチにより提唱され (1959年)，事後，国際医学団体協議会 (Council for International Organizations of Medical Sciences: CIOMS) により「医学生物学領域の動物実験に関する国際原則 International Guiding Principles for Biomedical Research Involving Animals」(1985年) として公表されて以降，国際的原則として普及し，「生命科学における代替法及び動物使用に関する世界会議」で採択されたボローニャ宣言に盛り込まれた (1999年)。2010年には，EU 指令「科学的な目的のために使用される動物の保護に関する2010年9月22日の欧州議会及び理事会指令2010/63/EU」において，EU 法上明文化されるに至っている (植月 2012)。EU においては，動物実験は実験の実施規則に至るまで一貫して法的規律の下にあ

り、また各々の動物実験については、規制当局が法令への適合性を検証するという手法、すなわち適正な動物実験のあり方と実験動物の保護とを一貫して規律するという手法を採用している。

ここまで述べてきた EU のあり方に対して、米国・カナダは様相を異にしている。ここでは特に米国の状況を概観しよう。

・米国の状況　米国では、適正な動物実験への規律問題と実験動物の保護とが、関連しながらも一応、独立に位置づけられている。動物実験については欧州の動向とは異なり、統一的な連邦による規制はなく、農務省が管轄する「動物福祉法 Animal Welfare Act／AWA」とそれに基づく規則および基準と、保健福祉省公衆衛生局（Public Health Service／PHS）による「実験動物の管理及び使用に関する PHS 方針」という 2 つの体制により、動物実験は規制されている（なお規制対象となる動物の範囲が両者では異なっている）。両規律はいずれも、直接に実験動物の管理および使用について規制してはいない。両規律は、各実験施設に対し、実験者が当該実験の実施にあたり、適切な能力を持ち、かつ訓練を受けているかについて審査する、審査委員会の設置を義務づけており、各々の施設内委員会がこれを審査する、という自主規制方式を採用している。ただしこの方式においては、AWA および PHS 方針によって、これらの自主規制を監督する制度が組み込まれており、また PHS 方針では、PHS が拠出する研究資金の助成要件として、同方針の遵守を要請するなど、一定の担保を持っている。他に、広く米国社会で認められた民間の認証機関が、適正な動物実験についての認証を与えており、AWA, PHS 方針とともに、相補的に実験動物の福祉の確保を目指している。

4.3　日本の実験動物保護法制

日本の状況はどうか。わが国における動物保護立法について、本節で示した意味での近代動物法、すなわち、動物それ自体を保護すべき価値対象とする考え方に基づく動物保護法の萌芽は、1973 年「動物の保護及び管理に関する法律（動物保護管理法）」に見られると考えられる。特に実験動物の保護について、同法では「動物を教育、試験研究又は生物学的製剤の製造の用その他の科学上の利用に供する場合には、その利用に必要な限度において、できる限りその動

物に苦痛を与えない方法によってしなければならない」(第11条第1項)と定められた。ただし，本法の成立過程から読み取れることは，本法が必ずしも近代動物法の精神を積極的に採用することを目指した立法の機運の高まりの結果として成立したわけではない，ということである（国会における本法の立法にあたっての趣旨説明（第71回国会本会議第56号（昭和四十八年八月二十三日（木曜日））議事録）では，「文化国家」としての国際的評価の獲得を得ようとする趣旨の発言が見られる）。

　動物保護に対する社会的関心は，この後1990年代に入って急速に高まりを見せ，近代動物法の考え方が広く支持を集めるようになった。これにともない，動物保護管理法は全面改正され，「動物の愛護及び管理に関する法律（動物愛護管理法）」(1999年)が成立し，その後も改正を経ている。とりわけ本章が取り組む実験動物の保護についての重要な改正は，2005年改正である。なかでも，実験動物の福祉の向上を図り，上述の3Rs原則が配慮事項として明記されるに至ったことは特筆すべき点である。この2005年改正にともない，翌2006年には関連各省庁が各々に指針を出しており，さらに事後，様々な命令や告示，地方自治体の条例など，動物愛護管理に関する具体的なルールが補完され，こんにちに至っている。

　　［関連省庁の指針］
　　・環境省「実験動物の飼養と保管並びに苦痛の軽減に関する基準」
　　・文部科学省「研究機関等における動物実験等の実施に関する基本指針」
　　・厚生労働省「厚生労働省の所管する実施機関における動物実験等の実施に関する基本指針」
　　・農林水産省「農林水産省の所管する研究機関等における動物実験等の実施に関する基本指針」
　　・環境省「動物の愛護及び管理に関する施策を総合的に推進するための基本的な指針」

5 ── 再びチンパンジーへの法的権利の付与問題を考える

5.1　人と物のあいだ

　動物の保護，福祉の法制度は，EUをはじめとする諸国はもとより，わが国

第Ⅰ部　自　由

でも相当の充実が図られてきていることがわかる。確認しておくべきことは，いずれの法制度においても依然として，動物に対して権利を付与する法制を採用してはいないという点である。たしかに，ドイツ法制上，動物は「物ではない」（民法90a条）（が人でもない）第3のカテゴリーに位置づけられ，さらには憲法レベルでの保護が要請されている（基本法20a条）。また，フランスにおいても，1990年代の刑法典改正により，動物虐待罪が「財産に対する罪」から「身体に対する罪」「財産に対する罪」「国家・公共の安全に対する罪」と同列に並ぶ「その他の罪」に分類され，しかもこの「その他の罪」には，人間の臓器，人間の胚に関する犯罪が分類されていることからも，単なる物とは異なる位置づけが与えられようとしていることを見て取ることができる。このことはすなわち，動物の法的地位が物からより人に，その位置づけが動きつつあることを示すと言いうるのかもしれない。

　さて，以上のことをふまえたうえで，冒頭の問いに戻ろう。
　チンパンジーには法的権利（ここでは監禁されない権利）が付与されるべきか。本章第1節を振り返ってみよう。
　チンパンジーが権利を有するとした場合，このことを支える道徳理論——動物の解放論——は，チンパンジーが認識能力（正確には，認識能力の基礎となる自己意識と心の理論）を持つ，という生物学的研究の成果を根拠とする。このような能力を持った動物には権利を付与すべきであり，さらに言えばこうした能力を持たなければ（赤ちゃんや遷延性の意識障害の人など）チンパンジーとの比較として，人間であるとしても法的尊重の度合いは低くなる。このとき，能力を有するチンパンジーに権利を付与せず，無能力の人間をこそ権利の主体であるとするならば，それは，人種差別や性差別と同根である種族差別の立場に立つものだ，というものであった。これに対しては，動物に権利を与えることによって果たして現状の社会秩序が維持できるのだろうか，といった反論が示された。すなわち，動物に権利を付与することによって生じる人間の権利との衝突問題を，どのように解決するのか。あるいはまた，私たち人間が営む現状の医薬品の安全な供給はどうなるのか。赤ちゃんには法的権利がない，遷延性意識障害の人に法的権利がない，とは到底考えられはしないではないか。むしろ動物を物（財産）として保護の対象とし，保護法制を図るほうが，これらの問

題を回避し，両者が共存する社会秩序の維持に利する，すなわち社会全体の利益になるだろう，と。

　能力の有無は，権利を持つ（権利の主体となる）ことの決定的な根拠なのだろうか。

5.2　尊厳と能力

　私たちの社会は，虐待を含む動物への不当な扱いをなすべきではない，ということについて概ね共有している。そしてそれは，単に人間中心的な考え方にとどまるものではない法制度である近代動物法を構築してきた。〈人間のための保護法制〉から〈動物のための保護法制（近代動物法）〉へと変遷を遂げた近代動物法の考え方の下で，動物保護法制が展開してきたことについては，前節までで論じたとおりである。

　本章が取り組む問題から得られる法哲学的課題は，未だ残されている。

　権利の主体となるためには，何らかの資格や能力が必要なのだろうか。ここまで，一定の能力（認識能力の基礎としての能力）の有無が権利の主体となるかならないのかの線引きの基準の妥当性問題を端緒に，検討を行った。

　実体としての能力の有無を基準に，人間の生の質を評価する考え方に基づけば，この能力を持つ者は権利の主体となる資格を持ち，持たない者は権利の主体としての資格を持たない。したがって資格を持たない後者は，権利の主体としての保護の対象となるだけの価値が認められないことになる[3]。

　これに対して，このような能力基準は不要とする立場からは，生を受けた生きとし生ける者は皆，平等な尊重と配慮が与えられるべきとされる。すなわち，生それ自体にそもそも内在的価値があるのだ，という考え方である。生きている者として存在する以上，それ以上の資格や能力を求めることなく，それ自体として尊重の対象である，とするこの考え方は，「生の尊厳」の概念に基づく立場ということができよう。しかしこの立場の貫徹は当然，人と人以外の動物との間に特段の線引きを認めない。

5.3　道徳的重み

　角度を変えて私たちが共有する認識，すなわち私たちの社会は，動物を椅子

と同じモノだとは捉えておらず，動物は法的に一定の保護の対象となるべき存在であるがしかし，人間とは異なっている，という理解から考えてみよう。

　私たちは程度の差こそあれ，動物に対して物とは異なる，私たち人間と一定の関わりのある，何らかの近しさを感じている。哲学者であるロバート・ノージックの着想をもとにしたひとつの思考実験を取り上げよう（Nozick 1974：35-42）。

　　「もしあなたが，気晴らしと健康のためにバットの素振りをする習慣があったとしよう。しかしもし，何らかの因果関係によって，バットの素振りが何百頭の牛が苦しんで死ぬことに繋がることがわかったとすれば，それでも素振りをすることには何の問題もないとあなたは感じるだろうか」（嶋津 2011：83）

　私たち（の多く）は殺された牛（食肉センター等で屠殺された精肉）を食べて生きている。そしてそのようにして牛が殺されているということについて，少なくとも承知している。しかし，私たち（の多く）は，肉を食べ続けているのである。そうであるならば，バットの素振りで殺して何が悪いというのか。

　しかし，ここでバットを一振りすることについて，何らかの，あるいはまた人によっては大きなためらいを抱く人も少なくない。それはなぜか。その際のためらいは，素振りによって死ぬことになるであろう牛を，何らかの道徳的重み moral weight ——そしてそれは人間に認められるほどには重くない——を持つ存在として認識していることの表れではないか。だからこそ，バットを一振りすることを我慢しようと思ったり，バットを一振りすること自体を良くないことだとしてためらったり嫌悪したりするのだろう。ただし，それは殺人とはおよそ異なることと認識されている。このように道徳的重みを持つと私たち人間が感じ，認識するものの存在は，それと私たちとが一定の関わりを持つものとして——そしてそれは人間と同等の権利主体のメンバーシップを獲得するのではないとしても——一定の尊重を図る他者として承認する候補となるか否かを決める指標の1つになるのかもしれない。

5.4　権利の主体であるということ

　権利主体であることの核心は何か。近代法における権利の主体は個人であ

り，その下で個人は個人として尊重されること（個人の尊重 respect of individuals）が要請される。この場合の個人は，この社会で権利主体と認定されたあらゆる者を対象とする。したがって，個人の尊重原則を社会秩序の基礎に置く近代自由主義社会においては，私が私として尊重されるということはすなわち，遍く他者が他者として尊重されることが要請されることを意味する。当然，他者が，私と同じだけの他者から尊重を得られないことを許容することはすなわち，私がこの社会のなかで尊重されないことをも許容することを意味するのである。だからこそ，人種差別や性差別その他の差別をなくするためには，人種差別や性差別その他の差別を受ける人々（被差別者）が権利主体者であることを確認する（公民権の付与）ことによって，その不当な差別を解消することが必要だったのである。このことはすなわち，被差別者を，その他の権利主体と等しく尊重と配慮の対象となる主体者として承認することを意味したのである。権利の主体者間においては常に，立場の互換性（反転可能性）が追求されなければならない。そのためには，自分自身と等しく尊重と配慮の対象であることを前提としなければならず，したがって承認すべき関係にある他者としてどのような者を認めるべきか，が問われることになる。

　近代法理論はこれまで，承認すべき他者を〈人〉に限定し，それ以外の存在を〈物〉として区別し，人以外のモノを権利主体とすることについて謙抑的であった（法人についても，厳格な制限の下に置かれている（民法34条））。しかし，現代社会においては，例えば選択的人工妊娠中絶の是非をめぐる議論のなかでは胎児の問題として，また脳死臓器移植問題においては臓器の法的位置づけ問題として，さらには人間の細胞や組織，あるいはそれらから作られた別の細胞（iPS細胞などを考えてみよう）について，人間ではないがしかし人間と一定のつながりを持つものについて，これらをどのような法的位置づけのものとして捉えるべきかが問われている。動物についても，ドイツ，フランスの動向を見るに，これを人間とモノの二分法ではない法的位置づけの方向性が示されつつあるようにも見える。このことは，人間とそれ以外のモノとがどのような関係にあるものと認識するのかという観点から，捉え直されつつある動向ともいえるだろう。

第Ⅰ部 自　由

6 ── おわりに：チンパンジーは監禁されない権利を持つか

　チンパンジーは監禁されない権利を持つか。この問いは，人間とそれ以外の動物との間の線引きの理由を，私たちに問う。そして私たち人間が，私たちと同じくその生を承認する存在を何だと認識しているのか，を私たちに問う。その問いかけは，権利とは何かという法理論上の根源的な問いかけであると同時に，私たち個々人の内心にある価値観への問いかけでもある。

　本章執筆時である2016年現在，豚などの動物を利用して人間の移植用臓器（膵臓や肝臓）を作ることが現実的に目指され，あるいはまた，ゲノム編集をすることによって様々な毛色や模様のブタを作り出してペットとして販売することが実現可能なことがらとして現に目指される状況にある。人間以外の動物は，人間の安全性の確保をはじめとして人間の生を様々な局面で支えるために，いろいろな形で利用されている。「チンパンジーは監禁されない権利を持つか」という問いを問いとして受け止めることはすなわち，人と人ではない動物との間の境界線がなぜなければならないのか，そしてまた，人と物の間で私たちは，権利という概念をどのように捉えるべきなのだろうか，という問いに私たちを直面させる。

　もう一度問おう。チンパンジーは監禁されない権利を持つか。

📖 ブックガイド

① 青木人志（2004）『法と動物──ひとつの法学講義』明石書店
　動物の法的位置づけについて，日本の法学研究の第一人者による法と動物という観点からの法学入門。
② 青木人志（2009）『日本の動物法』東京大学出版会
　〈動物をまもる法〉と〈動物をつかう法〉という2つの観点からわが国法体系のなかにおける動物のあり方を解説している。
③ シンガー，ピーター（2011）『動物の解放〔改訂版〕』戸田清訳，人文書院
　動物の福祉論と権利論とを理論的に理解するうえで，また批判的に検討するうえでも必読の書。

〔注〕
1） ジェームズ・サマーセット事件（英国）： 主人から逃亡した黒人奴隷サマーセットが再び主人に捕えられ，国外に売却されようとしていた。この状況について，黒人奴隷解放運動家等が裁判所に対し，人身保護令状を請求し，裁判所がこの請求を認めてサマーセットを解放した事例。Somerset v. Stewart. Lofft 1, 98 ER 499（1772）.
2） ブラウン判決： 公立学校について，黒人と白人とを別々の学校に通うことを許容するカンザス州法が，アメリカ合衆国憲法修正第14条に反すると判決した判例。Brown v. Board of Education of Topeka, 347 U. S. 483（1954）.
3） なお，権利主体として，保護する価値のある生と価値のない生とを能力の有無によって区別するこの考え方は，〈優生学〉と親和することについては，ここで触れておくべきだろう（米本ほか 2000）。
4） なお個人の尊重概念についてはしばしば，自己決定能力を前提として，その自律能力の行使としての自己決定権の尊重こそが個人の尊重の意義とする偏重した理解が示されることがある。それゆえに，近代法を支える思想としてのリベラリズムが批判されることがある。自己決定権の尊重が近代法の下において，きわめて重要であることは明らかであるがしかし，自己決定権を尊重することのみによって個人の尊重が図られるわけではないことについては注意が必要であろう。例えば，当該自己決定権の行使が可能となるような環境の整備など。

〔文献〕
ワイズ，スティーヴン（2012）「スティーヴン ワイズ博士「合衆国における動物法とそのグローバルな意義」」嶋津格編『個体と権利』千葉大学大学院人文社会科学研究科研究プロジェクト報告書第243集
サンスティーン，キャス・R. & ヌスバウム，C. マーサ編（2013）『動物の権利』安部圭介・山本龍彦・大林啓吾監訳，尚学社
　　――ポズナー，リチャード「動物の権利 法的，哲学的，そしてプラグマティックな観点」
　　――シンガー，ピーター「種を超え，かつ直観を超える倫理 リチャード・ポズナーへの応答」
青木人志（2009）『日本の動物法』東京大学出版会
青木人志（1998）「動物虐待罪の日仏比較法文化論」『一橋大学研究年報 法学研究』31巻
環境省自然環境局（2004）「第1回動物の愛護管理のあり方検討会」（平成16年2月6日）資料4
植月献二（2012）「EUの実験動物保護指令」『外国の立法』254号
米本昌平・橳島次郎・松原陽子・市野川容孝（2000）『優生学と人間社会』講談社
嶋津格（2011）『問いとしての正しさ―法哲学の挑戦』NTT出版
Nozick, Robert（1974）*Anarchy, State, and Utopia,* Basic Books（嶋津格訳『アナーキー・国家・ユートピア―国家の正当性とその限界』木鐸社，1995）
Russell, W. M. S. & Burch, R. L.（1959）*The Principles of Humane Experimental Technique*

【野崎亜紀子】

第Ⅱ部───平　　等

06 女性専用車両は男性差別か？

1 ── はじめに

1.1 「男性」排除車両の経験？

　本章の執筆者は男性である。中肉中背で，外見的には，30代男性である。筆者が朝起きて急いで最寄駅の改札を通り，ちょうど来ていた電車の，改札に最も近い車両に向かって小走りに向かっていたとき，その車両の扉の前で駅員が腰を落として両手を大きく開いて，「ここは女性専用車両です。隣の車両に向かってください」と大声で叫んだ。そこで，急いでターンして隣の車両に乗り込むことはできた。乗り込むことができたとはいえ，いささか複雑な気持ちになった。

　さて，2000年2月，京王電鉄線にて日本で女性専用車両が試験的に導入されたのは，痴漢行為の防止のためである。実は，1912年に「婦人専用車両」というものがあった（堀井 2009）。しかし，それは，男女が公共の場所で共にいるのが好ましくないという当時の道徳を反映する形で導入されたのであり，戦後まもなく廃止された。これに対して，2000年の試験導入後，女性専用車両が急速に拡大した主たる理由は，痴漢行為の防止のため，とりわけ，女性に対する男性の痴漢行為の防止のためにあるといってよいだろう。

　女性専用車両とは知らずに当該車両に乗り込もうとした筆者は，男性ゆえに，痴漢の潜在的な危険因子と見なされ，当該車両への乗車を拒絶されたのである。もちろん，痴漢防止という目的は一定の正当性を有していることは理解できるし，共感もしている。しかし，潜在的な危険因子だと見なされることにつき，不快感がないといえばそうになる。以上が複雑な気持ちの内実である。

　女性専用車両というのは，「男性」という性別を痴漢行為の危険因子とした

うえで，特定車両への男性の乗車を拒否する手段である。女性はもっぱら女性専用車両に乗るように強制されているわけではないので，より正確には，（幼児を除く）男性排除車両といってよいだろう。「男性」の判断基準は，日本社会で常識的に「男性」と判断される外見にある（それゆえ，男性的な外見をした女性も追い出されそうになる事例もあるようである）。そこにおいては，個人個人を具体的に見つめていこうという視線は皆無であるし，そんなことをすれば，公共交通機関としての大量輸送の機能に支障をきたすだろう。

1.2　差別とは？

　差別を簡単に定義すれば，特定の属性に基づいて，類型化した判断を行い，個人の具体的な事情を捨象して，特別な取り扱いをすることだろう。このような定義からすれば，女性専用車両のあり方は差別かもしれない。男性の外見を根拠にして，特定の車両から排除する扱いをするからだ。しかし，特別な取り扱いに対して，法律家は直ちに「差別」という言葉を用いることは少ない。というのも，特別な取り扱いすべてが法的に許されないわけではないからだ。労働基準法65条は，女性にのみ，産前産後の休業を請求することを認めている。特別な取り扱いすべてを禁止しているわけではない。

　法律家は，属性による特別な取り扱いについては，「区別」という言葉を用いたうえで，その取り扱いの合理性を問う。合理性を欠いた区別を，許されない区別と呼び，「差別」という名称を与えることが多い。初めから差別だという言葉を用いると，許されないというニュアンスがともなってしまうため，いったん区別という言葉でワンクッション置くのである。

1.3　本章の構成

　このようなことをふまえつつ，本章では，まず，法律家が差別を取り扱う際の視点を明らかにし，次に，差別に関わる法哲学上の論点を概略し，最後に，以上の点をふまえて，女性専用車両が男性差別かを考えるための筋道を示す。

2 ── 法律家の語り方：差別を語る前に

2.1　法と強制との結びつき

　法律家からすれば，差別とは何かという大きな問いに警戒しなければならない。法律家が個々の問題に取り組む際に念頭にあるのは，どのような実践的意味があるのかということである。差別とは何かを議論することが，損害賠償の根拠になっていくのか，差止め請求をする根拠になるのか，あるいは，何らかの立法措置を求めていく根拠になるのかという議論の「出口」を考えるのである。そして，損害賠償請求や差止め請求は，裁判所によって認容されれば，何らかの形で強いられることになる。その意味で，法は強制の問題と密接に関連する[3]。法律家の議論の出口には，強制の問題が控えていることが通常である。

　高校までの道徳の時間に，ある行為が差別的であるか否かを議論するときには，多くの場合，各生徒（教師）の日常的な行為を反省することが主眼とされている。また，差別について論じられる多くの（法学以外の）書物でも，差別問題を語ることの意義は，差別をする（かもしれない）者の心のありようを問題にすることにあるとされ，その者の倫理的な反省が大事であると説かれることがしばしばである（中島 2015：序章，好井 2015：60以下）。しかし，その授業でもそれらの書物でも，強制の問題が主に念頭に置かれているわけではない。

2.2　法の明確性への要求

　法が強制の問題と密接に関連するということは，差別問題の向き合い方に大きな影響を与える。その影響は様々にありうるが，ここでは，2つの影響に触れておこう。

　第1の影響は，法の内容は明確でなければならないという点と関係する。個々の法には，それぞれの目的（制度趣旨）があり，その目的を実現する手段が規定されている。法は，目的を実現するためのマニュアルでもある。そのマニュアルの内容が不明確であれば，現場の運用者に混乱をもたらすだけだろう。しかし，それだけでは法の明確性は強く要求されない。不明確に規定し，

柔軟な運用を許すことが、差別問題への取り組みには有用なこともある。

　法の明確性が強く要求されるのは、法が権力をコントロールするという課題を担っているからだ。不明確な規定は、間違った権力の発動をもたらす可能性を増大させることになり、①そのような間違った発動自体が望ましくないし、また、②その可能性であっても望ましくない。なぜ可能性であっても望ましくないかといえば、いつ権力が発動されるかの予測可能性が与えられず、人々の行動の自由が萎縮させられてしまうからである。

　このような明確性への要請は、差別（禁止）に関わる法の制定や運用についても求められる。たしかに、差別は様々な文脈で立ち現れ、差別の類型を事前に規定し尽くせるようなものではない。しかし、上述の根拠から考えれば、いかなる行為が差別に該当するのかは、立法段階で、あらかじめ定型的に示すことが望ましいだろうし、そのような規定が困難で抽象的に規定するしかないとしても、運用段階（裁判段階含む）での慎重さ・十分な説明（判決理由の提示）が求められ、予測可能性を担保しておく必要がある。[4]

　本章の問題が裁判の場に持ち込まれるとすれば、男性が女性専用車両によりどのような環境に置かれるのかなどの具体的な事実と結びつけたうえで、差別性の有無を判断していく必要があろう。さもなければ、鉄道会社の営業活動が萎縮してしまうことになる。

2.3　法的強制の限界

　第2の影響は、法が予定している強制手段の限界と関連する。（少なくとも現在の）法が予定している強制手段は、損害賠償という金銭の支払い（それにともなう財産の差押え）、差止め、刑罰などの手段に限られている。さて、先に触れたように、差別問題への取り組みとしては己の心のありようを反省することも大事ではある。ならば、洗脳という手段で心のありようを変化させることが手っ取り早いのかもしれない。しかし、上述した法の強制手段のなかには洗脳は含まれていない。（少なくとも現在の）法は心の問題に関わらない。

　哲学者トマジウスは、これを「法の外面性、道徳の内面性」と呼んだ。法は人々の行為の外形に強制的な働きかけをするのに対して、心の内には介入しない。[5]　なぜこのような区分がなされるのかといえば、2つの理由がある。まず、

介入することはで̇き̇な̇い̇という根拠がある。金銭の支払いを強制したところで，あるいは，刑罰を科したところで，人の心を変えることはできないという理由である。また，介入するべ̇き̇で̇は̇な̇い̇という根拠がある。どのような価値観を信じるかはその人の自由に委ねるべきであり，その心を変えるのは，説得という手段を通じて行うべきであり，（洗脳を含めた）強制手段は望ましくないという理由である。後者は，後に言及するリベラリズムの立場である。

2.4 まとめ

法律家は，差別とは何かという大上段の議論を避ける傾向がある。立法者の観点からすれば，定型的な行為類型として指し示すために，差別とは何かを考えるであろうし，また，裁判に関わる法律家の観点からすれば，あくまでどのような効果（賠償，差止め，刑罰，勧告的措置）を狙った議論なのかをふまえたうえで，具体的な事実状況に即して差別とは何かを考えることになるだろう。

3 ── 差別はなぜ許されるのか／許されないのか？

3.1 危害原理と差別

差別に対して現代の法がどのような態度をとっているのか，まずは，現代法の基本となっている近代法の考え方，さらに，その基礎にある古典的リベラリズムに立ち返って説明していこう。リベラリズムの基本は，他者の自由への危害がない限り，個人の自由を尊重する立場である。そして，政府が強制権限を行使するための唯一の正当な理由は，他者危害の防止にあるとする。これは，「危害原理 Harm Principle」と呼ばれる。

危害原理からすれば，私人による差別が他者に危害をもたらす限りで，刑罰や損害賠償など，私人に強制権限を行使することができる。相手方を貶める発言をすれば，名誉棄損や侮辱に該当し，損害賠償を請求されたり，刑事罰を科せられたりする。他者を害しないというのは，私人にも科せられる普遍的な義務だとされる。

逆にいえば，こうしたリベラリズムからは，私人が不合理な区別たる差別を

することも一定程度許されているということに注意したい。例えば、婚姻の際に、ある人が（特に理由もなく）「特定の人種としか結婚したくない、他の人種と結婚したくない」という方針をとっていても、その人にそのような区別をやめろと強制することはできない（もちろん、そうしないように説得することは自由だ）。また、取引の場面においては、近代法の大原則の1つである契約自由の原則があり、その1つの内容は、相手方選択の自由である。相手方選択において、その選択が合理的であることが必ずしも問われるわけではない[6]。さらに、私的団体の設立維持の場面においても、当該団体に誰を加入させ、誰を加入させないのかは、原則として、当該団体の自由な判断に委ねられている[7]。

私的領域において誰とどのような関係を取り結ぶのかについては、原則として、政府が強制権力を背景にして合理的な理由を要求することはなく、各個人の自由に任されているということである。これは、私法学の世界では、私的自治の原則と呼ばれる。合理的理由を要求すれば、個人の生き方に政府が介入することになり、（少なくとも危害原理をベースとする）リベラリズムに反することになる。他者を傷つけない限り、私的領域（家族、契約、団体）のなかでは、不合理な区別も原則として許されているといえよう[8]。

3.2 公私区分論と差別

これに対して、政府が、公権力を行使する際には、個人を平等に処遇することが求められる。これは、法の下の平等とも呼ばれる。個人の自由を尊重するリベラリズムからすれば、政府は、個々の生き方の問題に介入するべきではない。これが、中立性や平等の要請である。これらの理念が政府による差別の禁止を求める。

中立性を実現する1つの方法としては、公権力を行使する理由の判断に際して人種・性別・思想信条などの個人の属性につき政府は考慮しないという消極的な方法がまずもって選択される。この意味での中立性は理由の次元に求められ、また、考慮しないという消極的な形をとる。理由の中立性は、結果における平等を必ずしも求めないし、また、消極的な形の中立性は、積極的な措置を求めないものである。

したがって、私的領域では、他者危害がない限り、差別が許され、公的領域

では，差別が禁止されることになる。これは，「公私区分論」と呼ばれるものの一種である。女性専用車両を導入した京王電鉄はいわゆる私鉄であり，民間企業である。そのような車両の設置は営業活動の自由の1つといえよう。

3.3 古典的リベラリズムの背後にある楽観論と悲観論

　以上が，差別問題に対する，古典的リベラリズムからの回答である。この回答の背後には，次のような考慮もある。例えば，企業経営とは関係のない視点から区別（つまり，差別）をする企業が存在するとしても，そのような区別をしない企業が存在するだろうし，また，不合理な区別をする企業は競争のなかで淘汰されるというものである。白人好きの人もいれば，そのほかの人種が好きな人もいる。

　私的領域においては，多様な主体が存在していれば，（他者危害に至らない）差別はさほど深刻にはならないはずである。また，諸個人は対等な関係にあるというのが古典的リベラリズムの建前である。こうした考慮が，先の回答の背後にある。古典的リベラリズムは，私的領域における差別については楽観的な態度をとっているといえよう。

　他方で，リベラリズムは，政府権力の恣意的な濫用を大いに警戒する。2.2で述べたとおり，法が権力のコントロールを課題とするのは，リベラリズムのこの考えが背景にある。差別問題を解決するための権力行使においても同様である。さらにいえば，公権力がたとえ真摯に差別問題に取り組んだとしても，うまく解決できる保障があるわけではなく，また，悪化させる危険さえある。政府権力に対しては悲観論を採用している。

　古典的リベラリズムは，私的領域においては楽観論を，公的領域においては悲観論を採用している。

　古典的リベラリズムの私的領域における差別問題に対する楽観的態度は，いくつか修正が迫られるようになってきており，私的領域における差別も禁止されるようになってきている。そうしたことを示す制度や判決をいくつか紹介しよう。

3.4 私的自治の原則の修正

第1に，一定の局面では，契約自由の原則などの私法原理は修正が迫られている。雇用契約，賃貸借契約などの場面においては，人種・性別によって，不合理な区別をしてはならないと立法化されていることがある。例えば，日本の労働基準法3条では，「使用者は，労働者の国籍，信条又は社会的身分を理由として，賃金，労働時間その他の労働条件について，差別的取扱をしてはならない」という均等待遇の原則が，また，同4条では，「使用者は，労働者が女性であることを理由として，賃金について，男性と差別的取扱をしてはならない」という男女同一賃金の原則が規定されている。

3.5 公私区分論の修正：公共施設

第2に，公私区分論も修正が迫られている。例えば，アメリカ合衆国では，「公共施設 public accomodations」につき特別な規律が用意されている（1964年公民権法201条）。「公共施設」とは，公衆一般に広く利用される施設のことであり，例えば，教育施設，小売店，ホテル，レストランなどがあげられる。重要なのは，公共施設においては，公営であるか民営であるかに関係なく，差別が禁止されるという点である。日本でも，公衆浴場の経営者が入浴マナーの問題を理由として外国人一律入浴拒否の措置を講じた点を違法と判断した裁判例（札幌地方裁判所平成14年11月11日判決）が存在し，札幌地方裁判所は，私企業である公衆浴場側の営業活動の自由を認めつつ，「公衆浴場である限り，希望する者は，国籍，人種を問わず，その利用が認められるべきである」という判断を示している。民間企業であっても，公共施設においては，不合理な区別は許さないとするものであり，公私区分論を修正するものといえよう。

3.6 合理的な配慮

第3に，差別問題に取り組むうえで，積極的な措置も一定程度求められるようになった。日本の障害者基本法の2004年改正では，障害を理由とする差別を禁止する条文が追加された（現行の障害者基本法では，4条1項）が，2011年改正では，さらに，障害者に対する「社会的障壁」を可能な限り除去し，障害者に対する「合理的な配慮」をすることが必要であると規定された。例えば，いわ

ゆる健常者を念頭に置いて設計された生活空間の設計が障害者にとっては障壁（段差など）を作り出しているため，こうした障壁を取り除くことによって障害者の社会参加を促進するというものである。また，現在，女性の雇用や管理職登用が事実上少ないことに鑑み，最低限の雇用枠や管理職の枠を設けることが提案されている（制度上区別はないが，事実上差別されている事態は間接差別と呼ばれる）。差別問題に取り組むうえで，このような一定の積極的な措置が求められるという考えが広がりつつある[10]。こうした積極的な措置は，積極的差別是正措置やポジティブ・アクションと呼ばれる。

　もっとも，こうした積極的な措置は，逆差別につながる危険もある。例えば，かかる間接差別の是正策として，女性のために雇用枠や管理職の枠を設けることについては，男性への差別になるのではないかという指摘がなされる[11]。

　3.4から3.6までで紹介してきた諸制度や判決はどのような事情・根拠で正当化されるだろうか，考察していこう。

3.7　社会的権力の台頭

　私的自治の原則が修正されることになった1つの理由は，「社会的権力」の登場である。資本家と労働者，事業者と消費者などの関係で示されるように，私人は対等な関係にあると考えることはできない。企業が「社会的権力」として立ち現れることがある。先に言及した三菱樹脂事件最高裁判決においても，「私人間の関係においても，相互の社会的力関係の相違から，一方が他方に優越し，事実上後者が前者の意思に服従せざるをえない場合があり，このような場合に私的自治の名の下に優位者の支配力を無制限に認めるときは，劣位者の自由や平等を著しく侵害または制限することとなるおそれがあることは否み難い」と判示されている。

　そこで，恣意的な権力の行使を抑制し，個人の自由を守るというリベラリズムの観点から，こうした社会的権力の恣意的な行使も制約すべきだという見解が登場する。三菱樹脂事件最高裁判決において，企業の雇い入れにおいても一定の合理性が要求され，恣意的な区別は許されないとされた（当該事件においては，企業側が勝訴したが）。

　この見解を補強する根拠としては，「相互の社会的力関係の相違から，一方

が他方に優越し，事実上後者が前者の意思に服従せざるをえない場合」には，先のリベラリズムの楽観論（3.3参照）が妥当しない状況と評価できることがあげられよう。

何が社会的権力であるのかについては，議論の余地がある。特に，こうした合理性が私企業の経営判断一般に要求されるとするならば，私的自治の領域に大きく介入できる政府の権限が拡大することになり，公権力の濫用の可能性が増す。政府権限の拡大に警戒するというリベラリズムの悲観論を堅持するならば，そうした状況は限定的に捉える必要があるだろう。

公共交通機関たる鉄道の場合を考えてみよう。もちろん，鉄道会社同士の競争もある。しかし，利便性などのコストの面から考えると，例えば，利用者にとっては，提供されるサービスの内容によって，別の鉄道会社へと乗り換えることは禁止的に高いことがしばしばあるだろうし，他の選択肢がないこともある。かかる場合には，恣意的な区別の禁止を鉄道会社に要求をすることも許容されよう。

なお，3.4でも一部紹介した，雇用や賃貸借契約の場面での差別を禁止する法律は，このような考慮だけで正当化することは難しいかもしれない。一般的に言って，雇用先や貸主は鉄道会社よりもはるかに多様であるだろう。そこで，次の考慮要素も重要となる。

3.8　自由の基盤と分配的正義

私的自治の原則を修正するべきとする，もう1つの理由は，個人の自由は，政府の介入によってこそ，保障されることもあるということである。その具体例は社会権・労働基本権であろう。社会権や労働基本権は，人が生きていくための最低限の基盤を形成することに寄与する。

差別問題に関連させれば，雇用・賃貸などの領域における規律もそうだろう。働くことと住むことは，（大多数の）人間にとっては，自由の基盤といえよう。働くことは生活に必要な糧を得るために必要であり，また，住居は，働き疲れた身体を休め，また，家族と情緒的な関係を切り結ぶ空間である。こうした雇用や住居が不安定になれば，（大多数の）人間の自由は損なわれるだろう。不合理な差別を排除することは，こうした自由の基盤の安定性に大きく寄与す

るものであろう。

　こうした自由の基盤の安定性への考慮を，危害原理を中心とするリベラリズムから正当化しようとすれば，危害の範囲を拡大する道筋が１つ考えられる（Gardner 1989：6-7）[12]。働く機会，住む機会が奪われたと考えるのである。さらには，特定の属性を考慮することが，精神的な危害や「スティグマ」を付与するという方向性もあるが，後述の「スティグマと尊厳」の項目で触れたい。危害原理は，誰かが誰かを害することを問題にするのであるから，責任主体は，行為が観念できる特定の主体であり，また，個別の損害に対して補償がなされることになる。

　しかし，適切に雇用や住居を配分し，自由の基盤を整えるということは，特定の主体の責任の問題にするよりも，全体のバランスの問題といえる側面が強い。そうした側面については，誰かが誰かを害するという思考を中心とする危害原理よりも，分配的正義論の領域で議論するのが素直だろう。危害原理に加えて，自由の基盤として分配的正義への考慮も組み入れるリベラリズムは，現代的リベラリズムと呼ばれる。分配的正義は，全体の配分のバランスを問題にするのであるから，危害原理とは異なり，個々の行為主体の責任ではなく，全体の責任を問題にする[13]。そして，雇用や賃貸で差別禁止の法制を導入するというのは，この分配的正義の要請を，私人間においても導入するものと（部分的には）評価できよう。

　「各人に彼のものを」という定式で語られる分配的正義論では，まさに「彼のもの」が何であるのか，彼にいかなる規準で与えるのが望ましいのかが考えられる。その基準としては，「労働」，「功績」，「才能」などの基準があげられる。差別禁止との関連でいえば，雇用契約や賃貸借契約の場面では，当該契約に関係する「能力 merit」に従って相手方を選択するべきであり，労働能力の有無や，賃料支払能力などによって相手方を判断すべきで，人種や性別という属性をその基準として考慮に入れることはできないということになる。もっとも，私人にもこうした合理的な選択の義務づけを徹底化していけば，個人の生き方の自由を賞揚するリベラルな社会ではなくなり，単なる「能力主義 meritocracy」の社会になるだろう。リベラリズムを堅持するならば，こうした要請は，自由の基盤といえる特定の場面に限定しておく必要がある。そうした限定

としては，歴史的に差別されてきた集団についての区別を重視することも考えられる。

3.9　スティグマと尊厳：リベラリズムを超えて？

　差別の問題で指摘されるのは，区別を設けることそれ自体が，特定の集団にスティグマを押してしまうという問題である。スティグマとは，かつて，犯罪者に押された烙印や刺青のことであるが，現在は，不当なレッテルを貼ることをいう。仮に区別によって，当該集団が，特段不利益を受けることもなく，また，特段不自由に感じないとしても，問題になりうる。

　例えば，同じ地域に居住する黒人と白人に対して，2つの人種別の学校を設置したと考えよう。仮に2つの学校において同程度の教育施設等が提供されていたとしても，異なる学校を設置することそれ自体が意味を持ってしまうという問題である。この問題は20世紀前半のアメリカ合衆国で激しく議論され，1954年連邦最高裁判所は，「（人種ごとに）区別された教育施設は本質的に不平等である」と判断した[14]。もともとは，連邦最高裁は，「分離すれども平等」という立場を貫いていたのだが，1954年の判決はこれを覆したのである。分離すれども平等にはならないのは，分離することの象徴的意味（スティグマ）を問題視したからだといえる。

　こうしたスティグマは，当事者の認識がなくとも，生じうる。多くの直接差別禁止の法制度が，個人の主観的利益の損害の発生を要件とせずに規定していることから，直接差別は，スティグマ付与の1つの特殊事例と位置づけることができる（Gardner 1989：6）。

　こうしたスティグマが許されないのは，人間の尊厳を貶めるからだともいわれる。ここで，差別，スティグマ，人間の尊厳という問題が結びつくのである。尊厳は人間の地位に関わり（cf. Waldron 2012），ある人間を差別したり，スティグマを付与したりすることは，当該人間の地位を下げることになるのだといわれる。3.5で紹介した公共施設における差別禁止は尊厳の観点からよりよく説明できよう。また，ヘイト・スピーチ規制の文脈でも，尊厳の概念が用いられることもある（奈須 2013：28）。こうした尊厳概念を用いることの意義は，尊厳に対する毀損を立証するにあたって，個々人の主観的な感情を害して

いることを明らかにする必要はないということにある。

しかしそれゆえにこそ，私的領域における差別禁止の文脈で，尊厳概念を用いることは，権力の介入を増大させる危険性を生み出す。尊厳という名のもとに一種のモラリズムが導入されていると評価できなくもない。リベラリズムを堅持するならば，尊厳と自由との関係が検討される必要はあるだろう（もちろん，リベラリズムを放棄することも１つの筋道である）。

4 ── 女性専用車両（男性排除車両）は男性差別か？

以上の考察をもとに，女性専用車両は男性差別かという問題について考えてみよう。

4.1 責任の所在の曖昧さ

まず，女性専用車両は男性差別かという問題にアプローチするうえで，厄介なのは，女性専用車両の責任の所在が曖昧であるという点である。責任の所在がどこにあるのか，よくわからない。選択肢としては，①鉄道会社，②女性専用車両内で男性を追い出す女性乗客，③鉄道会社を指導監督する政府，あるいは，④これらの組み合わせが考えられる。責任といっても，ともかく誰の行為を問題にするのかという次元の話である。

まず，鉄道会社について考えよう。鉄道会社が女性専用車両を設置しているといっても，鉄道会社の建前としては，乗客の任意の協力の形で設置しているに過ぎない。例えば，JR東日本は，ホームページで「JR東日本では，以下の路線で「女性専用車」を運行しております。お客さまのご協力をお願いいたします」という文言を掲載している。先に触れた公衆浴場の外国人一律拒否事件では，外国人の銭湯への立ち入りが完全に拒否されていたのとは異なる。冒頭にあげたように，駅員が特定の車両への乗車を拒否したり，また，専用車両にいる男性乗客に繰り返し他の車両へと移るように「協力」を呼びかけたりしているが，これらが強制と評価できるかが問題になろう。

次に，女性専用車両内の女性乗客が当該車両に乗車した男性乗客を他の車両へと追い出す場合もある。追い出し方があまりにも酷い場合には，当該女性

責任（名誉毀損，強要罪）を追及していくことも考えられよう。

さらに，国の責任が問題になりうる。鉄道営業法34条には，「制止ヲ肯セスシテ左ノ所為ヲ為シタル者ハ十円以下ノ科料ニ処ス」ことができると規定され，その「左ノ所為」として同条2号に「婦人ノ為ニ設ケタル待合室及車室等ニ男子妄ニ立入リタルトキ」という行為が掲げられている。かかる規定からすれば，法律上，女性専用車両の設置は当然に予定されているように読める。もっとも，女性専用車両に反対する会の問い合わせに対して，鉄道営業法を所管する国土交通省は，現在の女性専用車両は，任意の協力を求める形であるから，同法で規定されている女性専用車両に該当せず，また，「強制的に降車させるような行為は不適切と判断されることから，そのような事実があれば指導して参りたい」という回答を示している（女性専用車両に反対する会 2015）。この回答によるならば，強制的な実態があるならば，国土交通省に対して鉄道会社への指導を求めていくことができる。

しかし，不適切と判断する国土交通省は，34条2号の存在をどのように捉えているのかよくわからない。不適切と判断する根拠規定としては，一定の場合を除き運送の引受けを拒絶してはならないことが書かれている鉄道営業法6条が考えられる[15]。

いずれにしても，女性専用車両は任意の形で導入され，鉄道会社と乗客の協力のもとに成立しているという言い訳のもとに，鉄道会社も国土交通省も設置の責任を曖昧にしているのが現状である。共同不法行為と構成することは困難だろう。行政指導の問題に見られるように，強制とも任意ともいえない手法を用いて，規制の責任の所在を曖昧にすることは，日本の規制の伝統芸能ではある。おそらく裁判で争うにはここで躓くのであるが，以下では，仮に鉄道会社が強制的に設置した場合（あるいは強制と評価できる場合）を考えていこう。

4.2　鉄道の公共性

鉄道会社の多くは，民間企業である。どのようなサービスを提供するかは，基本的には，営業活動の自由に属する[16]。だとするならば，鉄道会社が強制的な形で（つまり，乗車を拒否する形で）女性専用車両を設置しても，問題がないように思われる。こうした自由を純粋に貫けば，国土交通省，ひいては，政府

は，鉄道会社の経営方針やサービスのあり方に口を出すことはできないはずである。

しかし，前述したように，鉄道は交通機関の要であり，自転車，自動車，飛行機など他の交通手段で代替できないところも大いにある。鉄道会社は社会的権力ともいえるし，また，鉄道という公共交通機関は自由の基盤である。

そうした性格に鑑みれば，公共交通機関たる鉄道会社は，原則として，誰に対しても乗車を認め，また，障害者に対しても合理的な配慮がなされるべきであろう。逆に利用のあり方を制限する女性専用車両を導入するには，一定の合理性が求められるだろう。そこで，女性専用車両の設置の目的・意義の合理性と手段の合理性を問う必要がある。なお，鉄道会社が公営であったとしても，合理的な理由があれば，一定の区別も認められる。

4.3 痴漢関連目的

まず，女性専用車両の設置は，主に痴漢防止目的である。痴漢行為は女性を傷つける「危害」であるから，不合理的な目的とはいえないだろう[17]。もっとも，女性に対する痴漢行為のみを問題視する一定の裏づけは必要だろう。

また，痴漢事案が発生すると，車両やホームでトラブルが生じ，ダイヤの乱れが生じうる。痴漢を予防すれば，そのようなダイヤの乱れを防止することができ，鉄道会社や利用者一般の観点からしても，有意義なものといえるし，その意義は円滑な鉄道運行という業務本来の合理性を備えている[18]。

さらに，電車内で痴漢被害に遇い，男性恐怖症になった女性にとっても，女性専用車両は，大きな意義がある。電車は生活の基盤であるから，当該車両の設置は，男性恐怖症ゆえに男女共用車両に乗ることのできない女性の社会参加を促進する意義もあろう。特に，痴漢行為取締の歴史，すなわち，かつて，痴漢行為は，多くの場合，強制わいせつではなく迷惑防止条例違反として処理され，また，処罰というよりも警察による説諭で済まされてきたという歴史（鮎川 2001：37）に鑑みれば，電車における女性は虐げられてきたと評価でき，歴史的に軽視されてきたといえる。こうした歴史をも考慮すれば，女性専用車両の設置は，「積極的差別是正措置」ないし「合理的配慮」と評価することも可能だろう[19]。

これらの目的・意義は，痴漢に関連するものであるから，痴漢関連目的と呼んでおこう。

4.4 快適さの提供

女性専用車両の設置の目的は，痴漢に関連するものに限られない。「女性に快適に乗ってもらうためのサービス」として，女性専用車両を導入している場合がある。特に関西の私鉄各社では，そのような目的で導入されていることが多く，例えば，混雑が少ない時間帯でも導入され，また，乗りやすい位置に設置され，女性専用車両の配置は女性客の利便性などを考慮したものとなっている。痴漢防止という目的でもっぱら導入した場合には，女性専用車両が先頭や最後尾などに設置されることが多い（以上，日本経済新聞2013年7月10日（大阪）夕刊）。

しかし，この目的は，電車のなかで化粧をする女性のニーズに応じたものであるのか，男性の体臭が苦手な女性のニーズに応じたものであるのか，具体的にどのようなニーズに応じたものであるのかわからない。

これは2つの点で問題である。まず，なぜ女性の快適さだけが考慮されるのか。もちろん，純粋に民間の事業の場合には，営業活動の自由だと評価してよいかもしれない。しかし，鉄道という公共交通機関でのそうした配慮が合理的なものといえるかは議論の余地がある。次に，目的が曖昧であるがゆえに，次に検討する手段の合理性を検討することが難しくなるという点である（それゆえ，以下の項目ではこの目的を取り上げない，取り上げることができない）。性別による区別を行うのであるから，特に女性の活動の自由にとって必要性の高い目的に設定しておくべきだろう。曖昧な目的は，それ自体で不合理だとされる可能性がある。

4.5 目的と手段との関連性

手段の合理性については，まずは，そもそも目的と手段が関連しているかが問題になる。この関連性が裁判所で問われる場合，目的の重要性や，その関連性を調査する裁判所の能力などに応じて，目的と関連性の度合いは異なって問われることになる。[20] ここでは，関連性を問う際の一般的な問題についてのみ触

れておこう。

目的と手段の関連性を問う場合，手段は，過少包摂と過剰包摂の問題を孕むことがしばしばであるから，そこを検討する必要がある[21]。一方で，過少包摂とは，目的からすると手段が狭いという問題である。例えば，本当に女性に対する男性の痴漢を防止したければ，完全な専用車両が望ましく，女性専用車両の設置のみでは不十分だという問題である。他方で，過剰包摂とは，目的からすると手段が広過ぎるという問題である。しばしば問題として指摘されているのは，妻子連れというおよそ痴漢をしなさそうな男性までも排除してしまうことである。なお，男性恐怖症である女性にとっては，女性専用車両は，必要にして十分であるかもしれず，その場合，過少包摂や過剰包摂の問題は生じない。

また，逆効果の問題もありうる。「専用車両に乗らない女性は痴漢にあってもやむをえない，となりかねない」と懸念する女性の声もある。

4.6　手段の相当性

次に，手段の相当性が問題になる。目的が合理的であり，また，目的と手段が関連するものであったとしても，手段の相当性を問う必要がある。手段の選択には，多くの場合，何らかの犠牲がともなう。そうした犠牲がより少ない手段のほうがよいというものである。関連性の問題と同様に，この相当性の問題についても，その度合いも異なって問われうる。ただ，ここでも一般的な問題点の指摘にとどめよう。

まず，法学の世界は，目的が手段を正当化するという思考とは対極にあるといってよい。いかに重要な目的であったとしても，どれほど目的と手段とが関連するとしても，いかなる手段をも正当化するものではない。目的の関連性についての考慮とは独立に，複数の手段の間でも優劣はある。誰かの自由や利益を制約しない手段のほうが望ましい。そこで，代替的手段を検討することが重要になる。痴漢防止が目的ならば，女性専用車両ではなく，監視カメラの設置で十分であるという意見もある。もっとも，監視カメラは，（女性専用車両と比較して）どれほど目的との関係で有効な手段なのか，また，それ自体としてプライバシーを害していないか，問題になりうる。

次に，女性専用車両がどのような自由や利益を制約するかといえば，①特定

の車両に乗る機会を男性から奪うこと，また，②そのような車両の存在自体が，男性に対して「潜在的痴漢」というレッテルを貼ることという2つが考えられる。①についていえば，女性専用車両のほかに男女共用車両がどれほど準備されているのかによって，侵害される利益は変わってくるだろう。これに対して，②についていえば，女性専用車両そのものがそういうメッセージを発することになる。さらに，このメッセージが個人に精神的損害を与えているゆえに，違法と見るのか，そのメッセージゆえに即違法と見るのかについては，先に紹介した（3.9），尊厳の問題をどう考えるかによるだろう。

5 ── 結びに代えて

　本章は，女性専用車両が男性差別かという問題を（法哲学的に）考える筋道を与えるにとどまり，直接の解答を与えるものではない。むしろ様々な考慮要素が示され，読者をしてますます混迷の道へと案内することになったのかもしれない。しかしながら，強制の問題を念頭に置きつつ，様々な事情を考慮しながら，差別性を認定していくことこそが法的思考の醍醐味なのである。考慮する事情をあらかじめ絞り，解答へのプロセスをチャート式数学のように公式化していくことは，法の求めるところではない。

　また，法の言語は，裁判の場で他者を説得する言葉である。しばしば差別問題では，当事者主義が語られる。すなわち，差別か否かの判定においては，被害者たる当事者の感情が決定的なのである，と（そのことをふまえて，本章は，男性たる筆者の経験を語るところから始めたのだが）。しかし，裁判の場では，残念ながら，そうした当事者主義だけでは通用しない。裁判官という第三者を説得する言葉で語られる必要があるのである。そうした説得の言語として，自由，分配的正義，尊厳などが，そのままの形ではないにせよ，法制度のなかに準備されている。

　ただ，2.1で触れたように，差別問題を考察する言語は，法だけではない。倫理的な反省を求めるならば，哲学や社会学の助けを借りる必要があるだろう。

第Ⅱ部 平　　等

📖 ブックガイド

① **堀井光俊（2009）『女性専用車両の社会学』秀明出版会**
女性専用車両について幅広く知りたければ，本書をまず手に取ることがよいだろう。また，女性専用車両をめぐる問題は，新聞などで取り上げられることが多いので，報道の行方にも注意しておくべきである。

② **中島義道（2015）『差別感情の哲学』講談社**
差別が悪いことであるという前提のもとに考察している書物は多い（そのような考察が悪いことではない）。これに対して，本書は，差別の原因たる感情のなかには否定的に評価できないものも含まれるという視点を採用し，それが本書に深みを与えている。

〔注〕
1）　この点，当該主体に帰責できない，先天的な属性であることを強調する学説もある（cf. Altman 2011：4.1）。しかし，「刺青」差別や，肥満の人の昇進差別などを，差別の定義から外すのは議論の余地があろう。
2）　もっとも，個々人の特性を考慮すれば，差別でなくなるわけではない。例えば，痴漢の前科がある者を排除する場合，それは前科差別といえる。
3）　法と強制の関連性を必然的なものと捉えるならば，その捉え方は法実証主義と呼ばれる立場になり，法にとって強制の要素は付随的なものに過ぎないと捉えるならば，その捉え方は自然法論と呼ばれる立場になる。
4）　要件と効果をはっきり定める基準は「ルール」，一定の方向性を示す言葉は「原理」と呼ばれる。ここでいう不明瞭な言葉は原理といってもよい。この原理を利用して新しい請求をしていくことがある。ただ，その場合でさえ，法律家は原理を具体的な事実と結び付けて運用していくことが大事なのである（参照，芦部 1996：8）。
5）　福岡セクシュアル・ハラスメント裁判の当事者であった晴野は，法が「生の感情」を扱うのに不得手であり，晴野の心の問題には対応できなかったことを叙述している（晴野 2001）。
6）　最高裁判所は，いわゆる三菱樹脂事件において，雇用契約締結の場面において，いかなる者を雇い入れるか，いかなる条件でこれを雇うのかは，企業の経済活動の自由であるとし，特定の思想の持ち主の雇用を拒否することを当然に違法とすることはできないとした（最高裁昭和48年12月12日大法廷判決民集27巻11号1536頁）。もっとも，最高裁は，「企業の運営上適当かどうかを判断する資料」として政治的思想の心情も有用である場合があると述べ，「企業の運営上適当かどうか」を離れて，完全に自由な判断に委ねると述べているわけではない。
7）　日本に帰化して 2 年 9 か月を経過したもと在日「韓国」人に対しゴルフクラブの会則取扱細則に基づいてされた同クラブの入会拒否を違法でないとした裁判例として，東京地方裁判所昭和56年 9 月 9 日判決（判例時報1043号74頁以下，判例タイムズ460号120頁以下）がある。また，アメリカでは，ボーイスカウトの団体が同性愛者であることを公表したその構成員を指導者の地位から外した事件があり，合衆国連邦最高裁判所はその

団体の措置を結社の自由の範囲にあると判断した（Boy Scout of America v. Dale, 530 U. S. 640（2000））。
8） こうした不合理な区別はすべからく他者を傷つけるものだという批判も考えられる。たしかにそのとおりではある。しかし，他者を傷つけるのはすべからく違法であるかといえば，そうではない。
9） 公共施設の範囲が問題になるところ，宝石店における外国人入店拒否の違法性を認め，宝石店に損害賠償責任を認めた裁判例もある（静岡地方裁判所浜松支部平成11年10月12日判決，判例タイムズ1045号216頁）。
10） もっとも，障害者に対する合理的な配慮を積極的な措置であると評価することは異論がありうるところである。すなわち，健常者中心の設計が障害者を差別するものと評価することもでき，もともと配慮が足りなかったと評価できなくもない。
11） 積極的差別是正措置は，黒人差別の歴史が長く続いていたアメリカ合衆国で採用されているが，そうした積極的差別是正措置が白人などに対する逆差別になるのではないかと議論されている。逆差別をめぐる法哲学上の議論としては，法哲学者ロナルド・ドゥウォーキンが詳細に検討している（ドゥウォーキン 2003：第8章）。
12） この点，モローは，生き方を決める際に，他者によって人種や性別という特定の属性が考慮されない自由——彼女は「熟慮の自由 deliberative freedoms」と呼ぶ——の観点から，差別禁止を考察している（Moreau 2010：147）。モローは，この熟慮の自由という同一の平面上から，直接差別と間接差別とを語ろうとしている。このような自由論も危害の範囲を拡大するものと評価できよう。
13） このように，分配的正義を根拠とし，全体の責任しか出てこないとするならば，仮に特定の事業者（業界）に差別禁止を要請するとすれば，なぜ特定の事業者のみが分配的正義を実現する責任を負担しなければならないのかということが別途問題になる。
14） Brown v. Board of Education of Topeka, 347 U. S. 483（1954）参照。
15） 道路運送法30条でも鉄道営業法6条と同趣旨の規定があり，女性専用の高速バスは存在し，しかも，例えば，JR西日本ジェイアールバスのホームページには，「男性は利用できません」とはっきりと記載されている。これが任意とは言えないとすれば，国土交通省は，この場合にも「不適切」と判断するのだろうか。なお，深夜に走る高速バス業界においては，女性専用車両を作る必要性の度合いは，きわめて高いように思われる。
16） 憲法学では，営業活動の自由は，日本国憲法22条1項によって保障されていると解釈されている。
17） とはいえ，痴漢がそもそも危害をもたらすのか，また，どういう危害をもたらすのかは，痴漢の行為類型ごとに分けて，考える必要があるだろう。一般に，痴漢は，強制わいせつ罪（刑法178条）あるいは各自治体の迷惑防止条例に違反する行為として，処罰される。一部無断撮影行為も含まれていることに注意を要する（参考，最高裁判所第三小法廷平成20年11月10日決定・刑集62巻10号2853頁）。
18） これは，痴漢冤罪の発生のリスクの減少にもつながる。ここから男性専用車両への需要が出てくる。
19） これに対しては，そうした女性だけを配慮するのか，パニック障害を抱えた人はどうするのかという問題を指摘することができよう。
20） 日本の公法学でいえば，違憲審査基準論の枠組みや（広義の）比例性原則の枠組み

（とりわけ審査密度）で扱われている問題である。
21) 過少包摂性と過剰包摂性の問題は、法的ルール（化）にも生じ、その問題の検討については、Schauer 1993参照。また、その問題とステレオタイプの問題とを関連づけるものとして、Schauer 2006参照。シャウアーの文献は、ステレオタイプの問題を孕んでしまう法の問題を考えるうえで重要である。

〔文献〕
芦部信喜（1996）「憲法におけるリーガル・マインド」『法学教室』189号
鮎川潤（2001）『少年犯罪――ほんとうに多発化・凶悪化しているのか』平凡社
白水隆（2011）「憲法上の間接差別法理に関する予備的考察」憲法理論研究会編『憲法理論叢書⑲』敬文堂
ドゥウォーキン，ロナルド（2003）『権利論〔増補版〕』木下毅・小林公・野坂泰司訳，木鐸社
中島義道（2015）『差別感情の哲学』講談社
奈須祐治（2013）「わが国におけるヘイト・スピーチの法規制の可能性」『法学セミナー』707号
晴野まゆみ（2001）『さらば原告A子――福岡セクシュアル・ハラスメント裁判手記』海鳥社
堀井光俊（2009年）『女性専用車両の社会学』秀明出版会
好井裕明（2015）『差別の現在――ヘイトスピーチのある日常から考える』平凡社
女性専用車両に反対する会のホームページ，http://www.eonet.ne.jp/~senyou-mondai/（2015年12月アクセス）
Altman, Andrew（2011）"Discrimination", *Stanford Encyclopedia of Philosophy*, http://plato.stanford.edu/entries/discrimination/
Gardner, John（1989）"Liberals and Unlawful Discrimination", *Oxford Journal of Legal Studies,* Vol. 9, No. 1, 1
Moreau, Sophia（2010）"What is Discrimination ?", *Philosophy & Public Affairs*, 38, no. 2
Schauer, Frederick（1993）*Playing by Rules: A Philosophical Examination of Rule-Based Decision-Making in Law and in Life,* Oxford University Press
Schauer, Frederick（2006）*Profiles, Probabilities, and Stereotypes,* Belknap Press
Waldron, Jeremy（2012）"How Law Protects Dignity", *The Cambridge Law Journal,* Vol. 71, Issue 1
Westen, Peter（1982）"The Empty Idea of Equality", *Harvard Law Review,* Vol. 95, No. 3

【松尾陽】

07 同性間の婚姻を法的に認めるべきか？

1 ── はじめに

　本章は,「同性間の婚姻を法的に認めるべきか？」という具体的な問いに答えることで,婚姻に関する国家の関わりを考察することを目的としている。そこで最初に,この問いが現在どのように問題となっているかを明らかにするために,日本の法制度（現行法）における同性間の婚姻の取り扱いと最近の注目事例を確認したうえで,本章で「どのような問題を,どのような順序で論じていくのか？」を明らかにしたい。

1.1　現行憲法における取り扱い

　日本国憲法24条は,1項で「婚姻は,両性の合意のみに基づいて成立し,夫婦が同等の権利を有することを基本として,相互の協力により,維持されなければならない。」と,2項で「配偶者の選択,財産権,相続,住居の選定,離婚並びに婚姻及び家族に関するその他の事項に関しては,法律は,個人の尊厳と両性の本質的平等に立脚して,制定されなければならない。」と規定している（傍点は筆者）。このように「両性」や「夫婦」といった性差を示す文言が用いられていることから,憲法24条が異性間の婚姻を想定した規定であることは明らかである[1]。

1.2　現行民法における取り扱い

　では,日本の現行民法は同性間の婚姻を認めているのであろうか。この点,近親婚と異なり（734条）,婚姻障害として「同性間であること」が民法に明記されているわけではない。しかし,「夫・妻」「夫婦」「男・女」といった概念

を前提にした規定が民法に存在している（例えば，731条，750条など）ことに基づけば，「日本の現行民法は同性間の婚姻を認めていない」というのが現在の一般的な理解だと思われる（大島 2013：7；窪田 2013：145-146）。

次に，「同性間の婚姻を法的に認めるべきか？」という問いをめぐる最近の注目事例に目を向けたい。

1.3　いわゆる「渋谷区同性パートナーシップ条例」

まずは「渋谷区男女平等及び多様性を尊重する社会を推進する条例」（いわゆる「渋谷区同性パートナーシップ条例」）に注目しよう。2015年3月31日，東京都渋谷区議会本会議において，同性カップルを結婚に準じる関係と認める証明を行うための全国初の条例が，賛成21人・反対10人の賛成多数で可決・成立し，4月1日から施行されることとなった。その中身は，区在住の20歳以上の同性カップルを対象に，互いを後見人とする公正証書の作成などを条件として，区が「パートナーシップ証明」を行うというものである。もっとも，証明書の法的効力はほとんどないという点には，注意が必要である。というのも，区民や区内の事業者には証明への配慮が求められ，条例の趣旨に反する行為が繰り返された場合には区が是正勧告をしたうえで関係者名などを公表する仕組みも設けられてはいるものの，男女の婚姻のような法的効果はないからである。

1.4　アメリカ合衆国連邦最高裁判決（2015年6月26日）

海外に目を移すと，最も注目すべきものとして，2015年6月26日のアメリカ合衆国連邦最高裁判決がある。最高裁は，Obergefell v. Hodges 事件において，同性カップルに「婚姻する基本的権利」を認める判決を下した。この判決によって，すべての州が同性カップルにも婚姻許可証を発給しなければならないと同時に，他州で同性婚を成立させた移住者に対してもその有効性を認めなければならなくなったのである。

1.5　問題設定

以上の点をふまえながら，「同性間の婚姻を法的に認めるべきか？」という

問いに対して答えることによって婚姻に関する国家の関わりを考察するために，以下の順で論を展開する。

まずはじめに，2．で，この問いに対する単純な対立図式を紹介したうえで，その限界を指摘する。次に，3．で，この問いに対して答える際に「婚姻とは何か？」という問題から論を展開する，M. サンデルの議論を検討する。続いて，4．では，「国家が婚姻について法的に制度化するのはなぜか？」という問題をめぐって，国家による婚姻の法的制度化を肯定的に捉える論者が提示する理由を説明する。これに対して，5．では，「国家による婚姻の法的制度化はそもそも必要か？」という根源的な問題提起に目を向けるリバタリアンの議論に注目する。さらに，6．では，5．で紹介した「国家による婚姻の法的制度化 否定論」が魅力的・説得的かを検討する。最後に，7．で，本章をまとめたい。

2 ── 単純な対立図式とその限界

2.1 「リベラル 対 保守派」という単純な対立図式

「同性間の婚姻を法的に認めるべきか？」という問いをめぐっては，一般に，「同性間の婚姻を法的に認めるべき」と主張するリベラルと，「同性間の婚姻を法的に認めるべきではない」と主張する保守派という，2つの立場が対立する，という説明が存在する。

一方でリベラルは，現在の家族制度をより多様な家族の形に対して開くよう求める議論を展開して，多様な生き方を追求する自由・様々な生き方を追求する個々人の間の平等や諸権利・人々の多様な生き方に対する制度の中立性といったリベラルな諸価値を掲げる。これに対して保守派は，社会の伝統や家族の本質的価値の名による議論を展開して，その社会にとっての家族の意義や伝統を重視する立場に基づいて「リベラルな立場は，個々人の利益や権利を言い募るだけで，社会の重要な基礎である家族を軽視し，ひいては家族の領域そのものを破壊する」と批判する（金野 2015：18[2)]）。

しかし，このような単純な対立図式に基づく説明には限界がある。

2.2 「リベラル 対 保守派」という二項対立図式の問題点

まず指摘したいのが,「リベラル 対 保守派」という二項対立図式の問題点である。この図式では,リベラルは,精神的自由や政治的自由のような「人格的自由」の尊重を説く一方,経済活動の自由を重視せず経済活動への介入や財の再分配を擁護する立場であるのに対して,保守派は,人格的自由への介入を認めるが経済的自由は尊重する立場だと説明される。だが,このような単純な二項対立図式に基づくと,人格的自由も経済的自由も尊重しようとする「リバタリアン」や,どちらも尊重しない「権威主義者」を適切に位置づけることができない(森村 2001：14-16；森村編著 2005：2-3)。

2.3 「同性婚の賛否」を論じるだけで十分か？

さらにいえば,「同性間の婚姻を法的に認めるべきか？」という問いに対して答えるためには,同性婚の賛否だけを論じることで足りるのであろうか。この点について,例えば,同性婚に限らず,なぜ一夫多妻・一妻多夫・群婚などは法的に認められないのか。そもそも,法的に認められる婚姻を「一対の異性間」に限定する理由はどこにあるのか。

婚姻を異性間に限定する理由として直ちに思い浮かぶのは,婚姻の意義を生殖や子の養育と結びつける見方に基づく議論である。もっとも,婚姻と生殖を結びつけて同性婚を否定する議論に対しては,「生殖能力のある夫婦にも親にならない自由があること」や「生殖能力のない夫婦も婚姻法上の保護を受けること」などを理由に,婚姻と生殖との不可分性に異を唱える見方も示されている。したがって,異性婚主義の正当性は,いかなる婚姻観を前提とするかに依存する問題だということができる(福嶋 2015：55-56)。

それゆえ,「同性間の婚姻を法的に認めるべきか？」という問いに対して注意深く答えるためには,「婚姻とは何か？」「国家が婚姻について法的に制度化するのはなぜか？」「国家による婚姻の法的制度化はそもそも必要か？」といった問題を論じなければならない。

3 ── 婚姻とは何か？

「同性間の婚姻を法的に認めるべきか？」という問いに対して答える際に，「婚姻とは何か？（婚姻の目的）」という問題から論を展開するものとして，サンデルの議論を取り上げたい。

3.1 「婚姻の目的」をめぐる議論が必要不可欠

サンデルは，「「同性間の婚姻を法的に認めるべきか？」という問いに答える際に，婚姻の目的や同性愛の道徳的地位をめぐる道徳的・宗教的論議に踏み込まずに判断することは，果たして可能か」という問題設定を行ったうえで，次のように回答する。すなわち，婚姻の目的や婚姻が称える善といった，議論の分かれる構想に訴えることなしに，同性婚への賛同を論証するのは不可能である。そのためには，婚姻の目的についての何らかの構想に頼らなければならない，と。それゆえ彼は，選択の自由と差別の禁止という観念のみに依拠して同性婚を支持する議論――例えば，「ゲイやレズビアンの関係を個人的に認めるか否かにかかわらず，個人は自由に結婚相手を選べてしかるべきだ」という発想や，「異性婚を許すのに同性カップルの結婚を許さないのは，同性愛の男女に対する不当な差別であり，法の下の平等を彼らに認めないことになる」という議論――を批判する（サンデル 2011：395-396）。

3.2 「婚姻の目的」から説き起こす同性婚賛成論／反対論

サンデルによれば，「同性間の婚姻を法的に認めるべきか？」という問いに対して「婚姻の目的」から説き起こす代表的な同性婚反対論は，「婚姻の第一の目的は，生殖だ」と主張する。これに対して同性婚賛成論は，「婚姻の本質は，生殖ではなく，2人のパートナーの独占的愛情関係であり，それは2人が異性であっても同性であってもそうである」と主張して，同性婚反対論に対しては「現行の制度や規定では，婚姻には生殖能力が求められていない」という反論を展開する（サンデル 2011：403-404）。

第Ⅱ部 平　　等

4──国家が婚姻について法的に制度化するのはなぜか？

　では，国家が婚姻について法的に制度化するのはなぜか。国家による婚姻の法的制度化を肯定的に捉える論者は，その理由を以下のように説明する。

4.1　家族法は「私事」ではなく「公事」に属する

　そもそも，婚姻のあり方を含む家族のあり方は，社会のあり方を決定づける重要な事柄である。したがって，家族の内部の事柄は「私事」であるが，それをどのようなかたちで法的に制度化するか──すなわち，どのような家族法を持つか──は私事ではありえない。家族法（特に親族法）は国家の仕組みを構成している重要な要素であり，「家族をどのように構成するか？」ということはその国の"かたち"を示すものなのである。そこで出発点となるのは，内容形成を含む契約自由の原則や，家族法に関する規定も任意規定であるといったような発想ではない。このように，家族法が「私事」ではなく「公事」に属すると考えるならば，それは公共の場での議論の対象とされることが望ましいといわなければならない（大村 2010：377-378；窪田 2013：8-9）。

4.2　国家による婚姻の法的制度化と社会のあり方との相互関係

　では，「国家による婚姻の法的制度化」と「社会のあり方」とのつながりは，どのように説明されるのか。ここで注意を払いたいのは，われわれの日常生活においては，紛争を訴訟によって解決することは例外的な事柄だということである。したがって，日常生活を規律する法規範──家族法はまさにそのような規範である──を，主として裁判におけるサンクション発動・紛争解決のための規準を指図する「裁決規範」としてのみ捉えてしまうと，その機能を十分に把握することができない。それゆえ，むしろ，「家族法のような日常生活の法は，裁決規範として機能するのと同時にあるいはそれ以上に，一般私人や公的機関に対して直接一定の行為を指図する「行為規範」として機能している」と捉えるべきなのである。この点について例えば，法律家固有の観点からすると，家族法には法としての意味の乏しい規定も存在する（例えば同居義務（民法[3]

752条))が，行為規範として見るならばこれらの規定の意義は思いのほか大きい，といった点が指摘できよう（大村 2010：377；田中 2011：68）。

4.3　行為規範・裁決規範・組織規範・社会習俗

　家族法のような日常生活の法に限らず，一般論として，裁決規範は，ほとんどの場合，それだけで独自に機能を発揮するのではなく，行為規範や組織規範（法システムの存立と作動の基礎を構成し各種の法関連機関の組織・権限やその活動の規準・手続を規定する規範）と結びついて初めて，その機能を現実に発揮することができる。裁決規範は，行為規範が遵守されない場合に初めて用いられるものであり，規範論理的に行為規範を前提としている。一般私人や公的機関は，いちいち裁判所その他の公的機関の判断を仰がなくとも，自主的に行為規範に準拠して，本人の責任で自己の行為の法的当否を判断して適切な行為をとったり，法的権利義務関係の存否・内容を了解し，必要な場合には新たな法的関係を創設したり既存の関係を変更・廃止したりすることが期待されているのである。それゆえ裁決規範は，行為規範がこのような第一次的機能を十分に果たすことができず，紛争や違法行為が発生した場合に備えるものであり，法の規範的機能の最終的実現の確保にとって必須のものではあるが，規範論理的にはあくまでも補助的・第二次的なものと捉えなければならない（田中 2011：67-70）。

　ただし，「家族法のような日常生活の法は，裁決規範として機能するのと同時にあるいはそれ以上に，行為規範として機能している」と捉える際には，「法規範（家族法）が人々の行動を規律しているという側面よりも，社会習俗（家族意識）が人々の行動を規律しているという側面が大きいのであって，むしろ法規範は，社会習俗に一定の影響を与え，社会習俗を媒介として人々の行動に影響を与えている」という点に注意する必要がある（大村 2010：377）[4]。

5——国家による婚姻の法的制度化はそもそも必要か？

　先に4．では，国家が婚姻について法的に制度化する理由を説明した。だが，そもそも，国家による婚姻の法的制度化は本当に必要なのであろうか。そこで，このような根源的な問題提起に目を向ける，リバタリアンの議論に注目

したい。

5.1　リバタリアニズムの基本的主張

　リバタリアニズムとは，1970年代末から1980年代にかけて，いわゆる"戦後コンセンサス"——すなわち，多数決民主制下の福祉国家と，それを正当化してきた社会的正義の観念・社会民主主義・平等主義的リベラリズム——を厳しく批判することで台頭してきた，個人の精神的・政治的自由も経済的自由と財産権もともに最大限尊重する思想である。その基本的特徴は，個人の自由・私有財産権・自由競争市場を最大限に尊重する個人主義的立場を基礎に，それらを侵害するものとしての政府による介入に反対する，という点にある。したがってリバタリアニズムは，「他人に危害を及ぼさないかぎり，政府であれ他人であれ，個人の道徳的領域に介入することは，余計なお世話だ」と主張する。つまり，「自分にとってどのような生き方が望ましいか？」を決めるのは本人であって，公的な判断の対象ではない。それゆえ，各人が私人として様々な生き方を称賛したり非難したりするのは自由だが，公的機関はその問題について中立的であるべきだ，というわけである（田中 2011：408；森村 2001：14, 113；橋本 2004：98）。

5.2　国家の中立性と婚姻制度

　このように国家の中立性を強調するリバタリアニズムの立場に基づけば，政府が特定のライフスタイルを押しつけたり援助したりすることも排除されなければならない。したがって，一夫一婦制だけを法的な婚姻制度として認めて，同性婚・一夫多妻・一妻多夫・群婚などを法的に認めようとしないのは，多様なライフスタイルに対して明確に偏頗な立場をとっており，リバタリアン的な中立性とは相容れない。さらにいえば，そもそも，婚姻という制度を法的に定めなければならない理由は明らかでない。それゆえ，「婚姻という制度を法的には廃止すべき」という結論が導かれる（森村 2001：132-133, 160-162）。[5]

5.3　「私事化」はリバタリアニズムのキーワード

　では，「同性間の婚姻を法的に認めるべきか？」という問いに対して直接的

に答えようとするリバタリアンの議論とは，どのようなものか。それは，一言でまとめると，「同性婚の合法化や家族的パートナーシップ制度の導入を主張するのではなく，法律婚という制度そのものの廃止——すなわち，婚姻の「私事化」——を主張すべき」というものである。

先に4.で述べたように，国家による婚姻の法的制度化を肯定的に捉える論者は，「婚姻のあり方を含む家族のあり方は社会のあり方を決定づける重要な事柄であるので，家族の内部の事柄は私事であるが，それをどのようなかたちで法的に制度化するかは私事ではありえない」と主張する。これに対して，婚姻の私事化を主張するリバタリアンは，「なぜ婚姻は，私事化の対象から外されなければならないのか？」という問題提起から，議論を始める。リバタリアンがこのような問題提起を行うのは，①リバタリアニズムにとって私事化は道徳に関する問題を解決する際のキーワード——すなわち，リバタリアニズムにおいては，他者の権利を侵害しないかぎりは，個人の道徳的領域に属することについては決して干渉されてはならない——であり，かつ，②「結婚するかしないか？」「どのような相手とどのような形態の結婚をするのか？」ということは，ライフスタイルに関する自己決定の1つであり，しかも個人の道徳的領域のなかでもきわめて中心的な部分に属するものだからである（橋本 2004：107-108；森村 2001：160-162）。

5.4 「婚姻の私事化」の具体的な主張内容

「なぜ婚姻は，私事化の対象から外されなければならないのか？」という問題提起に対しては，例えば，「家族は社会生活における重要な単位であるから，家族形成の契機である婚姻まで人々の自己決定に委ねたのでは社会秩序が崩壊してしまう」といった理由があげられるかもしれない。しかし，家族の重要性を認めることから，「家族形成については，国家が介入することなしには社会秩序が維持できない」という結論を直ちに導くことは不可能である。むしろ，徹底したリバタリアニズムの視点に立てば，婚姻とは，家族形成の1つの契機であり，お互いをパートナーとして生活を営んでいくという当事者間の契約によって成立するものであって，それ以上のものではない。それゆえ，近代私法の基本原則であり，リバタリアンな法原理の1つである契約の自由の原則は，

家族形成においても適用されるはずである。その当然の結果として，婚姻の形態も様々なものになる（橋本 2004：107-108)[6]。

このように婚姻が私事化されたならば，もはや法律婚という概念は存在しないことになる。したがって，婚姻が私事化された場合に存在するのは，「共同の世帯を持つこと」と「それを解消すること」のみである。その際に，共同生活者の権利義務関係は，契約で定めることもできる（橋本 2004：109-111；森村 2001：161)[7][8]。

6 ── 「婚姻の私事化」の主張は魅力的・説得的か？

それでは，5．で紹介した，リバタリアニズムの観点に基づく「国家による婚姻の法的制度化 否定論──すなわち，婚姻の私事化の主張──」は，魅力的・説得的であろうか。ここでは，①「国家の中立性」をどのように評価するのか，②「極端な主張だ」と考えられることを恐れないか，という2つの観点から検討を加えたい。

6.1 「国家の中立性」に最も整合的な「婚姻の私事化」の主張

まずはじめに，第1の観点について。サンデルによれば，国や州が婚姻に対してとりうる方針は，①男性と女性の婚姻のみを認める，②同性婚と異性婚を認める，③どんな種類の婚姻も認めずその役割を民間団体に委ねる──婚姻の私事化──，の3つである。そのうえで彼は，「国家の中立性」という観点に基づくならば，方針③は方針①および方針②と比べて明らかな利点がある，と主張する。というのも，もし国や州が真に中立であろうとし個人が望むどんな選択も尊重するならば，国や州は，方針③を採用し，あらゆる婚姻の承認から手を引くべきだからである。彼の指摘によると，仮に，自発的に結ばれたあらゆる親密な関係の道徳的価値について行政府が真に中立的だとすれば，国や州には婚姻を2人に限る論拠がなくなり，合意による一夫多妻あるいは一妻多夫も認められることになるので，自律と選択の自由だけでは同性婚の権利を正当化するのに十分ではない（サンデル 2011：396-400）。

「婚姻の私事化」の主張に対するこのようなサンデルの評価は，5．で紹介

した，リバタリアンによる婚姻の私事化の主張の本質を捉えた，妥当なものだといえよう。

6.2　サンデルは「婚姻の私事化」の主張に賛同しない

　もっとも，3．で述べたように，サンデル自身は婚姻の私事化の主張には賛同しない。というのも彼は，「同性間の婚姻を法的に認めるべきか？」という問いに答える際には，婚姻の目的やそれを定義する善をめぐる本質的な道徳的・宗教的論議に踏み込まざるをえず，「国家の中立性」と「選択の自由」という観念のみに依拠した議論はそもそも不可能だ，と考えるからである。彼によれば，同性婚論争の真の争点は，「選択の自由」ではなく，「同性婚が婚姻という社会制度の目的を果たせるかどうか」なのである（サンデル 2011：395-406）。

6.3　リバタリアニズムとコミュニタリアニズム

　このように，リバタリアンによる婚姻の私事化の主張と，コミュニタリアニズムの代表的論者のひとりと目されているサンデル自身の同性婚論争に対する見解とを比較検討することで，現代正義論における代表的立場であるリバタリアニズムとコミュニタリアニズムの相違点・対立点が浮かび上がってくる（詳細は，森村編著 2005：14-17；森村 2001：103-144；サンデル 2011：97-166, 290-419を参照）。

6.4　婚姻の私事化を主張するリバタリアンは「極端」を恐れない

　次に，第2の観点について。「なぜ婚姻は，私事化の対象から外されなければならないのか？」という問題提起から議論を始めて，法律婚という制度そのものの廃止——すなわち，婚姻の私事化——を主張し，「家族形成においても契約の自由の原則が適用される当然の結果として，婚姻の形態も様々なものになる」と考えるリバタリアンの議論は，首尾一貫しており論理矛盾のないものである。しかし，例えば1．で確認した，日本の法制度（現行法）における同性間の婚姻の取り扱いと最近の注目事例を念頭に置くならば，「婚姻の私事化の主張は，実現可能性の乏しい極端な主張であるので，魅力的・説得的とはい

第Ⅱ部 平　　等

えない」との批判が想像できる。このような批判に対して，婚姻の私事化を主張するリバタリアンはどのように反論するのか。

　この点について森村進は，「リバタリアンは極端だと考えられることを恐れてはならない」と明言し，「リバタリアンは，プラグマティズムに屈して日々の政治の中で短期的で小さな改善（あるいはもっと普通には，改悪の阻止）を目標にするよりも，その理想を高く掲げ，社会全体の中で長期的で根本的な意識の変化をめざすべき」だと主張する（森村 2001：211-212）。また橋本祐子も，「実行可能性が低いという指摘は何ら致命的な批判にはなりえない」と反論し，「そもそも，理論には実行可能性よりも大切なものがあるのではないだろうか」と問いかける。「現状追認的な理論」よりも，「現実から出発しつつも，大胆な制度的想像力により，社会制度に関するこれまでとは異なる別のビジョンを描き出し，それにより現状に対して鋭い問題提起を行う理論」のほうが一層魅力的であって，リバタリアニズムはまさにこのようなタイプの理論だ，というわけである（橋本 2008：xvi）。

6.5　「極端」を避ける漸進的な多元主義

　これと対照的なのが，4．で紹介した「国家による婚姻の法的制度化 肯定論」の１つとして捉えられる「漸進的な多元主義」の主張内容である（大村 2010：285-291，374-376）。漸進的な多元主義は，家族と家族法の多様性を議論の出発点として，「どのようなタイプの家族も同等に扱うべきか？」「さらにいえば，家族を形成して暮らす人々とそうでない人々も，同等に扱うべきか？」「もっと根本的に，そもそも，国家による婚姻の法的制度化を検討する際の暗黙の前提とされている「カップル（一対の男女）」という前提は，絶対の前提か？」という問いを投げかけ，「極論にまで行かずに止まるとすれば，その理由が問われなければならない」という問題提起を行う。

　このような問題提起を受けて漸進的な多元主義は，「家族の存在を一定の限度で保護する制度を有することは許されるべきであり，また，典型家族を念頭に置いた制度の改革については，「直ちに，すべての差異を解消すべき」との考え方をとる必要はなく，さらにいえば，そのような考え方をとるべきではない」と主張する。一言でいえば，「存在するものの合理性を尊重しつつ，必要

に応じて修正を加えよ」という主張である。曰く，「改革は一歩一歩なされなければならない。漸進主義という意味での保守主義もまた，現代家族法の原則とされなければならない」と。

6.6　ルールの発展過程をめぐるハイエクの議論

このような「漸進的な多元主義」の発想を法哲学的に展開しているものとして，ルールの発展過程をめぐるハイエクの議論がある。彼は，ルールの発展過程を，内在的批判に基づく漸進的な改善や修正に限定する。この内在的批判とは，あるルールが有する内容の適否に検討を加える際に，所与のルール体系の枠内で進展し，そのルール体系内ですでに承認されている他のルールとの整合性および両立可能性によって判定するものである。彼の考えによれば，確立したルール体系すべてを全く新しく作り直すことでルール体系を改善することは，不可能である。われわれにとって可能なのは，自らが熟慮のうえで自由に設計したわけではない所与のルール体系の枠内で，そのルール体系内の他のルールと両立しない特定のルールを批判し漸進的に排除することによって，所与のルール体系を改善し修正することだけである（ハイエク 2007：88；ハイエク 2008a：36-45，57以下；ハイエク 2008b：227-229；ハイエク 2009a：101；ハイエク 2009b：10-11；ハイエク 2010：35，43以下）[10][11]。

6.7　リバタリアニズムの多様性・多面性

ところで，ハイエクの議論は，現代正義論の議論状況の整理を前提とする場合，古典的自由主義的なリバタリアニズムに分類されるのが一般的である。つまり，リバタリアニズムと大きく一括りにされる立場についても，「国家による婚姻の法的制度化の是非」という具体的な問いに対する答えをめぐっては，「国家による婚姻の法的制度化 否定論——すなわち，婚姻の私事化の主張——」を展開するリバタリアニズムもあれば，「国家による婚姻の法的制度化肯定論」の1つとして捉えられる「漸進的な多元主義」の根幹にあるルールの発展過程をめぐる発想を法哲学的に展開するリバタリアニズムも存在する，ということができる。そこで，「国家による婚姻の法的制度化はそもそも必要か？」という根源的な問題提起に対する検討の結果として浮かび上がってきた

「リバタリアニズムの多様性・多面性」について，簡単に触れておきたい。

リバタリアニズムは，たしかに個人の自由を尊重するという基本的発想を共有しており，外部からは一枚岩のように思われがちだが，その主張者たちの議論を検討するとその理論的基礎はきわめて多様である。具体的にいえば，リバタリアニズムは，「国家観」と「個人の自由の正当化根拠」という2つの論点に基づいて分類できる。リバタリアニズムは，倫理学・法学・政治学・経済学・思想史といった多くの学問分野にまたがるとともに，原理的・抽象的な問題から日々の社会的トピックにまで適用される多面体なのである（森村2001：21以下；森村編著2009：191-204）[12]。

7 ── おわりに

以上，本章では，「同性間の婚姻を法的に認めるべきか？」という具体的な問いに答えることで婚姻に関する国家の関わりを考察するためのひとつの道筋を示してきたが，あえて筆者自身が考える結論は述べなかった。それは，読者ひとりひとりに，自身の"あたま"で，各々の結論を考えてほしいからである。

ところで，本章を読み進めるなかで（もっといえば，本書全体を読み進めるなかで），読者の皆さんは次にあげるような点に気づいたのではないだろうか。

・**法哲学は「机上の空論」ではない**　第1に，最近の注目事例に基づく具体的な問いに答えようとすると，法哲学上の古典的・典型的な論点が関連してくるという点である。実は，法哲学の議論は，現状分析と無関係な「机上の空論」では決してなく，具体的な事例に対して注意深く検討を加える際に大いに役立つものだといえよう。

・**重要論点は密接に関連**　第2に，法哲学上の重要論点は，互いに独立しているのではなく，相互に密接に関連しているという点である。本書でいえば，各章で論じられている内容は，別個独立のものでは決してなく，相互に密接な関連を有しているといえよう。

・**法哲学で重要なのは"引き目線"**　第3に，"引き目線"の重要性──すなわち，ある具体的な問いに対して答える際に，"少し引いた目線"から，「そもそ

も〜とは何か?」「なぜ〜といえるのか?」「全体的な状況をふまえたうえで〜をどうすべきか?」といった問題を設定して,この問題設定に対して多面的に考察することの重要性——である。本章のテーマに即していうならば,「同性間の婚姻を法的に認めるべきか?」という具体的な問いに対して答える際に,同性婚の賛否だけを直接的かつ単純に論じるのではなく,「例えば,同性婚に限らず,なぜ一夫多妻・一妻多夫・群婚などは認められないのか?」「そもそも,法的に認められる婚姻を一対の異性間に限定する理由はどこにあるのか?」「そもそも婚姻とは何か?」「国家が婚姻について法的に制度化するのはなぜか?」「国家による婚姻の法的制度化はそもそも必要か?」といった問題を設定したうえで,婚姻に関する国家の関わりを包括的・多面的に考察することの重要性が指摘できよう。[13]

　法哲学は,例えば,「法および法学の根本問題について原理的基礎的に考察する学問」と定義される(田中 2011:1)。このような法哲学を学ぶことの"おもしろさ"や"意味"を,読者の皆さんに多少なりとも理解してもらえたならば,さしあたり本章の最低限の目的は達成されたと言ってよいのかもしれない。

📖 ブックガイド

① サンデル,マイケル(2011)『これからの「正義」の話をしよう―いまを生き延びるための哲学』鬼澤忍訳,早川書房
　　現代正義論における代表的見解および主要論点について,著者の立場に基づいて具体的事例に即しながら,わかりやすくまとめている。
② 森村進(2001)『自由はどこまで可能か―リバタリアニズム入門』講談社
　　日本におけるリバタリアニズム研究の第一人者である著者が,リバタリアニズムの主要論点を簡潔かつ網羅的にまとめたうえで,自身の立場を明快に提示している。
③ 田中成明(2011)『現代法理学』有斐閣
　　日本を代表する法哲学者が,法哲学の主要論点をあますところなく詳細に論じた,本格的な教科書。

〔注〕
1) ここからさらに進めると,「憲法24条は,同性間の婚姻を許容しない趣旨をも含んでいるか否か?」が問題となる。この点については,「憲法24条の制定趣旨を重視するならば,必ずしも同性婚を排除するものと解する必要はない」との指摘もある(福嶋

2015:52-53)。
2) もっとも,「伝統」を重視する立場から,論理必然的に,「同性間の婚姻を法的に認めるべきではない」という結論が導かれるわけでは,必ずしもない。というのも,「伝統をどのように理解するか?」という問題が存在するからである。
　　この点について,例えば F. A. ハイエクは,「伝統とは,理性ではなく成功によって導かれる淘汰の過程の産物であり,試行錯誤の結果,淘汰と模倣によって生き残ったものだ」と考える(ハイエク 2009a:5-6;ハイエク 2008b:終章)。また M. オークショットも,伝統は固定的で完全なものでは決してなく,「伝統の原理とは,連続性の原理である」と考える(オークショット 2013:72-74, 148-149)。
　　したがって,ハイエクやオークショットのように伝統を理解して伝統の発展を認めるならば,伝統重視の立場に基づいて「同性間の婚姻を法的に認めるべき」という結論を導くことも可能だ,と考えなければならない。
3) 現代の法律家は,「法的思考」という場合,裁判との結びつきを強く意識していることが多い。もちろん,法は裁判の場で機能するだけでなく,裁判を通じた紛争解決機能は法が果たす機能のごく一部に過ぎない。にもかかわらず,「法的思考の担い手である法律家」の思考の特徴に沿うならば,「法に特有な思考は,裁判における,あるいは,裁判に照準をあわせた法的思考に現れる」と一応考えてよい(平野ほか 2002:190)。なお,紛争解決機能を含めた「法の社会的機能」をめぐっては,田中 2011:71-78を参照。
4) なお,ここで述べられている「法規範と社会習俗の関係」についてさらに詳細に検討を加えようとすると,法哲学の古典的論点のひとつである「法と道徳の区別・関連」という論点に行き着く。この論点については,田中 2011:165-172を参照。
5) なお,「国家の役割をどのように考えるべきか?」という問題について,詳しくは,本書14を参照。また,「国家の中立性をどのように考えるべきか?」という問題について,詳しくは,本書09を参照。
6) パートナーは,異性に限らず,同性であってもよい。人数についても,一夫一婦制に限らず,一夫多妻制や一妻多夫制を選択する人々もいるだろう。はじめから期間限定つきの婚姻もありうる。
7) 現在の婚姻制度では配偶者間の法的関係は強行法規によって大部分定められているのに対して,この制度では,契約自由の原則から,共同生活者の法的関係は当事者が自由に決めることができる。なお,当事者があらかじめ契約において定めておく事柄の例としては,結婚後の呼称,同居義務,貞操義務,扶養義務,結婚生活上の財産管理の方法,結婚関係終了の条件,結婚関係終了時の財産分与,子の親権,パートナーの死亡によって発生する権利の受給権者,遺産相続,これらの合意事項に違反した場合にどうするか等があげられる。
8) このように婚姻の私事化を主張するリバタリアンの観点からすると,現行の法制度における法律婚以外のカップルの処遇についての取り決め——日本における「事実婚(内縁)の可能なかぎりの法律婚に準じた扱い」や,欧米諸国における「法律婚と事実婚との法的処遇における格差を是正するための,法律婚の処遇に類似した事実婚の制度の整備」——は,「事実婚について法律婚に準じた取り扱いをするものであって,あくまでも法律婚が標準モデルとして前提とされている」と評価される。したがってリバタリア

ンは，国家によるライフスタイルの序列化そのものをなくすことを目指して，法律婚を廃止し，婚姻を完全に私事化するよう要求するのである．
9) もっとも，サンデル自身は自らの立場をコミュニタリアニズムだとは考えていないという点には，注意が必要である（サンデル 2009：v-viii）．
10) ハイエクがこのような議論を展開する背景にあるのは，彼の知識論に基づく設計主義批判である．詳細については，さしあたり，竹下ほか編 2010：166を参照．
11) なお，ハイエクをめぐっては，「ここで述べたような漸進主義の発想と，政府による貨幣発行の独占の廃止やユニークな立憲政体モデルを提案するラディカルな議論との整合性を，どのように理解すべきか」という論点も存在する．この点については，さしあたり，山中 2007を参照．
12) なお，森村は「自然権的リバタリアニズムを（主としてオーストリア学派の）経済学の知見で補強した，古典的自由主義」に，橋本は「自然権論と帰結主義をともに支持する，古典的自由主義」に，それぞれ自身の立場を分類している（森村 2013：Ⅳ；橋本 2008：xi）．またハイエクは，帰結主義的古典的自由主義に分類するのが一般的である（森村 2001：24-25）．

ちなみに，森村のハイエク批判については，森村 2001：175-190を参照．
13) なお，このような"引き目線"の重要性に気づくことができたならば，例えば，「2015年6月26日のアメリカ合衆国連邦最高裁判決に対する単純な肯定論・否定論の展開は慎むべき」ということも理解できると思われる．この点で，上記判決に対する駒村圭吾の評価（駒村 2015：23-26）は注目に値する．

〔文献〕
大島梨沙（2013）「日本における『同性婚』問題」『法学セミナー』2013年11月号
オークショット（2013）『〔増補版〕政治における合理主義』嶋津格ほか訳，勁草書房
大村敦志（2010）『家族法〔第3版〕』有斐閣
窪田充見（2013）『家族法〔第2版〕』有斐閣
駒村圭吾（2015）「同性婚と家族のこれから—アメリカ最高裁判決に接して」『世界』2015年9月号
金野美奈子（2015）「開かれた婚姻制度のための公共的理性」『東京女子大学社会学年報』第3号
サンデル，M. J.（2009）『リベラリズムと正義の限界〔原著第2版〕』菊池理夫訳，勁草書房
サンデル，マイケル（2011）『これからの「正義」の話をしよう—いまを生き延びるための哲学』鬼澤忍訳，早川書房
竹下賢・角田猛之・市原靖久・桜井徹編（2010）『はじめて学ぶ法哲学・法思想—古典で読み解く21のトピック』ミネルヴァ書房
田中成明（2011）『現代法理学』有斐閣
ハイエク（2007）『法と立法と自由Ⅰ—ルールと秩序〈新版ハイエク全集第Ⅰ期第8巻〉』矢島欽次・水吉俊彦訳，春秋社
ハイエク（2008a）『法と立法と自由Ⅱ—社会正義の幻想〈新版ハイエク全集第Ⅰ期第9巻〉』篠塚慎吾訳，春秋社

第Ⅱ部 平　　等

ハイエク（2008b）『法と立法と自由Ⅲ―自由人の政治的秩序〈新版ハイエク全集第Ⅰ期第10巻〉』渡部茂訳，春秋社
ハイエク（2009a）『致命的な思いあがり〈ハイエク全集第Ⅱ期第1巻〉』渡辺幹雄訳，春秋社
ハイエク（2009b）『思想史論集〈ハイエク全集第Ⅱ期第7巻〉』八木紀一郎監訳，春秋社
ハイエク（2010）『哲学論集〈ハイエク全集第Ⅱ期第4巻〉』嶋津格監訳，春秋社
橋本祐子（2004）「リバタリアニズムと同性婚に向けての試論―私事化の戦略」仲正昌樹編『法の他者』御茶の水書房
橋本祐子（2008）『リバタリアニズムと最小福祉国家―制度的ミニマリズムをめざして』勁草書房
平野仁彦・亀本洋・服部高宏（2002）『法哲学』有斐閣
福嶋敏明（2015）「同性婚と憲法―渋谷区パートナーシップ証明制度を契機に考える」『時の法令』平成27年4月30日号
森村進（2001）『自由はどこまで可能か―リバタリアニズム入門』講談社
森村進（2013）『リバタリアンはこう考える―法哲学論集』信山社
森村進編著（2005）『リバタリアニズム読本』勁草書房
森村進編著（2009）『リバタリアニズムの多面体』勁草書房
山中優（2007）『ハイエクの政治思想―市場秩序にひそむ人間の苦境』勁草書房

【土井崇弘】

08 相続制度は廃止すべきか？

1 ── はじめに

日本では2015年（平成27年）1月1日から相続税が増税され，相続財産の基礎控除（非課税分）が〈5000万円＋1000万円×法定相続人数〉から〈3000万円＋600万円×法定相続人数〉へと4割減らされ，課税対象者が増えた──それでも相続に際して相続税がかかる世帯よりも，課税されない世帯のほうがずっと多いのだが。また最高税率も50％から55％に引き上げられた。この増税にともなって，富裕層の間では，財産を不動産にして子に生前贈与するとか，孫を養子として相続させるといった仕方で相続税と贈与税（後述のように，これは相続税の補完税と考えられている）を節税しようとする動きがある。全国の相続資産は年間50兆円を超えているが，2030年にかけて60兆円に達すると予想され，銀行や証券会社など金融機関ではこれを「巨大な市場」とみて節税指南に力を入れているそうだ（朝日新聞 2015年9月7日朝刊）。

1.1　相続税は何のためか？

相続税の存在理由は，金持ちに富が集中することを抑え，家族による格差が世代を超えて引き継がれるのを妨げることにあると言われる。金持ちの家に生まれた子は一生金持ちで，貧しい家に生まれた子は貧困から抜け出せないのは不公正だ，というのだ。しかしもし家族格差が本当に不公正で是正されるべきだとしたら，2015年の増税以後の現状でもまだ相続税は低すぎるということになるだろう。むしろ〈豊かな家に生まれるか貧しい家に生まれるかは，自分の選択や努力によってはどうにもならない，本人に責任のない事情なのだから，その相違によって貧富の差が生ずるのは不正だ〉と平等主義的に考えるなら

ば，相続制度を一切廃止して遺産はすべて政府が没収すべきだ，あるいは相続税を大幅に増税すべきだ，という結論に至るのが自然だ。

もっとも相続が発生する以前，親が生きている間も家族格差は厳然と存在していて，例えば生活水準も文化的環境も教育費も大幅に違うのだから，もし原理主義的に家族格差をなくそうとしたら，家族制度自体の廃止とキブツのような共同体全体による公的子育てを唱えるべきだが，そこまで言う人は『国家』におけるプラトン（の代弁者ソクラテス）以外には多くない（ただし現代の一夫一婦制家族批判として McMurty 2000を参照）。家族制度は家族格差という不公正を補って余りある意義を持っていると考えられるからだろう（Brighouse and Swift 2013：1904-1905）。

そこで本章は，まず相続制度の存在理由・目的を検討してから（第2節），格差是正を理由とした相続制度廃止論に対する賛否の議論を検討し（第3節）。それに代わる私見を述べる（第4節）。私の結論を最初に言ってしまえば，相続制度廃止論には十分な理由があるが，それは家族格差の縮小という平等主義の考慮によるものではなく，財産権を含む権利の主体は生きた人間であって死者ではないという根拠に基づくべきだ，というものである。

なお本論に入る前に，概念と用語の整理を2つしておこう。

1.2 相続税の2種類

第1に，相続税の制度には被相続人＝死者の遺産に課税する遺産税（estate tax；death tax）と，各相続人が相続によって得た財産に課税する遺産取得税（inheritance tax）という2種類がある。前者の遺産税は英米法で採用され，「故人の生存中の富の蓄積を社会に還元するという考え方」に結びついているのに対して，後者の遺産取得税はヨーロッパ大陸で採用され，「偶然の理由による富の増加」に課税する「所得税の補完税という考え方」に基づいていると言われる。なお遺産取得税の発想によれば，「遺産取得者については，所得の増大に他ならないとする考え方も成り立つ。現にカナダやオーストラリアでは，相続税を廃止して所得税に統合したのである」。日本の相続税は相続人の相続財産に課税するから遺産取得税の形をとっているが，課税額などは遺産税方式の要素を採用しているから，両制度の折衷と言える（水野 2011：630-631。引用の文

句はすべて630頁から。また金子2017：624も見よ）。相続税と関係して贈与税という制度もある。「贈与税は，生前贈与により相続税を免れてしまうことのないように課される，相続税の補完税である」（水野2011：683）。

平等主義に基づく相続税制度ならば遺産取得税の方式を採用すべきだろう。それに対して私の発想は〈死者の遺産は基本的に無主物と考えるべし〉というものだから，遺産税の発想のほうに近いが，国家は遺産に課税（tax）するというより，むしろ現在でも相続人がいない場合に行うように没収（escheat）すると表現したほうが一層適切だろう——相続人不存在の場合に関する民法959条は「国庫に帰属する」という表現を使っているが。しかし以下の議論で「相続税」という言葉を使うときは，遺産税方式と遺産取得税方式（とさらに没収）を特に区別せず，両方を含めることにする。

1.3 法定相続と遺言相続

第2に，本章でいう「相続」には，遺言相続と法定相続の両方を含む。相続というと法定相続だけを考えることがよくあり，歴史的にもそのほうが先行していたのだが，遺言相続は現実に少ないとはいえ，現在の法制度において法定相続に優先する。だから法定相続はわざわざ遺言相続を選ぼうとしない被相続人の遺志を消極的に実現するデフォルトの制度として理解できる。また遺留分制度は被相続人の遺志に反してでも特定の遺族の相続分を確保する制度で，古代ローマ法やコモンローなど一部の相続法には存在しないものだが，これも相続のなかに含める。さらに「死因贈与」は贈与者の死亡と同時に贈与の効果を派生させる契約であって遺贈のような単独行為ではない，という点で遺言による遺贈とテクニカルには区別されるが，所有者の死後その意図が実現されるという点では後者と変わらないから，ここでは「相続」に含めて，生前の贈与と区別する（民法554条を参照）。

2 ── 相続制度の存在理由

相続という法制度は一体何のためにあるのか？ それはきわめて抽象的なレベルで言えば，私有財産を前提として，所有者が死んだ場合にその残された財

産を誰が持つことになるのかを定める必要があるからだろう。ではもっと具体的な相続権——遺族が遺産を相続する権利であって、人が自分の死後財産を相続させる権利ではないことに注意——の根拠は何だろうか？

2.1 相続権の3つの根拠

日本の最近の相続法学ではこんな「そもそも論」はあまりはやらないようだが、相続法の古典的概説書によると、相続権の根拠は「第一は、遺産の中に含まれてはいるが、もともと相続人に属していた潜在的持分ともいうべき財産部分の払戻しであり、第二は、有限家族的共同生活が、その構成員に与えるべき生活保障の実践であり、そして第三には、一般取引社会の要請する権利安定の確保である」(中川・泉 2000：第2章冒頭)とされる。これらの根拠は相続税について考える際にも考慮されるべき要素である。

このうち第3の考慮は、国が遺産を没収してもそれに対して債権者が権利を持ち続け、国が義務を履行するなら満足されるから、相続制度を必ず要請するものではない。あとの2つの根拠のほうがはるかに重要だ。そのうち第1の根拠は〈生産と消費の単位としての家族こそが実質的な所有者だ〉、第2の根拠は〈家族が生活保障の単位だ〉、というふうに表現できる。遺留分は主として第1の根拠に基づいているに違いない。遺留分制度は遺産のなかの割合だけを問題にしていて個々人の相続分の絶対的な大きさを問わないから、生活保障という第2の根拠は副次的だ。この制度は大金持ちの家族において、家族内の公平を保障できても社会内部の格差を温存する効果を持つ。被相続人が配偶者や子ども以外の人々や団体に遺贈する範囲を限定するからだ。それに対して、相続税の基礎控除の制度は第2の考慮から来ているのだろう。しかし第1の根拠も第2の根拠も、家族が経済と社会を構成する基本的な単位だという発想において共通する。

この意味での家族は「世帯 household」と呼ぶことができる。相続法の規定する遺族の範囲と共同生活を営む実質的な意味での家族の範囲は異なることが多いが、それは法制度というものが個別具体的な事情を考慮に入れられないために生ずるやむをえない相違だ、と言われるかもしれない。

2.2 長寿化はその根拠を弱める

しかし現代社会では核家族化と単身世帯の増加にともなって，いずれの根拠とも弱くなった。特に第2の根拠は，平均寿命が延びて被相続人の子の大部分が親から独立した家計を持つ成人になるにつれて，日本では一層薄弱になった。厚生労働省の2023年の発表によれば，2022年における日本人の平均寿命は，女性が87.09歳，男性が81.05歳である。死んだ人の子がまだ成年に達していないということは，今では例外的な事態である。また経済的な単位がどうであれ，そもそも実際に生きて喜んだり苦しんだりするのは個々人である。どんなに家族的な人でも，その利害と他の家族構成員の利害とは完全には重ならない。

それにわれわれが持っている個人主義的な法体系は，個々人を自然人として権利義務の主体としている。もし家族の潜在的持分や子どもの将来の生活保障を重視するならば，人は自分の財産を家族の共有財産にすることも家族内で分割することもできる。また保険や信託といった制度も利用できるだろう。したがって，上記の第1と第2の根拠が遺族の相続権の十分な根拠になるかどうか疑問だ。

2.3 遺言相続の根拠

上記の他に相続制度の根拠として，特に遺言相続については〈所有者の意志の尊重〉という考慮がある。相続制度は私有財産の不可欠の要素で，それを否定するのは私有財産自体の否定だ，という主張がしばしばなされてきた。例えばローマ法王ピウス11世は1931年の回章「クァドラシモ・アンノ」で，「人が財産を占有し相続によって譲渡するという自然権は，損なわれないままでなければならず，国家が取り上げることはできない」と述べた。しかし自然権は現に生きている人だけが持つ権利だから，正当な所有者といえどもその死後まで遺産を支配する道徳的権限を持つと考えることはできない。所有者が死後相続させる権利は，ピウス11世が言うような自然権ではない。この点については第4節で後述する。

相続制度のまた別の根拠として，法学者は重視しないようだが，経済学者のなかには，それが生産活動や貯蓄などのインセンティヴになるとして説明しようとする論者がいる。しかし自分の生前ではなくて死後に家族に相続させよう

という動機が，生産や貯蓄への様々な動機のなかでどれだけ大きな割合を占めているか，かなり疑問である。私はこの根拠にもあまり実質的な重みを感じられない。

そうすると相続制度は当然視されがちだがその根拠はあまり強くない，ということになりそうだ。その一方で相続制度を廃止すべき積極的な理由はあるだろうか？　この問題をこれから検討しよう。

なお本章では相続制度の文字どおり完全な廃止だけでなく，家族関係の尊重やその他の政策的配慮から，家族や被扶養者にある程度の遺産への権利を認めながら相続税を大幅に増税することも，「相続制度の廃止」に含めることにする。次節で紹介するハズレットの相続制度廃止論もそのような主張である。

3 ── 平等主義による相続制度廃止論

3.1　相続による不平等

第1節でも述べたように，遺産の相続という制度が経済的な不平等をもたらすという認識は広く共有されている。例えば第二次大戦の前後にわたって日本の憲法学を指導した宮沢俊義は代表的な憲法概説書で「法の下の平等」について論じてからこう書いた。

> 平等の原理の徹底とともに，封建的な世襲制がかようにほろび行く一方，それとはちがった形の世襲制が今日強く支配している事実を見のがしてはいけない。それは，私有財産制にもとづき，財産権の相続から生ずるいわば経済的世襲制である。法の下の平等の名の下に，封建的世襲制をあのように強く排斥する現代の諸民主制が，かような経済的世襲制を単に承認するにとどまらず，その人権宣言で私有財産制を保障することによって，むしろそれを熱心に保護してさえいるように見えることは，きわめて注目に値する。(宮沢 1971 : 324。傍点は原文ママ。しかし宮沢は同書433頁では遺留分制度によって制限された遺言の自由に賛成している)

また現代の平等主義的リベラリズムを代表するジョン・ロールズは主著『正義論』のなかで──

> 公正な機会が充たされているときでさえ，家族［制度］は個々人の間に不平等なめぐり合わせをもたらすであろうと思われる。ならば，家族［制度］は廃止されるべきであるのだろうか。機会均等の理念それだけを取り上げて，これが有するある種の優

位・至上性を鑑みるならば，この理念は家族廃止の方向に傾く。しかし，正義の理論全体の文脈におかれた場合，そうした方針を採用する切迫性はかなり低い。(ロールズ 2010：669-670)

として家族の廃止は唱えなかったが，それでも富の平等な分配のために相続税と贈与税を活用すべきだと説いた。

> [政府の〈分配部門〉は] いくつかの相続税と贈与税を課し，遺産・遺贈の権利に制約を設ける。こうした課税や規制のねらいは，歳入を引き上げる（政府に諸資産を引き渡す）ことにあるのではなく，段階的・継続的に富の分配を是正し，羯政治的自由の公正な価値および公正な機会均等にとって有害な権力の集中を阻むところにある。(同上：374)

3.2　マーフィーとネーゲルの相続税論

しかしロールズはあるべき相続税についてそれ以上詳しくは述べなかった。哲学者のマーフィーとネーゲルは共著『税と正義』（原題は『所有権の神話』）のなかで，同じような平等主義から税制についてもっと体系的にアプローチし，相続については，現行の所得税制のように遺贈や贈与による富を所得税の課税ベースから除外することを非難して，富の分配のための累進的遺産取得税を提唱している（マーフィー＆ネーゲル 2006：第7章）。

しかし私が見たところでは，彼らは相続や贈与による富を他の所得と同様に取り扱う包括的所得観念をどこでも正面から論じていない。彼らが包括的所得概念をとらない理由は，私にとって明らかでない。彼らは，〈無償の受領は稼ぎを通して蓄積された富よりも重く課税されるべし〉（同上：176）という「平等な自由至上主義者（equal libertarian）の見解は，結果を評価する場合に責任と選択にあまりにウェイトを置きすぎるもので，結果それ自体に十分なウェイトをおくものではない」（同上：180）として排するから，彼らが累進的な所得税のなかに遺産取得をとり入れない原理的な理由はなさそうに思われる。

3.3　ハズレットの提案

「機会の平等」という理想から相続制度の事実上の廃止を提唱する論者のなかで管見の限り一番詳細な議論を行っているのは，アメリカの哲学者 D. W. ハ

ズレットである（Haslett 1994; Haslett 2013）。彼は遺産の公的競売による富の平等化の制度を提唱する。その提案によれば，①配偶者への無制限の遺贈，②慈善団体への無制限の遺贈，③未成年の子どもその他の被扶養者へのある程度までの遺贈，を3つの例外として，遺産はすべて国庫に帰属し，政府はそれを市場で競売して最高の価格をつけたものに売却し，その代金を受け取ることになる。そして遺産の没収を回避するための生前贈与がなされないように，普通の誕生日プレゼントのようなものを超えた，ひと財産になるほどの巨額の贈与は禁止される。

　ハズレットはこの制度に対するいくつかの反論に次のように応えている——第1に〈様々な抜け道があるから相続の禁止を強行することはできないだろう〉と言われるかもしれないが，民衆がこの制度を支持すれば，それに対する違反は十分に摘発され，罰されるだろう。第2に〈相続が禁止されたら，人々は相続を通じて自分の子どもに良い生活を残すためのインセンティヴを失うから，生産性が低下してしまう〉という反論がよくあるが，これは杞憂である。巨額の遺産を相続させる以外にも，生前から家族によい生活を与える方法はたくさんあって，そのことが生産へのインセンティヴを与えている。それに人生の出発点が等しい社会におけるほうが，相続のために不平等である社会よりも人々は一生懸命に働くだろう。第3に〈相続が禁止されたら，人々は自分の死後のために貯蓄する動機を失い，その代わりに消費するだろうから，投資が減少して経済成長が妨げられるだろう〉という反論もあるが，この説得力も疑わしい。人々はもはや親からの相続や生前贈与に頼れなくなるので，自分の老後のために一層たくさん貯蓄するだろうし，それに個人以外にも法人や政府も投資するだろうからである。最後に〈相続の廃止は家族を通じた家産や農場や企業の継承を困難にしてしまう〉という批判がある。これはたしかに実際的な難問だが，一人の人が生涯を通じて相続あるいは巨大な贈与から受け取ることができる金額全体の上限（ハズレットが試みにあげる例は，1994年の本でも2013年の論文でも同じ10万ドル）を定めればこの反論に対応できる。一人がそれだけ相続できれば，その財産を元手にしてまずまずの家産は継承できる。もっとも家族経営企業でも資本集約的なものは割当額だけでは買い取れないかもしれないが，その場合は子どもにその企業を「買う」権利でなしに「借りる」権利を与える

ことにすればよい――。

　ハズレットのこの主張の細部の評価は読者に委ねるが，その発想全体には次の２つの点で疑問がある。第１は経済的平等の実現のためには相続を廃止することが必要かという問題であり，第２は政府は人々の間に人生の出発点における平等を確保しなければならないかという問題である。

3.4　相続の廃止は適切な手段か？

　まず前者の疑問から検討しよう。社会のなかの経済的不平等には相続以外にも様々の原因がある。相続以前からすでに金持ちの家族と貧しい家族の間には大きな格差があるのだから，もし真剣に不平等をなくそうとするならば，所得税を大幅に累進的にするとか，金持ちの資産には資産税をかけるという仕方で平等化を図るほうが適切だと思われる。あるいは課税による平等化だけでなく，貧しい人々に政府が手厚く財政的に援助するという方法もある。その負担のための課税は累進的でもありうるし，比例的でもありうる。

　この批判と少し似た主張として，〈完全な平等化はそもそも不可能だ〉として平等化一般を批判する人もいる。人はそれぞれ貧富様々の家庭に生まれついてくるだけでなく，それぞれ違った素質や能力を持って生まれついてくる。さらに物質的にも社会的にも全く同じ状態にあっても，異なる人々は気質によって快活であったりふさぎこんだり不満たらたらであったりするだろう。このように，①相続という法的制度によるだけでなく，②家庭生活という社会的な事実（社会学者の言う「文化資本」はこれに含まれるだろう），そして③遺伝や生まれつきの性質という生物学的事実によっても人生に不平等は生ずる。まだそれ以外にも，④くじや事故のような純然たる偶然も不平等を生むのに寄与する。これらの原因から生ずる格差をすべてなくすなどということは無理な相談だから，相続だけ廃止しても意味がない。人間社会に不平等はつきものだとして諦めるしかない――そう言われることもある。

　上記の批判に対する反論は，〈平等化のためには相続の廃止以外の手段も有効だろうから，それらの手段も考慮されるべきだが，そのことは相続の廃止を避ける理由にはならない。また相続以外に格差の重要な原因があってそれらをすべてなくすことはできないということも事実だが，現に相続が原因の１つで

ある以上，相続の廃止は格差是正のための万能薬ではなくても有効な一手段になる。経済的格差をなくせないとしても，格差の減少だけでも意味はある。それは誰でも死ぬからといって長寿を目指すのが不合理になるわけではないし，病気の原因をすべて根絶できないからといってそれらを少なくするのが無意味なわけでもないのと同じだ〉というものだろう。

3.5 経済的格差の是正は政府の任務か？

　平等主義による相続廃止論へのもっと根本的な疑問は，そもそも政府は経済的格差をなくさなければならないのか，というものである。平等主義者は人々の間の利益の不平等はそれだけで正当化を必要とするものだと考える。例えばロールズは，有名な「格差原理」という平等主義的な分配的正義の原理を主張する際に，「矯正原理（the principle of redress）」という原理に訴えかけるが，それは――

> 功績によらない（undeserved）不平等は矯正を要求するという原理である。すなわち，生まれの不平等と自然本性的な能力の不平等は功績によらないから，これらの不平等はどうにかして補償されなければならない。……矯正原理は，私たちの正義の構想の基本要素の一つを表すものと考えられる。（ロールズ 2010：135-136。邦訳を少し変えた）

というものである。

　私はこの主張に反対する。生来の不平等が功績によらないにしても，それが矯正を要求するということにはならない。人は人身の自由，すなわち個々人ごとに異なる自分の身体に対する支配権を持っているが，それは功績によるものではない。そして各人が自分の身体を自由に利用する権利を持っている以上，そこから得られる利益が違ってくるのは当然だ。〈誰であれ自分の責任でもないのに悲惨な状態にあるべきではない〉という人道的考慮から，最低限度の文化的生活への権利が認められるべきだろうが，それは経済的平等に至るものでもなければ，「機会の平等」を求めるものでもない。政府がなくさなければならないものは，相対的な経済的格差ではなくて絶対的な貧困である。この発想をわかりやすく言えば「等しからざるを憂えずして貧しきを憂う」ということになる（森村 2013：第7章）。

この反論は少し前に紹介した〈完全な平等化はそもそも不可能だから政府は平等化を目指すべきではない〉という議論と同様の結論に至るために混同されることがあるが、両者は異なる。後者はすでに指摘したように〈完全な平等化が不可能だからいかなる平等化への努力も無意味だ〉という不当な推論を行っているのだが、前者は平等主義という規範的な前提自体に反対しているのである。

4──権利の性質による相続制度廃止論

私は以上の理由から、経済的不平等の解消を理由とする相続制度廃止論には賛成できない。しかし一見逆説的に思われるかもしれないが、財産権自体の性質から相続制度に反対する議論は可能であり、説得力もある。

4.1 アダム・スミスは遺言者の権利を否定した

アダム・スミスは死者は権利を持つことができないという理由から、人が自分の死後遺言によって遺産を処分する権利を認めなかった。彼は1763年にグラスゴウ大学で行った法学講義のなかで次のように述べた。

> これ[遺言相続]ほど大きな財産権の拡大はないということに、注意すべきである。従ってこれが導入されうるには、長い間かかった。人が生きているあいだに、彼の財産を処分する権利を与えることは、非常に自然であった。しかし遺言は、正確に言えば人が自分では権利を持つことができないときに、彼がその権利を処分することを想定するものである。彼は自分の権利を譲渡するのだ、と言うことはできない。なぜなら、遺言の帰結として相続人が権利を持つことができるのは、遺言者自身が権利を持たなくなった後だからである。プーフェンドルフは気まぐれ的に(whimsically)このことを、霊魂の不滅から説明する。(スミス 2006：207)

スミスはこれに続けて、遺言相続は生前の所有権から来るのではなく、死者への敬虔の念から来ると言う。われわれは死者に同感して、彼がもし生きていたらどう考えるだろうかと想像するために、彼の所有権を遺言相続の形で生存期間を超えていくらか拡張させる、というのだ。

なおスミスが(誤解を招く仕方で)言及しているプーフェンドルフの見解もス

ミスと大差なかった。プーフェンドルフも〈死者はもはや存在しないのだからその遺言が自然法上効力を持つとは考えにくい。だから古代には遺言相続は存在しなかった。だが社会の平和と家族の絆のために遺言相続が法定されるようになった〉と言っており,「霊魂の不滅」による遺言の効力の説明は,プーフェンドルフ自身ではなくライプニッツの疑わしい議論として批判的に言及しているからだ(『自然法と万民法』(1672年)第4巻第10章「遺言について」,特にその第4節)。

4.2　その他の相続制度批判者たち

　スミスよりやや遅れて,また彼とは独立に,アメリカ独立宣言の起草者でアメリカの第3代大統領になったトマス・ジェファーソンは,人は死後遺産を処分する道徳的な権利を持っていないと考えて,「大地の利用権は生きている人々に属する」と繰り返し主張したし,『コモン・センス』で有名なトマス・ペインも『農地についての正義』(1796年)で死者の遺産の公的分配を提唱した(森村 2013：第14章。これらを含む相続制度批判論——そのなかには,前節で検討した平等主義的なものも多い——の歴史的系譜については,Vallentyne and Steiner 2000が参考になる。さらに古代の中国の均田制,日本の班田収受制にもこの発想があっただろう)。現代に目を移すと,左翼リバタリアンの一人に数えられることもあるヒレル・スタイナーや日本の評論家・作家の笠井潔が似た趣旨の議論を強力に提唱している (Steiner 1995：ch. 7(c)；笠井 2000)。

　このように少なくとも17世紀から,死者は(自然権としての)所有権を持たないから相続させる権利を持たないという議論が連綿となされてきたのだが,それを無視して現代の論者の大部分がこの点で生者と死者を区別せずに,所有権が当然のように遺産を死後処分する権利を含むかのように考えたり,贈与税と相続税とを同じ性質の税と考えたりしていることは嘆かわしい事態である——ただし多くのリバタリアンは生者の財産権と同様に死者の財産権も尊重すべきだと考えているのに対して,分配的正義論者たちはどちらの財産権も同じように軽視しているのだが。

4.3 「権利の束」としての所有権と相続制度

　第2節で触れたように，所有権という観念のなかには当然その対象を相続させる権利が含まれていると主張する人がいる。なかには遺族が遺産を相続する権利までも故人の所有権から出てくるかのように考える人さえいるようだ。しかしそのような考えは間違っている。

　しばしば法学者，特に英米の法学者は，所有権（ownership）は「権利の束（bundle of rights）」だと言う。所有権とは決して単一不可分の存在ではなくて，ある物を排他的に占有したり，使用したり，管理したり，譲渡したり，その果実を得たりする，もっと個別的な権利をひとまとめにしたものだ——そのなかには「権利」というよりも「義務」とか「責任」と言うべきものも含まれるが，それはさておき——というのである。そしてここから，相続させるという権利を否定しても，それは権利の束の一部を取り上げたに過ぎず，所有権を否定したことにはならない，と言われたりする。

　この議論には正しい部分もそうでない部分もある。所有権が権利の束だという指摘はそれ自体としては正しい。所有権者がその対象についていかなる権利や義務を有しているかは，しばしば面倒な問題であって，単に誰が所有者であるかがわかれば解決するわけではない。しかし「権利の束」という表現は，それらの権利があたかもばらばらの寄せ集めであるといった含みをともなっていることが多いが，それは正当でない。所有権を構成する諸権利は十分な理由があって束ねられているのであり，そしてその諸権利のなかにも中心的な権利と周辺的な権利がある。例えばある土地について，その土地の占有・利用・譲渡・貸与といった行為は密接に関係しているから，それらの権利を別々の人に割り当てることは法的関係をいたずらに複雑にして，経済的にもその財の効率的な利用を妨げてしまう。そして土地所有権が地上・地下どこまで及ぶかは一概に決められず，それが問題になって当事者間で解決できなければおそらく裁判か公的決定に頼るしかないだろうが，土地利用権が少なくとも地上・地下それぞれ数メートルに及ぶことを否定する人はいないだろう。例えば地表の利用さえも禁じられたら，それはもはや実質的に土地所有権の否定である。

4.4　相続させる権利は自然権的所有権に含まれない

　そして相続させる権利は多くの法体系の中で所有権の一部をなしているが、それを認めなくても自然権あるいは人権としての所有権を否定したことにはならない、というのが私の主張である。人は誰でも自分の身体への支配権（＝自己所有権）を持ち、さらに自己の労働の果実への権利を持っている。だから自分が稼いで得た財産は政策的に国家から与えられた法的権利に留まるのではなくて、人身の自由や正当な名誉と同様に、道徳的な裏づけのある前国家的自然権だ。他の人々も政府も、それを尊重しなければならない。

　だが相続させる権利はこの意味での人権としての所有権には含まれない。なぜなら、自然権や人権がなぜ認められるかというと、それはその権利主体がそれぞれの意志と目的を持つ行為主体だからだ。あるいはそこまでいかなくても、少なくとも喜びや苦しみや痛みを感ずることができるからだ（もし後者のように考えるならば、多くの動物も自然権を持ちうることになるから、「人権」という表現は適切でないだろう）。すると死者はこれらの要件を満たさないのだから自然権あるいは人権の主体たりえない。自然権としての所有権は死亡と同時に消滅するのである。

4.5　相続制度には実際的な理由があるだろうが――

　以上の私の主張は、〈相続させる〉という権利が所有権に必ず含まれるわけではないし、実際に自然権的所有権からは導き出せないという趣旨であって、遺言相続という制度が論理的に不可能だとか、いかなる理由でも正当化できないという趣旨ではない。プーフェンドルフやスミスも賛成してくれるだろうが、被相続人の遺志を尊重することが、現に生きている人々――その多くは、たとえ生きているうちに贈与する気はなくても、自分の懐が痛まない死後には遺産を家族に遺したいと思っているだろう――の期待を確保し、彼らを安心させるならば、相続制度には人々の欲求の実現という功利主義的な理由があると言える。その意味で、また多くの人々は遺産と遺族との間に密接な関係を認めるだろうという事情からも、相続という制度には自然な人情に親しむ点がある。それに加えて、所有者の死とともに単純に所有権がなくなるとすると、遺産は無主物先占の対象となるだろうが、それは社会のなかに無用の紛争や混乱

をもたらすかもしれない（Harris 2001：128-129はこの考慮を強調してリバタリアニズムの自然権的相続権論に反対する）。

ただし以上の考慮がどのくらい尊重されるべきかは，また別の問題だ。その考慮は例えば，自分が稼いだ収入を所得税として取られたくないという欲求——これもまた，きわめて強い人情である——ほどには尊重に値しないように思われる。なぜなら自分の働きで得た財産は自己所有権の一部だし，正当な所有者からの譲渡も譲渡者の自己所有権の表れだが，それらに比べると，もはや存在しない人が所有していた財産の継承はそのような自然権では説明できないからだ。

4.6　必要な国庫収入をいかに確保するか

そこで私の結論は，故人の遺志は遺産に対する遺族の関係と同様に相続制度において考慮してよい事情の1つだが，決してそれ以上のものではない，というものだ。それは特に，歳入への政府の必要性と比較衡量されるべきであって，そうだとすれば，死者が遺した財産は生きている人々が得る所得よりもはるかに政府が得るに適した対象だろう。要するに，所得税よりも相続税あるいは相続財産の没収のほうがはるかに正当化しやすい。平等主義を根拠とする相続制度廃止論は，それが目指す目的は間違っていたが，手段は正当だった。

ただしこの結論は，現在の税制をそのままにして，さらに相続を廃止あるいは相続税を大幅に増税すべきだという主張ではない。そんなことをしたら政府の権限と権力がますます肥大してしまう。私はむしろ〈小さな政府〉を支持する古典的自由主義者であって，政府の活動が正当な範囲に限定されるならば支出も収入も現在よりはるかに少なくてすむはずだと考えている。特にすでに述べたように，最小限度の生活保障を別にすると，経済的格差自体の緩和は政府の任務ではない。

だから私の主張は，それでも必要な政府の費用は，第1に死者の遺産の没収によるべきだ——しかし生前の贈与は，受贈者の所得税の対象となりうるのは別として自由だが——というものになる。この制度が実現すれば，多くの人々は生きているうちにかなりの財産を家族に贈与するだろう（それに加えて，自分の不慮の若死に備えて家族のために生命保険にも入るだろう）から，現在よりも遺産

の額は大幅に少なくなるだろうが，その程度を前もって推測することは難しい。かつてベンサムは『租税負担なき国庫支出（*Supply Without Burthen*）』（1795年）というパンフレットで〈配偶者も直系の子孫も兄弟もいない死者の遺産は遠い親戚に相続させずに国が没収することにすべきだ。そうすれば税金なしで歳入をまかなえる〉と主張したが，当時のイングランドの政府支出の規模ならともかく，現代の政府のためにはそれだけでは足りないだろう。ともかく遺産の没収だけでは歳入として足りなければ，所得税あるいは消費税といった税の存続もやむをえないが，その税額や税金は現在よりもはるかに軽減されることになる。このような制度が実現に移されれば，それは大部分の人にとって大きな生活の改善ではないだろうか——大金持ちの子どもではあるが親が生きている間に財産を分けてもらえないような人を例外として。

📖 ブックガイド

① 笠井潔（1995）『国家民営化論』光文社
  無政府資本主義の社会を構想するラディカル（根本的）でユニークな思考実験の書。遺産制度の廃止はその一部に過ぎない。しかし残念ながら2000年の「光文社知恵の森文庫」版も含めて現在入手困難。
② マーフィ，ライアム＆ネーゲル，トマス（2006）『税と正義』伊藤恭彦訳，名古屋大学出版会
  相続税，さらに一般的に税制について，平等主義の立場から体系的に法哲学・政治哲学的な考察を行う。財産権を国家の純然たる創造物とする点で私見と対極的。
③ 森村進（2007）「リバタリアンな相続税」『一橋法学』6巻3号
  本章の第4節の主張を異なった角度から述べた論文。特に遺産没収制度への反論の検討が詳しい。他にも本章の議論は，「文献」にあげた私の書物や論文に基づくところが多い。

〔文献〕
笠井潔（1995）『国家民営化論』光文社
金子宏（2017）『租税法〔第22版〕』弘文堂
スミス，アダム（2006）『法学講義』水田洋訳，岩波書店
スミス，アダム（2012）『アダム・スミス　法学講義　1762〜1763』アダム・スミスの会監修・水田洋ほか訳，名古屋大学出版会
中川善之助・泉久雄（2000）『相続法〔第4版〕』有斐閣
マーフィ，ライアム＆ネーゲル，トマス（2006）『税と正義』伊藤恭彦訳，名古屋大学出版

会（Murphy, Liam and Nagel, Thomas, *The Myth of Ownership*, Oxford University Press, 2002）
水野忠恒（2011）『租税法〔第5版〕』有斐閣
宮沢俊義（1971）『憲法Ⅱ〔新版〕』有斐閣
森村進（1995）『財産権の理論』弘文堂
森村進（2007）「リバタリアンな相続税」『一橋法学』6巻3号
森村進（2009）「リバタリアンな相続税の提案」森村進編『リバタリアニズムの多面体』勁草書房
森村進（2012）「親族法の私法化のために」『法律時報』84巻2号
森村進（2013）『リバタリアンはこう考える』信山社
森村進（2017）「課税理論と財産権論」金子宏監修『現代租税法講座 第1巻 理論・歴史』日本評論社
ロールズ，ジョン（2010）『正義論〔改訂版〕』川本隆史・福間聡・神島裕子訳，紀伊國屋書店（Rawls, John, *A Theory of Justice, revised edition,* Harvard University Press, 1999）
Brighouse, Harry and Swift, Adam（2013）"Family" in Hugh LaFollette ed., *The International Encyclopedia of Ethics,* Volume V, Wiley-Blackwell
Harris, J. W.（2001）"Inheritance and the Justice Tribunal", in Stephen R. Munzer ed., *New Essays in the Legal and Political Theory of Property,* Cambridge University Press
Haslett, W. S.（1994）*Capitalism with Morality,* Oxford University Press
Haslett, W. S.（2013）"Inheritance" in Hugh LaFollette ed., *The International Encyclopedia of Ethics,* Volume V, Wiley-Blackwell
McMurty, John（2000）"Monogamy: A Critique", in L. P. Pojman ed., *The Moral Life,* Oxford University Press（初出は1973年）
Steiner, Hillel（1994）*An Essay on Rights,* Balckwell（浅野幸治訳『権利論』新教出版社，2016）
Vallentyne, Peter and Steiner, Hillel eds.（2000）*The Origins of Left-libertarianism,* Palgrave

〔追記〕
森村進（2009）と森村進（2017）は森村進『自由と正義と幸福と』（信山社，2021年）に加筆修正の上収録された。

【森村進】

09 児童手当は独身者差別か？

1 ── 2つの子ども問題

1.1 少子化

　現在の日本で，子どもに関わる問題は，少なくとも2つある。

　第1の問題は，少子化である。2015年に日本で生まれた子どもの数は，約101万人である。戦後間もない1949年に約270万人が生まれていたのと比較すると，約3分の1である。

　2015年の合計特殊出生率，すなわち1人の女性が一生に何人の子どもを産むかを示す数値は，1.46となっている[1]。2005年の1.26からは上昇しているものの，人口置換水準である2.07にはほど遠い数字である。人口置換水準とは，世代を超えて人口を維持するために必要な出生率の水準であり，これを下回る状態が続くと人口は減少していく。

　こうした激しい少子化は，同時に進行している高齢化と並んで，日本の人口を減少させている。2015年には，29万人減少した。2015年時点で約1億2700万人の人口は，約50年後（2060年）には，4000万人減って約8700万人になると推計されている[2]。

　少子化の要因は，主として未婚化である。出生率は，①結婚する人の割合と②夫婦の子ども数によって決まる。現在の出生率低下は，前者の契機，つまり結婚しない男女が増えたことが主たる原因である（松田 2013）。

　晩婚化や非婚化によって，結婚する人の割合はかなり低下している。20代後半の未婚率は，男性で約7割，女性で約6割である。50年前には，男性で約5割，女性で約2割だったのと比べると，相当上昇している[3]。

　さらに付け加えると，近年は，夫婦が最終的に産む子どもの数（完結出生児

数）も減少傾向にあり，2010年には初めて2人を下回っている（1.96人[4]）。

1.2 子どもの貧困

　第2の問題は，子どもの貧困である。OECDの統計によれば，2009年の日本で，子どものいる世帯の相対的貧困率は15.7%である。これは，OECDの平均13.3%より高く，子どものいる世帯で貧困世帯の割合が多いことを示している。特に，就労しているひとり親世帯（その多くは，いわゆる母子家庭）では，貧困率が50.9%となっていて，OECD平均の20.9%を大きく上回り，最悪レベルである[5]。ひとり親世帯では，働いても貧困から抜け出すことが困難な状況になっている。そのため，ひとり親世帯の児童のために支給される児童扶養手当の受給者数は，約110万人にのぼる[6]。

　経済的理由によって就学が困難な児童や生徒の保護者に対して，市町村が学用品費・給食費などを支給する制度として，就学援助がある。2013年度に就学援助の対象となった児童・生徒の割合は15.4%であり，近年ほぼ一貫して増加している[7]。子どもの約6人に1人が，自治体から補助を受けざるをえない家庭環境にある。

2 ── 児童手当

　こうした問題に対処すべく，様々な方策がとられている。その1つが，児童手当である。

　児童手当とは，児童がいる世帯に対する現金給付である。逆にいえば，児童がいない世帯には給付されない。例えば，対象児童のいない単身者世帯，子どものいない夫婦世帯（DINKS: Double Income No KidS），子どもが成人した高齢者世帯は，児童手当の給付は受けず，児童手当のための税負担だけを担うことになる。

　ここに，問題がある。結婚するかしないか，子どもを持つか持たないかは，基本的に個人の自由である。児童手当は，児童のいる世帯だけを不当に優遇する制度ではないのか。児童手当は，対象児童のいない世帯に対する差別ではないのか。

2.1 児童手当の現状

この問いを検討するために,児童手当の現状を確認しておこう。

現在の日本では,中学生までの児童のいる世帯には,児童手当が給付されている。その基本額は,児童1人につき月額1万円である[8]。中学校卒業までの15年間に受け取る総額は,およそ200万円である。

2016年10月現在,日本の人口は約1億2700万人であり,そのうち14歳以下の人口は約1600万人である[9]。

児童手当の給付総額は,1年間で約2兆2000億円に及ぶ。その財源については,国・地方・事業主が負担しており,そのうち国の負担分は約1兆3000億円である[10]。

この金額が多いか少ないかを確認するために,諸外国と比較してみよう。まず,社会支出全体について国内総生産比で見てみると,日本は23.6%で,アメリカ(19.3%)より大きくイギリス(22.5%)をやや上回っているが,ドイツ(25.9%)・スウェーデン(26.3%)・フランス(30.8%)よりも小さくなっている。

日本に特徴的なのは,社会支出のなかで家族に対する支出が少ないことである。児童手当・保育・育児休業給付・ひとり親給付が社会支出に占める割合は5.7%であり,アメリカ(3.7%)より大きいものの,ドイツ(8.4%)・フランス(9.2%)・スウェーデン(13.2%)・イギリス(16.8%)よりもかなり小さくなっている。代わりに大きな割合を占めるのが,高齢者向けの年金である[11]。

児童手当の月額について見ても,日本(1万円)は,イギリス(約1.5万円)・ドイツ(約2.5万円)・フランス(約1.7万円,第2子から)・スウェーデン(約1.5万円)と比べて見劣りする[12]。

2.2 児童手当の目的

児童手当は,児童手当法(昭和四十六年五月二十七日法律第七十三号)に基づいて支給されている。法律の目的は,当該法律の第1条に記されることが多い。児童手当法第1条によれば,児童手当の目的は,「家庭等における生活の安定に寄与するとともに,次代の社会を担う児童の健やかな成長に資すること」にある。つまり,①子育て世帯の生活の安定と,②次世代の育成という2つの目的を児童手当は持っている[13]。

2.3 子育ての費用

　実際，子育てには多額の費用がかかる。中学校卒業までの15年間にかかる費用の合計は，約1740万円である[14]。高校での学習費が，公立で約120万円，私立で約290万円[15]である。大学での学費は，国立大学で約240万円である[16]。私立大学では，文系で約390万円，理系で約520万円である[17]。高校と大学ではこの他に生活費がかかるし，自宅生ではなく下宿生の場合にはさらに費用がかかる。国立高校・国立大学でも総額で2400万円程度，私立高校・私立大学理系だと総額で3000万円近くかかることになる。

　子育てのコストは，経済的コストだけではない。他に，時間的コストや精神的コストなどもかかる（もちろん，他方で精神的充実もあるが）。こうした子育て負担を緩和して，子育て世帯の生活の安定と次世代の育成を図ることが，児童手当の目的である。

2.4 児童手当の問題

　児童手当を受給できるのは，中学生までの児童のいる世帯である。つまり，対象となる児童のいない世帯は，児童手当を受給できない。そのなかには，子どもが成人になった世帯のように，過去に児童手当を受給していた世帯もあるが，子どもを持たない／持てない世帯のように，児童手当を受給していない世帯や受給する見込みのない世帯もある。児童手当の国の負担分は税と公債によって賄われているので，当然のことながら，納税しながら児童手当を受給しない世帯も数多く存在する。

　国家は多様な生き方に対して中立的でなければならない，といわれる。この中立性の要請の典型は，政教分離である。特定の宗教を信仰する人を優遇することは，中立性の要請に反する。

　では，児童手当は中立性の要請に反するだろうか。児童手当は，子どもを持つ生き方をする人を，そうでない生き方をする人よりも金銭的に優遇している。そうだとすると，児童手当は多様な生き方に対して中立的でないのではないか。児童手当は差別的な制度ではないか。

　正しく考えるためには，深く考えることが必要である。そもそもなぜ，国家は多様な生き方に対して中立的でなければならないのか。中立性の要請の根拠

を問うためには，現代リベラリズムの基本原理とされる〈善に対する正義の優位〉について検討する必要がある。

3 ── 善に対する正義の優位

　リベラリズムの基本原理は何か。この問いに対して，「正義の優位（the priority of justice）」あるいは「善に対する正の優位（the priority of the right over the good）」と回答するのが，現代のリベラリズムである。この回答は，現代リベラリズムの礎石たるジョン・ロールズ（Rawls 1999：第6節），ロナルド・ドゥオーキン（Dworkin 1977：第11章（原著 ch. 12）；Dworkin 1985：第8章），日本のリベラリズムの第一人者たる井上達夫（井上 1986：第5章；井上 1999：第3章）によって共有されている。

3.1　善と正義の区別

　善に対する正義の優位を理解するためには，まずは善と正義を理解する必要がある。日常的な用語法では，善と正義，よいことと正しいことが明確に区別されることはほとんどないが，法哲学の業界用語としては，明確に区別されている。

　一方で，「善（good）」とは，人生に関わる価値である。ロールズの言葉でいえば，ある人にとって善とは，「合理的な人生計画をうまく遂行すること」（Rawls 1999：訳569）である。

　自分はどのように生きればよいのか，よく生きるとはどういうことなのか，生きる意味とは何か。人は，こうした「よき生（good life）」に関わる問いを探求し，自分なりの答えを与えていく。それぞれの人が与える回答は「よき生の構想」と呼ばれる。

　具体的には，信仰をイメージすればよい。いかなる生き方がよいのかについて，信仰は手がかりを与えてくれる。あるいは，職業をイメージしてもよい。いかなる職業に自分は就くべきかという問いは，自分にとって何がよい人生かに関わっている。こうした人生計画に即して，その人にとって何がよいかが判定される。

この意味での善は，道徳的な善とは差し当たり無関係である。漫画家になることを目指すことは，人生計画の一部でありうるが，漫画家になることが道徳的に善いからそれを目指すわけではない。

何が自分のよき生かを探求する自由と責任を持つのは，各個人である。つまり，個人は自律的な存在である。こうした自律的な個人が，何が自分のよき生かを探求した結果として与える回答は，多様なものとなるだろう。個人の自律を前提とすれば，全員のよき生の構想が1つに収斂するなどということは考えにくい。

他方で，「正義 (justice)」とは，制度に関わる価値である。ロールズの言葉でいえば，正義とは，「社会制度の第一の徳」(Rawls 1999：訳6) である。人々が善を探求するために，政治社会が備えるべき条件に正義は関わる。

具体的には，人権保障制度をイメージすればよい。人々が善を探求するためには，人権保障制度が整備されている必要がある。そのため，人権保障制度は政治社会に不可欠であり，正義に適っていると評価される。

3.2 正義の独立性

以上のように，善と正義は明確に区別される。この区別の上に，善に対する正義の優位は立脚する。善に対して正義が優位するのは，正義の独立性と正義の制約性という2つの意味である (井上 1986：216)。選択的夫婦別姓制度を例にして，説明しよう。

夫婦の氏を同じにすべきか別にすべきかは，その人の夫婦観・家族観に依拠する。家族の一体感が重要だと考える人は夫婦の氏を同じにすべきだと考えるだろうし，女性の社会参加や個人としてのアイデンティティを重視する人は夫婦の氏を別にすべきだと考えるだろう。これは，先の用語でいえば，善の問題である。つまり，何が自分のよい人生かに関わる問題である。

これとは別の次元の問題として，社会制度として夫婦を同氏にするか別氏にするか選択制にするか，がある。これは，先の用語でいえば，正義の問題である。つまり，何があるべき社会制度かに関わる問題である。

〈善に対する正義の優位〉の第1の契機である正義の独立性が要請するのは，善から正義が独立していることである。つまり，正義に適った社会制度は，特

定のよき生の構想に依拠してはならない。

そのため，夫婦の氏に関する社会制度は，特定の夫婦観・家族観に依拠して正当化されてはならない。例えば，家族が一体感を持つべきだとして夫婦同姓制度を採用するのは，善に対する正義の優位に反する。逆に，個人は家族と切り離されたアイデンティティを持つべきだとして夫婦別姓制度を採用してもならない。社会制度の正当化は，特定の夫婦観・家族観に肩入れしてはならない。[18]

3.3 正義の独立性の根拠

なぜか。なぜ正義の独立性が要請されるのか。それは，社会制度がすべての人にとって受容可能となるためである。同姓派の家族観に依拠する制度は，別姓派にとって受容しがたいし，逆もそうである。個人の自律を尊重する以上，万人の家族観が同一内容となることは期待できない。むしろ，各人の家族観は同じではなく，多様であることが通常である。特定の家族観に依存する制度では，万人にとって受容可能とはならない。

さらにもう一歩進もう。ではなぜ，社会制度は万人にとって受容可能でなければならないのか。それは，個人の同意のみが社会制度を正当化しうるからである。個人の自律を尊重するということは，社会制度が正当か否かについて，社会の多数派ではなく各個人が判断権を持つということである。したがって，社会制度が正当化されるためには，全員の同意（正確にいえば，同意の可能性）が必要となる。

3.4 正義の制約性

このようにして，社会制度が特定の人生計画から独立して正当化されるならば，その制度はそれぞれの人生計画を制約することが許される。〈善に対する正義の優位〉の第2の契機である正義の制約性からは，正義が善を制約することが許容される。

具体例として，表現の自由の方法に関する規制，例えば場所・時間等に関する規制を考えてみよう。深夜に住宅地で大音量を出すことを禁止することは，特定の人生計画に依拠することなく正当化できるだろう。そうだとすると，自

己の教義を布教することが自己の人生目的だと考える人に対して，布教の方法（場所・時間）について規制することは許容される。

同様に，財物に対する私的所有権は，人間のあるべき生き方に訴えることなく正当化できるだろう。そうだとすると，強いスリルを味わえる万引きは自分にとってよいことだと考える人を，窃盗罪で処罰することも許容される[19]。

3.5　国家の中立性

以上が，現代リベラリズムの基本原理とされる善に対する正義の優位である。端的にいえば，社会制度を正当化する正義を，特定の人生観に依拠させることが禁止される。

この善に対する正義の優位からすると，国家の中立性は何を意味するだろうか。国家の中立性は，〈国家が多様な生き方に対して中立である〉ことを要求する。その中立性は，結論的にいえば，影響の中立性ではなく，理由の中立性である。

影響の中立性は，国家の採用する制度や政策が多様な生き方に対して与える影響が，それぞれの生き方に対して平等であることを要求する。年金のような社会保障制度や，公共事業のような経済政策は，人々の生き方に多かれ少なかれ影響を与える。影響の中立性は，その影響，つまり制度や政策がもたらす利益や不利益が，それぞれの生き方に対して等しいことを要求する。

これに対して，理由の中立性は，国家の採用する制度や政策が，特定の生き方とは独立した理由で正当化されることを要求する。特定の家族形態がよい（あるいは悪い）ということを理由として家族制度を設計することは禁止される。したがって，理由の中立性からは，中立であるべきなのは制度の正当化理由であり，その影響が人によって異なったとしても問題ない。

以上の説明から明らかなように，善に対する正義の優位が要求するのは，影響の中立性ではなく理由の中立性である。社会制度の影響が中立でなく，人々の生き方に異なる影響を与えようとも，社会制度の理由が中立でありさえすれば，その制度は許容される。

3.6 あぶり出し

　以上のように，社会制度を正当化する理由が，よき生の構想から独立していることこそが重要である。だが，理由さえ中立であればよいのなら，後づけの理屈を並べれば，どのような社会制度でも正当化されてしまうのではないか。

　例えば，政府がトカゲを殺すことを法律で禁止し厳罰を科すことにしたとしよう。表向きの理由は，トカゲの個体数が激減していることである。だが裏では，トカゲを生贄にする儀式を行う宗教を弾圧することを狙っている。つまり，公の理由と真の理由が乖離している。このような理屈づけにどう対処すればよいか。

　中立性の要請が機能するためには，提示された理屈を額面どおり受け取るのではなく，真の理由をあぶり出す必要がある。そのために，当該法律の目的と手段を精査する必要がある。

　第1は，目的の妥当性の審査である。トカゲの個体数がほんとうに激減しているかを，まずは検討しなければならない。また，トカゲの激減は政府が対処しなければならないほどの問題であるかも，要検討である。もしいずれかの問いに対して否定的な回答が与えられるならば，政府が提示した表向きの理由は，根拠がないものとなる。

　第2に，仮に目的の妥当性が一応認められたとしても，手段の妥当性を審査しなければならない。手段の妥当性の審査には3つある。

　第1は，手段の適合性の審査である。トカゲ殺しの厳罰化が，トカゲの激減を止めるのに効果的であるかが，検討されなければならない。例えば，儀式で殺されるトカゲがごく少数で，トカゲの激減に影響がないのであれば，トカゲ殺しの厳罰化は手段として適合的でない。

　第2は，手段の必要性の審査である。トカゲ激減の対策としてトカゲ殺しを禁止することは必要不可欠であるか，他の手段はないかが，検討されなければならない。例えば，トカゲ激減の対策として，トカゲの養殖が容易にできるのであれば，トカゲ殺しの厳罰化は手段として必要ではない。

　第3は，比例性の審査である。トカゲ殺しに対する処罰の厳格さが，トカゲ激減問題の重要さと比例しているかが，検討されなければならない。トカゲ激減問題がそれほど重要でないにもかかわらず，例えば無期刑を科すことは，目

的と手段が比例しておらず許されない。

　こうした審査を経ることで，表向きの理由が屁理屈に過ぎないことがあぶり出されてくる。このように，どのような理屈でも後づけできるわけではないのだから，理由の中立性は無意味な要請ではない。

4 ── 児童手当は中立的か？

4.1　児童手当の理由

　いまや，児童手当は中立的か差別的かという問いに答えるための道具立てが揃ったことになる。児童手当は，子どもを持つ生き方をする人とそうでない人との間で中立的か。その回答は，児童手当の理由に依存する。

　仮に，児童手当の理由が〈子どもを持つ生き方こそがよい生き方だ〉というものだったとしよう。この理由は，理由の中立性が欠けている。子どもを持つか持たないかという家族観に関わる問題は，政府が特定の生き方をよいものとして奨励することが許される問題ではないからである。善に関する問題，つまりよき生の構想についての問題について，決定する権限を持つのは自律的な個人であり，政府ではない。そのため，善に対する正義の優位というリベラリズムの中心原理に反する。

　だが，児童手当の理由は〈子どもを持つ生き方こそがよい生き方だ〉というものではない。すでに確認したように，児童手当の目的は，①子育て世帯の生活の安定と②次世代の育成だと法律上明記されている。すでに見たように，子育てには多額の費用（約2000万円以上）がかかる。そのため，①子育て世帯の生活の安定を図るためには，金銭的支援が必要である。

　決定的に重要なのは，②次世代の育成という目的である。年金・医療・介護といった社会保障制度は，次世代が存在することを前提に設計されている。

　例えば，日本の老齢年金制度は，基本的に積立方式ではなく賦課方式を採用している。つまり，自分の老後のために貯蓄する方式（積立方式）ではなく，現役世代が高齢者世代を扶養する方式（賦課方式）がとられている。賦課方式の年金制度は，税や保険料を支払うことで高齢者世代を扶養する世代が存在することを前提にしている。次世代が存在しなければ，年金制度は破綻する。少

子高齢化が年金制度を危機的にするのは，扶養される高齢者世代と扶養する現役世代のバランスが崩れるからである。したがって，年金制度の存続のためには，将来の税や保険料の担い手である次世代の育成が不可欠である。

　ここで重要なのは，次世代の育成という児童手当の理由が，特定の生き方に依拠していないということである。社会保障制度は，いかなる生き方をする人にとっても必要である。つまり，社会保障制度を支える正義は善から独立している。そのため，次世代の育成という理由に依拠する児童手当は，理由の中立性がある。児童手当は，重要な意味で，中立的である。

4.2　所得制限

　だが，次世代の育成は児童手当の真の理由だろうか。これに関わるのが，所得制限の問題である。

　児童手当は所得制限を課している。所得制限以上の所得がある世帯には，特例措置として5000円のみが給付される。日本の厳しい財政状況から，一定以上の所得がある世帯には給付額を減らすことが必要だとされる。

　だが，児童手当の理由を次世代の育成に求めるならば，所得制限を課すことは適切ではない。一定以上の所得がある世帯の児童も同じく，将来の税や保険料の担い手になるからである。現に，義務教育は無償であり，一定以上の所得がある世帯でも，小学校・中学校の授業料は無料である。このように現物給付は所得制限がないのだから，現金給付についても所得制限を課すことは必要ない。

　所得制限からあぶり出されてくるのは，児童手当の真の理由は次世代の育成でないということである。これは問題である。児童手当の理由が次世代の育成であれば，理由の中立性がある。だが，児童手当の理由が子どもを持つ生き方の奨励であれば，理由の中立性がない。すると，児童手当は不当な制度になってしまう。

　1つの解決策は，児童手当の理由を，子育て世帯の生活の安定に求めることである。この理由であれば，所得制限の正当な理由となる。一定以上の所得がある世帯は，児童手当を満額支給しなくても，生活が安定するといえるからである。

ただし，この理由は中立性の要請に反する疑いが残る。各世帯は，子育てをしながら安定した生活を送れるか否かを考慮して，子どもを持つか否かを決定する。その決定は，人生計画の一部であり，各人の生き方に関わる。子どもを持つ生き方をする人の生活を安定させるべき理由として，子どもを持つ生き方はよい生き方だというならば，善に対する正義の優位に反してしまう。

子育てに多額の費用がかかることはわかっているのだから，子どもを持つことは自己責任だという主張に反論することは難しい。反論するためには，やはり，次世代の育成が社会制度の前提となっているという発想に訴える必要がある。そうだとすると，児童手当に所得制限を課すべきではない[21]。

5 ── 発展的問題

以上で，冒頭の問題に対する解答が得られたことになる。ここではさらに，3つの発展的な問題を検討してみよう。

5.1　金額

第1の問題として，児童手当の支給額は妥当だろうか。

すでに見たように，1人の子どもについて支給される児童手当の総額は，およそ200万円である。これに対して，中学校卒業までの子育て費用の総額は約1740万円であり，大学卒業まででは3000万円近くになる。本気で次世代の育成を目指すのであれば，児童手当の金額は少なすぎる。

すでに確認したように，日本の社会保障制度は，高齢者世代に手厚く若年世代に手薄いという歪な構造をしている。次世代の育成という目的を掲げるのであれば，児童手当の金額を2倍ないし3倍にしても，不当であるとはいえない。

5.2　独身税

第2の問題として，独身税も児童手当と同様に中立的だろうか。

独身税とは，独身者に対する課税である。世界の歴史をひもとくと，古代ギリシア・ローマ以来今世紀に至るまで多くの例がある（Kornhauser 2013）。有名

なのはブルガリアの独身税である。ブルガリアでは，1968年から1989年まで少子化対策として，独身者の年齢に応じて，所得に対して5％〜15％の税が課されていた。

　独身税を正当化するときに，独身という生き方を否定するような理由は援用できない。理由の中立性に欠けるからである。では，社会保障制度を持続するための次世代の育成という理由は援用できるだろうか。

　ここでも役立つのが，理由のあぶり出しである。次世代の育成のために必要なのは，配偶者ではなく子どもである。配偶者がいても子どもがいない人はいるし，配偶者がいなくても子どもがいる人はいる。シングル・マザーは，独身であるが子どもがいる。つまり，手段の必要性の審査から判明するのは，独身税の真の目的が次世代の育成でないということである[22]。

5.3　次世代なき社会制度

　第3の問題として，次世代の育成という目的は，ほんとうに特定の善の構想から独立しているだろうか。

　〈子どもを生み育てていくのは人として自然なことだ〉という考え方は，それ自体，1つの人生観に過ぎない。そのため，その考え方を採用するか否かは，個人の選択に任されている。仮にすべての人が子どもを生み育てることを放棄し，その結果として社会が消滅したとしても，個人の自律を尊重するならば全く問題はないはずである。

　このように考えると，次世代の育成という目的は，子どもを生み育てていくのが人間のあるべき姿だという特定の善の構想に依拠している。そう考える人は，自分で自分の子どもを生み育てていけばよい。だが，そう考えない人に対してまで，自分の人生観を押しつけて負担を強要してはならない。そうした負担を強要する児童手当制度は，善に対する正義の優位に反するのではないか。

　この問題は，社会制度が次世代を前提するかしないか，にかかっている。年金・医療・介護といった社会保障制度を次世代に依存せずに運用できるか。次世代を考慮しないインフラ整備や国債発行は可能か。こうした問題に対処できる社会制度であれば，次世代は社会制度にとって不可欠でなく，特定の善の構想に依拠していることになるだろう。だが，われわれの社会はそうでないのだ

から，次世代は社会制度の構成要素であり，次世代の育成は特定の善の構想から独立しているといえる。[23]

📖 ブックガイド

① **赤川学（2004）『子どもが減って何が悪いか！』筑摩書房**
少子化の何が問題かを歯切れよく検討している。
② **阿部彩（2008）『子どもの貧困』岩波書店**
日本の社会保障制度が，子どもの貧困率を改善せず悪化させているという問題提起を行っている。
③ **井上達夫（1986）『共生の作法』創文社**
善に対する正義の優位の意義を深く掘り下げて探求している。

〔注〕
1）「人口動態統計」（厚生労働省）http://www.mhlw.go.jp/toukei/list/81-1a.html。
2）「高齢社会白書」（内閣府）http://www8.cao.go.jp/kourei/whitepaper/index-w.html。
3）「国勢調査」（総務省統計局）http://www.e-stat.go.jp/SG1/estat/GL02100104.do?tocd=00200521。
4）「出生動向基本調査（結婚と出産に関する全国調査）」（国立社会保障・人口問題研究所）http://www.ipss.go.jp/site-ad/index_japanese/shussho-index.html。
5）データの詳細については，参照，OECD Family Database 2014 "Child Poverty" http://www.oecd.org/social/family/database.htm。
6）児童扶養手当は，本章で検討する児童手当とは異なる。ひとり親世帯を支援する制度が児童扶養手当であり，ひとり親世帯に限定しないより一般的な制度が児童手当である。児童扶養手当の統計として，参照，「福祉行政報告例」（厚生労働省）http://www.mhlw.go.jp/toukei/list/38-1.html。
7）就学援助について，参照，「就学援助制度について（就学援助ポータルサイト）」（文部科学省）http://www.mext.go.jp/a_menu/shotou/career/05010502/017.htm。
8）0歳から2歳までは1.5万円，第3子以降で3歳から小学生までは1.5万円，所得制限以上の世帯では0.5万円である。制度の詳細については，厚生労働省のサイトがまとまっている。http://www.mhlw.go.jp/stf/seisakunitsuite/bunya/kodomo/kodomo_kosodate/jidouteate/index.html。
9）ちなみに，65歳以上の高齢者人口は，若年人口の倍以上の約3300万人である。こうした数値はすべて総務省統計局サイトの人口推計による。http://www.stat.go.jp/data/jinsui/2014np/index.htm。
10）東京ドームに換算すると理解度がアップする人向けに付け加えると，東京ドームの建設費用が約350億円なので，年間の国の負担分は東京ドーム37個分である。
11）そもそも「社会支出」とは何かなど，詳細については，国立社会保障・人口問題研究所「社会保障費用統計（平成25年度）」http://www.ipss.go.jp/site-ad/index_japanese/security.

第Ⅱ部 平　　等

　　　html。
12)　日本には児童扶養控除・児童税額控除といった税制上の措置もないため，手当と控除を合わせた額はさらに差が広がる。詳細については，国立社会保障・人口問題研究所「社会保障統計年報データベース」（2016年3月24日更新）http://www.ipss.go.jp/ssj-db/ssj-db-top.asp。
13)　「次代の社会を担う児童の健やかな成長に資すること」を，本文では「次世代の育成」と理解して議論を進めていくが，「児童の健全な成長」と理解することもできる。この理解では，重要なのは集団としての次世代ではなく個人としての児童である。こう理解すると，国家の中立性に関わる問題よりも，児童手当の年齢制限に関わる問題（なぜ中学生までの児童だけが特別に手当の対象となるのか）が，前面に出てくることになる。
14)　「平成21年度インターネットによる子育て費用に関する調査」（内閣府）http://www8.cao.go.jp/shoushi/shoushika/research/cyousa21/net_hiyo/mokuji_pdf.html。
15)　「結果の概要―平成24年度子供の学習費調査」（文部科学省）http://www.mext.go.jp/b_menu/toukei/chousa03/gakushuuhi/kekka/k_detail/1343235.htm。
16)　「国立大学等の授業料その他の費用に関する省令」（平成十六年三月三十一日文部科学省令第十六号）。
17)　「私立大学等の平成25年度入学者に係る学生納付金等調査結果について」（文部科学省）http://www.mext.go.jp/a_menu/koutou/shinkou/07021403/1346053.htm。
18)　ここで疑問が生じるだろう。特定の善の構想に依拠することが禁止されるならば，社会制度をどのように正当化することが許されるのか。そこで登場するのが，基本善（財）という考え方である。基本善とは，「合理的な人間であれば誰もが欲すると推定されるもの」（Rawls 1999：訳86）である。つまり，いかなる生き方をしようと必要なものである。例えば，権利，自由，機会，所得・富，自尊である。こうした基本善は，特定の善の構想から独立しているので，社会制度を正当化する際に援用することが許される。基本善については，参照，Rawls 1999：第15節，第60節。
19)　正義の制約性とは，何がよい人生であるかは，正義によって限界づけられるということである。そのため，不正な社会ではよく生きることができない。例えば，大きな経済格差があり分配上の不正がある社会で，富裕層がいかに恵まれた人生を送ろうと，その人生はよいとはいえない。

　　　正義の制約性と対立するのは，善の独立性である。善の独立性とは，何がよい人生であるかは，正義と独立しているということである。そのため，不正な社会でもよく生きることはできる。快楽を善としてその最大化を正義とする功利主義や，人間としての完成を善とする完成主義（卓越主義）は，善の独立性を採用する。

　　　社会制度の正しさについて考慮することなく，自分の人生だけを考慮することを，正義の制約性は許さない。正義の要請に応じて，個人は自分の人生計画を変更していくことが求められる。このように正義の制約性は，個人と社会の関係についてどのように考えるかという問題に関わっている。
20)　すでにお気づきのように，これは憲法適合性審査で行われる作業である（小山2011：60-82）。つまり，法律の合憲性審査とは，法律の理由をあぶり出す作業を含んでいる。
21)　誤解のないように付け加えると，児童手当に所得制限を課すべきでないという主張

は，高所得者を優遇すべきだという主張を含意しない。児童手当は所得制限なしで高所得者に給付するが，高所得者にはその分の課税をすることも十分考えられる。手当と税金を相殺すると，高所得者の手元に残る額は，所得制限ありで追加課税なしのときと変わらないかもしれない。だからといって，どちらの制度設計でも同じだということにはならない。ここで問われているのは，制度の結果状態ではなく制度の哲学である。
22) さらなる発展的問題を2つ提示しておこう。①独身税ではなく「子なし税」（子どものいない成人に対する課税）であればどうだろうか。②少子化の原因が未婚化であることからすると，独身税はやはり次世代の育成のために正当化されるのではないか。特に，子どもを持ちたいと思ってもなかなか妊娠しない不妊カップルが約9％いることからすると，子なし税よりも独身税のほうが適切ではないか。
23) 児童手当を正当化する根拠として，子どもは公共財だという主張がある。子どもは道路や公園などと同じく公共財であり，その利益は非排除性を持つ。つまり，親世代のすべての構成員に納税を通じて利益をもたらす。したがって，利益を享受しながらその負担を子どもの親だけに負わせるのは不公平だとする。

　だが，厳密に言えば，子どもは公共財ではない。子どもがもたらす利益は排除可能だからである。つまり，子どものいる世帯と子どものいない世帯が，それぞれ別の社会保障制度に属するようにすれば，子育て負担を負わずに利益だけ得るという不公平さはなくなる。要するに，子どものいる世帯と子どものいない世帯が，別の社会保障制度に属するのであれば，次世代利益は前者だけが享受することになるので，後者は児童手当の負担を負う必要はない。だが，同じ社会保障制度に属する以上，子どものいない世帯も応分の負担を負うべきである。こうした子ども公共財論について，参照，Olsaretti 2013。

〔文献〕
井上達夫（1986）『共生の作法』創文社
井上達夫（1999）『他者への自由』創文社
小山剛（2011）『「憲法上の権利」の作法〔新版〕』尚学社
松田茂樹（2013）『少子化論』勁草書房
Dworkin, Ronald（1977）*Taking Rights Seriously*, Harvard University Press（小林公訳『権利論Ⅱ』木鐸社，2001）
Dworkin, Ronald（1985）*A Matter of Principle*, Harvard University Press（森村進・鳥澤円訳『原理の問題』岩波書店，2012）
Kornhauser, Marjorie E.（2013）Taxing Bachelors in America 1895-1939, John Tiley ed., *Studies in the History of Tax Law*, Volume 6, Hart Publishing
Rawls, John（1999）*A Theory of Justice*, revised edition, Harvard University Press（川本隆史・福間聡・神島裕子訳『正義論〔改訂版〕』紀伊國屋書店，2010）
Olsaretti, Serena（2013）Children as Public Goods, *Philosophy and Public Affairs*, 41(3)

【瀧川裕英】

10 年金は世代間の助け合いであるべきか？

1——はじめに

1.1 問題設定

　本章では公的年金制度を素材に，世代間の正義のあり方を考えていく。近年の少子高齢化社会の急速な進展にともなって，日本の公的年金制度はその維持可能性に疑問符が突き付けられつつある。増え続ける財政赤字とともに，どの時代に生まれたかによってどれだけ利益を得たり負担を強いられたりするのかという意味での「世代間格差」が急速に広がっている。われわれは芥川龍之介の『河童』の世界のようには，生まれる時代を選ぶことはできない。だとすると，日本国憲法第14条にいう「人種，信条，性別，社会的身分又は門地」などによって誰も公的な差別を受けてはならないとするならば，同様に，どの世代に生まれたかによって誰も公的な不利益を受けるべきではないのではないか？　若年世代は老年世代の生活を支えるためにますます多くの負担を強いられているが，なぜそれを受け入れなければならないのか？　そして数十年後，自分たちが老後を迎えたときに維持されているとはとても思えない年金制度を支えようと，どうして思えるだろうか？

　本章で問う問題は，世代間のバランスが崩れ，若者世代に過度な負担が生じているように見える高齢化社会において，どのような年金制度が——積立方式への移行や，そもそも公的年金制度の全面的廃止まで含めて——可能だろうか？　ということである。そしてその規範的な根拠を法哲学上の議論を参照しながら考えていく。年金制度，そして世代間の助け合いのあり方という具体的な問題から出発して法哲学的に問われるべきは，①われわれは年金を代表とする社会保障制度の前提としていかなる福利（well-being）観を想定すべきか，と

いう価値論的問題，②年金を代表とする社会保障制度はそれをいかなる形で支援すべきか，という分配的正義論の問題，そして③われわれはそこでいかなる形の世代間共同体（intra-/inter-generational）のあり方を選び取るべきなのか，ということになる。本章はこうした問題群に世代間正義論という時間軸を導入した視角から一定の示唆を与えようとするものである。

1.2　何人の現役世代が1人の老人を支えるか

　少子高齢化社会の急速な進展とともに，少ない若者世代が多くの老年世代を支える不均衡状態が出現していることは，いわゆる「格差社会論」や「世代論」の盛り上がりとも重なり合いながら，近年，多く指摘されている問題である。具体的にいうと，賦課方式による日本の公的年金制度は，現役世代（生産年齢人口）が老年世代の生活を支える仕組みであるが，20歳から64歳までを現役世代とした場合，日本では1965年時点では現役世代9.1人で1人の老人を支えていたのに対し，2012年には現役世代2.4人で1人の老人を支える計算になっている。さらに2050年には現役世代1.2人で老人1人を支える試算も出されている。少子化と長寿化の結果として，いわば「現役世代1人で老人1人を支える」状態が予想されている。むろん，将来の人口予想には不確定な部分が多く，試算によって多少の相違はあるものの，少子化に抜本的な歯止めがかからない限り，現役世代の負担が増していくことは確実である。また，それでも「公的年金だけでは生活できない」老年世代の生活保障はいかなるものであるべきか，ということも問題になっている。

1.3　「財政的児童虐待」

　高齢化・長寿化社会の進展にともない，社会保障費は増加の一途をたどっている。2015年度の日本の国家予算は約96.3兆円であるが，そのうち社会保障費は31.5兆円を占めており，今後も増加が予想されている。なお，公的年金は現役世代が支払う保険料だけでまかなわれているわけではなく，4割程度は国庫負担，つまり税金によって運営されている。その国庫負担分については「現役世代が老年世代を助ける」という世代間扶助の制度がとられていないことになるが，税収の大部分は現役世代によるものであるから，いずれにせよ世代間扶

助の構造自体は変わらない。

　肥大化した国家予算をすべて税収でまかなうことはできないため，2015年度の国家予算では38.3％にあたる36.8兆円を国債発行に頼っている。日本のこうした国債依存度はすでに先進諸国では類を見ない水準になっており，今後，かつてのような急速な経済成長は見込みにくい以上，財政の健全化が喫緊の課題となっていることはいうまでもない。この国債償還費は，いわば将来世代へのツケとして先送りされるものだが，将来世代（すでに現在生まれている若年世代も含む）の過重な負担のもとに国家財政が維持されている。経済学者ローレンス・コトリコフ（Laurence Kotlikoff）は，こうした状況を「財政的児童虐待」という激烈な言葉で批判している。

1.4　世代会計

　コトリコフらが財政的な世代間不均衡・世代間格差を可視化するツールとして開発したものに「世代会計（generational account）」がある（Kotolicoff et al. 1994）。これは「個人と政府の間の受益・負担を世代別に分配し，現在価値化して集計したもの」（水谷 2013：24）である。嚙み砕いていうと，国民全体（将来世代をも含む）を10歳の世代ごとに分け，税金等として政府に支払う負担と，社会保障給付として政府から受け取る利益の差を棒グラフで示したものである。日本では内閣府や財務省，厚生労働省などによっていくつかの試算がなされており，計算方法によって若干の違いはあるものの，2015年時点ではおおむね60歳前後が「損益分岐点」（税金として払った負担と社会保障給付として受け取った利益が釣り合う状態）となっている。つまり，60歳以上の世代は利益超過であり，それ以下の世代は負担超過となっている。その額は世代によって正規分布的に開いており，70歳以上の世代と20歳代とでは数千万円，将来世代まで含めれば1億円以上の差がつく計算になっている。こうした世代間格差拡大の傾向は先進諸国ではおおむね共通しているものの，日本は少子高齢化の進行が極端に速かったこともあり，先進諸国でも類を見ないほどの財政上の世代間不均衡状態となっている。

1.5　世代間対立の激化？　それとも不可視化？

　コトリコフらは世代会計を財政健全化政策のための資料として位置づけており，世代間不均衡の可視化によって世代間対立が煽られることがあってはならないと釘を刺している。とはいっても，数千万円以上にのぼる負担と受益の格差を考えるならば，その規範的インパクトは決して小さくないだろう。こうした状況を告発する著書は最近，数多く出版されている。たとえば『若者が《社会的弱者》に転落する』（宮本 2002），『若者殺しの時代』（堀井 2006），『孫は祖父より1億円損する』（島澤・山下 2009），『若者は，選挙に行かないせいで，四〇〇〇万円も損してる!?』（森川 2009），『7割は課長にさえなれません』（城 2010）といった扇情的なタイトルの書物が書店に並べられている。むろん，その一方，『下流老人――一億老後崩壊の衝撃』（藤田 2015）のように世代内の多様性を指摘し，安易な「世代論」に批判的な議論もある。しかし，若年世代と老年世代を比較した場合の剝奪状態の深刻さには否定しがたいものがあるように思われる。

　しかし，この点についての若年世代側の反応は，「もらいすぎ」の高齢世代をただ敵視するほどに単純なものではなさそうだ。たとえば古市（2011）やイケダ（2012）では，客観的には貧困状態にある若者たちが，その絶望的な現実から目をそらすかのような「幸福」に浸っている姿が描き出される。鈴木（2014）などに描かれる「最貧困」の若者たちも，その怒りを先行世代にぶつけるというよりもむしろ，「自己責任論」を内面化するかのような自責やあきらめのほうが強く印象づけられる。もっとも，若年世代はただ政治的に内向化しているわけではない。2014年の秘密保護法，2015年の安保法制への反対デモの高まりなどは記憶に新しいところである。若年世代のこうした政治意識の高まりを頼もしく評価する論者も多いが，少なくとも現在のところ，そうした動きは議会外でのデモ活動やインターネット上の言論活動が主となっており，議会勢力に十分な影響を及ぼすには至っていない。こうした若年世代の内向的傾向，あるいはフォーマルな議会政治への消極性といったことは，結局のところ，人口の大半を占める年長世代の圧倒的な政治的影響力のもと若年世代の「声」がかき消される「老人支配（gerontocracy）」の盤石さを物語るものであり，世代間対立は可視化される前にすでに封じ込められているかのようにさえ見え

る。こうした状況で「世代間の助け合い」としての年金制度はどれだけ実をともなったものとなるだろうか？　若年世代と老年世代は相互に助け合うべき同じ互恵的共同体の成員といえるのだろうか？

2 ── 世代間正義のための公的年金

2.1　世代間正義論，世代内正義論

　以上の問題設定と背景をふまえ，ここからは賦課式の公的年金制度を典型とする世代間協働のあり方を，法・政治哲学における世代間正義論の問題として考察していく。

　最初に用語を整理する必要があるが，現代的な世代間正義論は1960年代以降，地球環境問題が切迫したものとして意識されるにつれ，なぜ／どこまで／どのようにして将来世代の福利に現在世代は配慮する責務があるのかという問題として真剣に考慮されるようになった。1971年のジョン・ロールズ『正義論』では世代間正義 (intergenerational justice) に独立の節が割かれ，当該共同体の存続可能性を保障すべきとする貯蓄原理 (saving principle) が主張された。ロールズ自身の立場は地球環境問題や世界正義 (global justice) の観点からすればきわめて慎ましく無力なものであったが，その後，将来世代の権利論，将来世代への責任論，将来世代の効用をも功利計算に含める功利論，将来世代をも含む超世代的共同体の実在を考える共同体論など，様々な正当化アプローチが試みられ，現在でも活発な議論状況を呈している（それぞれの比較検討について，参照，吉良 2019）。

　もっとも，ここでいう世代間正義論は，どちらかといえばすでに生まれている現在世代（場合によっては過去世代）といまだ生まれざる将来世代との間の規範的関係を問うものであり，各世代内部の関係は前景化されにくかった。このような意味での世代間正義を *inter*-generational justice とするならば，本章が扱う現在世代内部の各世代の規範的関係は世代内正義 *intra*-generational justice というべきものであり，両者は，①地球規模の問題／国内問題，②存在者と非存在者の規範的関係／すでに存在する者の世代間の規範的関係というように，理論動機と射程が若干異なる問題系であることに一応の注意が必要である。

しかしまた，両者を全く切り離して考える必要もない。「世代」として実体化される何物かが存在するわけではなく，現実に存在するのはあくまで年齢的に連続した個々人の集合である。したがって「現在世代」と「将来世代」の関係は，世代$_1$，世代$_2$，世代$_3$，世代$_4$……というように時間的に細かく連続する各世代の関係に還元できる部分もある。むろん，「現在世代」と「将来世代」はすでに存在しているか，それともいまだ存在しないかによって規範的身分がまったく異なり，したがって両者の関係は分配的正義論の単なる応用問題としてではない独自の領域を形成する。一方，ロールズが貯蓄原理において考えていたほど楽観的になるべきではないにせよ，ある世代$_1$は時間的に近接する次の世代$_2$——両者は「現在世代」として時間的に重なる部分が多い——の福利を配慮し，その世代$_2$は次の世代$_3$の福利を配慮する……そうした連鎖が成り立つとすれば，現在世代と将来世代の規範的関係という難問を避け，同時代への同胞への世代内正義が連なった問題として処理できる部分も多くなる。

実際，世代間正義論において共同体論的アプローチをとる有力な論者は，時間的に長期にわたって連続した貫世代的共同体を想定することにより，現在世代と将来世代の間の規範的関係としての世代間正義を世代内正義の連続の問題に回収しようと試みている（De-Shalit 1994；Rubenfeld 2001；Thompson 2009など）。そうしたアプローチは地球環境問題や世界正義の観点からすれば一定の限界を有するが，①現在世代と将来世代という，存在者と非存在者の規範的関係という難問がかなりの程度に避けられること，②直近の世代の福利への配慮から，自己の属する共同体に必ずしも限られない遠い将来世代の福利への想像力の涵養が期待できること，といった点は魅力あるものと考えられる。

本章のテーマそのものは，すでに存在する各世代の規範的関係を第一に考えるものである以上，世代内正義（intra-generational justice）としての性格が強い。しかし，持続可能な公的年金制度を代表とする法制度の構築は長期的な将来世代の福利にもつながりうるため，両者の接続可能性を重視する意味で，本章では「世代間正義」の語を用いることとする。つまり，intra-generational な正義は inter-generational な正義に一定程度，包摂・接続されるという問題意識のもと，議論を進めていくこととする（両者の連続性について，参考，吉良 2014）。

2.2　日本の公的年金制度

　ここで日本の公的年金制度について簡単に確認しておく。日本の年金制度は重層的で複雑な構造となっており,「1階」に国民年金,「2階」に厚生年金・共済年金,「3階」に各種の企業年金や私的年金がある。一般的に「公的年金」というときは,政府が運営する1階・2階の年金を指す。こうした年金の重層性は,各人のライフスタイルや働き方,リスク選好の違いに柔軟に対応する意義があるといえる。もっとも,本章が問題にする世代間不均衡状態にもかかわらず,公的年金の支給額は十分なものとはいえず,「公的年金だけでは老後の生活ができない」という問題も近年,多く指摘されている。

2.3　通時的・連鎖的な分配的正義

　現在の日本の公的年金は賦課方式をとっている。これは自分の積み立てた年金を老後に受け取る積立方式とは異なり,現に存在する高齢世代の生活費を勤労世代が負担する「世代間の助け合い」「世代間扶助」のシステムである。若者世代は現在の老年世代の生活を支えるために年金を負担するが,これはその若者世代がやがて年老いたとき,次の若者世代の年金負担によって生活が支えられることへの期待が共有されることによって維持されるものである。したがって,賦課方式の公的年金制度は,過去からの積み重ねと将来への期待を基盤とした通時的(diachronic)な分配的正義を現在において共時的(synchronic)に実現することを目指すものといえる。

2.4　「最大の保険会社」は世代を無視する

　フランソワ・エワルド(François Ewald)が指摘するように,「最大の保険会社」である現代の福祉国家における各種の社会保障は,生活保護制度を典型とするように,同時点での同じ共同体の成員のためのリスク分散の仕組みである(西迫 2007)。不慮の事故や突然の病気によって生活できなくなる不運のリスクを成員の誰もがほぼ同じように抱えているからこそ,各自はそれに備えて互恵的な保険システムとしての社会保障制度を構築する。ここでは各人の個人的差異はいわばロールズ的「無知のヴェール」の下に隠される。個々人がどういうリスクを有しているかわからない,より正確にいえば「わからないことにす

る」という共通了解のもと，現代の社会保障制度は成り立っている。ここで想定されているのは，同じようなリスクを同じように抱えた同質な個々人である。もっとも，現実の人々は高齢になるにつれ，様々な不運に見舞われるリスクが高くなるといえるだろうが，そうした年齢的・世代的差異をひとまず無視するのが共時的・互恵的な社会保障制度の建前である（なお，本章では扱わないが，たとえば近年のゲノム解析技術などの進歩は各人の疾病リスクをかなりの程度に明らかにするものであり，ここでいう「最大の保険会社」の「無知のヴェール」の前提を掘り崩す可能性を持つが，そうした科学技術の進歩は社会保障制度にいかなる影響をもたらすか？ ということもまた別の大きな論点となる）。

3——福利の時間的範囲

　ここまで，「世代間の助け合い」としての公的年金制度の維持にとって，どちらかといえば不利な事情を述べてきた。現役世代，とりわけ若年世代，そして将来世代に過度に重い負担を背負わせ，老年世代を優遇するかのごとき公的年金制度は世代間正義の観点からは正当化しづらいもののように思われる。実際，「損益分岐点」より上の年長世代は，それより下の若年世代と立場を交換したいとは思わないだろう。残りの人生を「逃げ切る」ほうが明らかに合理的な選択肢である。だとすると現行の公的年金制度において老年世代と現役世代の間には立場の交換可能性（reversibility）がなく，したがって不正義な制度といえるだろうか。世代間正義の一般的困難としては，現在世代と将来世代とでは立場の交換可能性を考えるのが難しいということがよく指摘される（例えば遠い将来世代の人々が化石燃料の備蓄を望むかどうかは，新エネルギーの開発状況など，科学技術の発展度合いによって変わってくるはずだ）。しかしこの場合は同時代に存在する相手であり，両者の立場を考えることに原理的な困難は少ないだろう。

　多くの人々はこのような制度状況は不正義であると直観的に思うのではないか。老年世代はここでの「不当利得」について何らかの形で責任を負うべきなのだろうか。しかし本章ではそこにとどまらず，老年世代の側から，単なる「逃げ切り」としてではなく現行の公的年金制度を支持する論拠も考えてみたいと思う。

第Ⅱ部 平　　等

3.1　社会保障と「進歩史観」

　政治学者の御厨貴（1951年生）は，その息子世代といえる佐藤信（1988年生）との社会保障制度のあり方と世代間格差をめぐる対談で次のように述べている。

> 我々世代は君ら将来世代のそうした怒りにものすごく鈍感です。(……) 僕ら世代は恵まれていたのでしょう。黙っていても年金制度は維持されているので逃げ切れる。下の世代には自分たちのことは自分たちで考えてください，と思っている。(……) 我々世代は，戦争で苦しんだ上の世代に対して，思想的な対立はあったものの，あれほどに苦労したのだから社会保障で最後まで面倒を見てあげたいという気持ちはありました。(……) あなた方の議論は数字だけを持ち出してうまく説明しているけれど，我々世代の心を打たない。「責任取れ」と凄まれてもその気になりません。（御厨・佐藤 2012，強調は引用者）

　佐藤は若年世代の声を代弁するかのように，「世代会計」によって示されるような世代間格差を持ち出し，「一億円近くも得ている世代こそ財政再建のための負担をすべき」とする。しかしそれに対する御厨の上記の発言は，いくぶん露悪的な調子ではあるものの，一定以上の世代の本音を述べているように思われる。ここで「黙っていても年金制度は維持されているので逃げ切れる」という無責任な開き直りのように見える箇所だけに注目すべきではないだろう。これを上の世代に対する「あれほどに苦労したのだから社会保障で最後まで面倒を見てあげたいという気持ち」と併せて見る場合，社会保障の不均衡を一定の時間的区切りのもとで問題にするべきではなく，各世代の人々の全人生との関わりにおいて考えるべきであるという態度が表れているように思われる。つまり，若年期において苦労をした世代は老年期に社会保障によって報われるべきであり，逆に，若年期に特に苦労せず便利な生活を享受している世代は社会保障負担を多めに支払うべきであるとするものである。こうした考え方によれば，戦争の悲惨さから戦後復興，高度成長，そして切れ目なく続く科学技術の発展とますます豊かになる生活といった「進歩史観」と，世代会計によって示される，老年世代の受益超過から若年世代の負担超過に至る「下降史観」は，きわめて大雑把ではあるものの，各世代に属する人々の生の全体において相互に打ち消し合っている。つまり，現行の公的年金制度が実現している

のは人生の全体を通じた世代間平等であって，世代間不均衡ではない——果たして，そうした主張は可能だろうか？

このような世代間平等論は，事実問題としてはきわめて論争的である。戦中世代が相当の苦労を経験したことは確かだとしても，その後の団塊の世代はどうだろうか。むしろ高度成長の果実を十分に享受したともいえるかもしれない。逆に，1990年代以降の長期不況のなかでずっと生きてきた若年世代は，例えばインターネットの普及などによって便利な生活を送っているとしても，先行世代よりもずっと苦労しているのではないか。そうしたことを考えるならば単純な「進歩史観」はとても描けないように思われる。同一世代内部の差異が無視されていることもまた問題含みである。しかし，仮に科学技術の進歩などによって世代ごとに人々の生活が豊かになってきたといえるとすれば（これもそこまで突飛な想定ではないだろう），人生全体での福利を平等化するため，その損得を社会保障の負担率によって是正すべきとする主張は，現状の世代間不均衡が果たしてそれに釣り合うものかどうかも含め，少なくとも真剣な考慮に値するもののように思われる。つまり，事実問題としてはきわめて論争的だが，規範的問題としては一定の直観適合性を有する種類の議論であるといえる。

3.2 分配的正義の時間的範囲

前節で述べたような考え方は，財の分配にあたっては，ある特定の時点や期間の不均衡のみを規範的に問題にするのではなく，分配対象となる人々の人生全体を考慮に入れるべきであるとするものである。デニス・マッカーリー（Dennis Mckerlie）はこうした考え方を「人生全体の平等主義（complete lives egalitarianism）」と名づけ，「正義の原理を適用するにあたっての適切な時間的単位を人生（lifetimes）」とするものと特徴づけている（Mckerlie 2012：9）。マッカーリーは他の重要な論者として平等主義的観点から同様の規定をするトマス・ネーゲル（Thomas Nagel）の例をあげているが（Nagel 1991：69），このように分配的正義の時間的範囲をきわめて広く取る見方は平等主義に限られたものではなく，例えば W. D. ロス（W. D. Ross）のように個人の福利（well-being）を全人生の徳総量との関係から捉える論者にも見られるように（Mckerlie 2012：10, n. 4），様々な立場から支持されうるものであることを指摘している（なお，後述のように

マッカーリー自身はこうした考え方を批判し，平等分配のスパンをより短い期間で考える同時点区間説（simultaneous view）をとる（Mckerlie 2012：61））。

　分配的正義を実現するための社会保障にあたっては，①なぜ，②何を，③どのような基準で人々に分配すべきかという問題が問われなければならない。②の「何を」は，J. E. ローマー（J. E. Roemer）の言葉によるならば，どのような「よいもの（advantages）」を人々に分配すべきか，という問題である（Roemer 1996）。ジョン・ロールズであれば社会的基本財および格差原理にかなう財，ロナルド・ドゥオーキン（Ronald Dworkin）であれば資源（resource），アマルティア・センであれば各人の潜在能力（capabilities）の平等な実現に必要な具体的手段といったように，論者によって様々なものをそこに代入するだろう。また，③の「どのような基準」というのは，平等を旨とするか，それとも一定の十分性や優先性によるか，あるいは効用最大化といった基準によるか，これも様々にありうるが，さらにいえばそこでの時間的スパンもまた問われることになる。平等主義についていえば，例えば人生のスタート地点における機会の平等を目指すか，それとも一定の時間的範囲で区切るか，あるいは人生全体での平等を目指すかといった具合に様々に変わりうる。

　人々の福利（well-being）をどのように捉えるかにあたっては，そもそもそれをいかなる時間的範囲のもとで捉えるべきかという問題を避けて通ることはできない。それは単に分配のための時間的単位をどのように区切るかという技術的な問題にとどまるものではない。なぜなら，例えば人の福利は一定の時間的幅をもった有機的なものとして捉えられると考える立場からは，それ以外の時間的単位によって分配を行うことはその福利に十分に配慮したものとはいえなくなるからである。例えば前節で紹介した，若年期に苦しい生活を送った人々は老年期における分配によって報われるべきであるとする立場からすれば，現時点での世代間不均衡を根拠として老年世代の年金の取り分を減らすような措置は，人生全体で捉えるべき人々の福利について異なった福利の尺度（または福利以外の外在的根拠）によって介入する分配的不正義として評価されうる。

3.3　福利は通時的に集計可能か？

　3.1で紹介した議論を単純化して定式化すると，「人々の福利は全人生を通

じて集計され，その総計は当該共同体において平等化されなければならない」といった形になる。ここでまず考えるべきは，福利は通時的に集計（aggregation）可能か？　という問題である。若年期の苦労を老年期の幸福によって埋め合わせることが本当にできるのだろうか。そのためには，人生の各時点（またはさほど長くない時間的範囲）の福利を集計し，総計として足りない／多すぎる場合は分配によって平等基準点まで引き上げる／引き下げることになる。もちろん，「若い頃からの苦労の積み重ねが晩年の成功によって報われた」という言い方はよくあるものだから，こうした考え方自体に極端に不自然な点はないかもしれない。

　それに対し，福利はもっと時間的に有機的なつながりを持ったものであるという捉え方も有力なものとしてある。「人生全体の満足（Whole Life Satisfaction説，以下 WLS 説）」はその代表的なものであり，この立場は福利を人生全体の期間で有機性を持ったまとまりとして捉えるものである（より詳しい検討として，参照，吉良 2010b）。WLS 説はある時点での福利を人生全体との関わりにおいて捉えるか（WLS at a moment），それとも文字どおりの人生全体の有機的な福利を客観的に捉えるか（WLS during an interval）にさらに分かれる。後者は例えば歴史上の人物の生を評価する際には一定の記述的妥当性があるが（例えば「芥川龍之介は夭折したが，短い期間に多くの傑作を残し，全体として満足な作家人生であった」など），分配的正義のための規範的含意はさほど多くないように思われる。それに対し，前者の WLS at a moment は自分のライフステージ上での現在のあり方を考えた福利判断であり（例えば「会社人としての出世コースを考えるならば，40歳時点での自分は相応に満足すべき位置にいる」など），そうした各時点での満足を通時的に集計して総量を平等化することも可能かもしれない。

　ただ問題は，古代リディアのクロイソス王が死の間際にこれまでの人生はすべて無意味だったと嘆いたように，すべての過去が一瞬で暗黒のものとなる体験もあることだ。もちろん逆に，人生の終わり際の幸福がそれまでの苦労を一瞬のうちに美化することもある。現実には過去の苦労は強調されがちであるから，WLS at a moment の平等化を行う場合，老年世代に重点的な資源分配（本章の関心でいえば公的年金の拡充）が正当化されやすくなるだろう。これは裏を返せば「若いうちの苦労は買ってでもせよ」というお説教の文字どおりの実現

となるが，現状の世代間不均衡下での公的年金のあり方としてはさらなる負担を若年世代に強いるものであり，あまり魅力的なものとはいえないだろう。そうすると世代間の助け合いが必要な場面において，あまりに長いタイムスパンを必要とする福利の捉え方は（WLS 説に限らず）都合が悪いといえるだろうか？

3.4 互恵的共同体の時間的範囲

　マッカーリーはロールズ以降の各種の平等主義的リベラリズムを「人生全体の平等主義」と位置づけ，それを通時的な平等の問題として位置づけることに批判的である。マッカーリーによれば，例えば1990年代の老人 A 氏と1970年代の老人 C 氏の不平等は，同時代の比較ではない以上，道徳的な問題ではない（Mckerlie 2012：62）。にもかかわらず「人生全体の平等主義」は生きている期間の異なる人々の福利について，同時代の互恵的共同体に属していない時間的部分をも含めて評価することになる。それを是としないマッカーリーは分配的正義の前提として同時代性，さらに踏み込んでいえば互恵的共同体の同じ成員であることを求めているように思われる。マッカーリー自身は人生全体よりも短いスパンの平等主義としての「同時点区間説（simultaneous view）」をとり，同時代の一定の時間区間において存在する各人（若者から老人まで）の平等を考えようとする。

　もっとも，ロールズやドゥオーキンの分配的正義論がマッカーリーのいうように「人生全体の平等主義」に分類されうるか，されうるとしてそれは平等主義的分配的正義として強い規範的主張をともなうものなのかどうかについては疑問がないわけではない。彼らの主張はむしろ，ローマーやエリザベス・アンダーソン（Elizabeth Anderson）が指摘するように，スタート地点の機会の平等を重視した責任感応的（responsibility-sensitive）理論としての性格のほうが強いだろう（Romer 1996：chaps. 7-8；Anderson 1999：319）。いわば，スタート地点の機会の平等によって各人が善の構想を自律的・競争的に追求できるようにし，その結果についてはたとえ失敗したとしても公的に介入すべきでないとするものである。むろん，これは失敗者に過酷すぎる面があり，福祉国家以前に戻るものとしてアンダーソンらによって批判されてきた（Anderson 1999：296-298, 308；角

崎 2013：48-49)。

3.5 民主主義的平等論

　アンダーソンは上述の責任感応的平等主義に対し、「民主主義的平等」論をとり、それは「すべての遵法的市民に対し、常時、自由の社会的条件についての実効的なアクセス可能性を保証する」ものである（Anderson 1999：289，アンダーソンの議論について本章では全般的に角崎 2014 の整理に依拠している）。アンダーソンにとって市民たちは互恵的な民主主義社会の担い手であり、その間での相互尊重の条件が実質的に十分に保障されることが求められるのである。このように正義にかなった分配の目的を互恵的な民主主義社会の維持とし、それにあたって必要となる機能（functions）を特定していくならば、福利ベースでの世代間分配にあたって生じた不均衡を緩和できるかもしれない。つまり、老年世代に一定の福利を保障する一方、それが 1.3 で問題にした若年世代の民主的政治過程への参加能力を剥奪するほどになってはならないという縛りがかけられるからである。むろん、こうした主張は一方で、一定の社会的関係にコミットすることを卓越主義的に推奨することの危険と隣り合わせである。

4 ── まとめ

　ここまで、公的年金制度の世代間不均衡を素材としながら、世代間の分配的正義に関わる諸問題について触れてきた。現状の賦課方式の公的年金制度は若年世代に過度の負担を強いているように見えるが、その詳細な検討のためには世代間の分配的正義論の前提となる福利の概念、およびその時間的範囲の明確化が必要であることが示されたと思われる。一見したところ直観適合的な福利の捉え方であっても、世代間分配の文脈に置いた途端に不都合な結論が生じることがある。「時間」は法哲学の様々な問題にとって常に悩みの種となるのである。

　本章は表題の問い「年金は世代間の助け合いであるべきか？」に対し、はっきりとした結論を出そうとするものではない。触れられなかった論点も多いものの、この問いは結局のところ、われわれがいかなる形での *intra-/inter-*generationalな共同体を構築していくべきかという問題になる。人口バランスが崩れている状態で世代間扶助を実現するには，どこかで「割を食う」世代が出ることはおそらく避けられない。それを受け入れられるだけの世代間互恵性の理念を構築できるか，それともそうした美しい理念はもはや放棄されるべきなのか。われわれは困難な選択肢の前に立たされている。

＊　本章は科学研究費補助金「高齢化社会における世代間正義の法的基盤構築」（基盤研究C，研究代表者：吉良貴之）の成果の一部でもある。

📖 ブックガイド

① 加藤久和（2011）『世代間格差』筑摩書房
　社会保障・日本型雇用・少子化対策など様々な具体的問題を素材に，日本の世代間格差の現状をコンパクトに述べる。
② K. S. シュレーダー＝フレチェット（1993）『環境の倫理（上・下）』京都生命倫理研究会訳，晃洋書房
　環境問題との関連での世代間正義（倫理）についての古典的な論文を集めたアンソロジー。主要な立場の基本的発想が理解できる。
③ 樋口範雄（2015）『超高齢社会の法律，何が問題なのか』朝日新聞出版
　高齢者に特有の法的問題を多様な角度から紹介。アメリカ法との比較が興味深い。

〔文献〕
青木玲子（2011）「次世代へのコミットメントに国民的合意を―世代間資源配分の公平性を目指す選挙制度の改革」NIRAモノグラフシリーズ33号
イケダハヤト（2012）『年収150万円で僕らは自由に生きていく』講談社
加藤久和（2011）『世代間格差』筑摩書房
吉良貴之（2006）「世代間正義論―将来世代配慮責務の根拠と範囲」国家学会雑誌119巻5-6号
吉良貴之（2010a）「世代間正義と将来世代の権利論」愛敬浩二編『人権の主体』法律文化社
吉良貴之（2010b）「私の生の全体に満足するのは誰なのか―― Whole Life Satisfaction 説の諸相」仲正昌樹編『近代法とその限界』御茶の水書房
吉良貴之（2014）「リバタリアニズムにおける時間と人格」『法哲学年報 2013』有斐閣
吉良貴之（2019）『世代間正義論』勁草書房（予定）
島澤諭・山下努（2009）『孫は祖父より1億円損をする―世代会計が示す格差・日本』朝日新聞出版
城繁幸・小黒一正・高橋亮平（2010）『世代間格差ってなんだ―若者はなぜ損をするのか』PHP研究所
角崎洋平（2013）「選択結果の過酷性をめぐる一考察―福祉国家における自由・責任・リベ

ラリズム」立命館言語文化研究24巻3号
角崎洋平（2014）「アンダーソンの民主主義的平等論—「関係性」概念の射程」大谷通高・村上慎司編『生存をめぐる規範—オルタナティブな秩序と関係性の生成に向けて』立命館大学生存学研究センター報告21号
内閣府（2011）『経済社会構造に関する有識者会議—ワーキング・グループ中間報告』
西迫大祐（2007）「フランソワ・エワルドにおける「リスクの法哲学」」『法哲学年報2006』
藤田孝典（2015）『下流老人——一億総老後崩壊の衝撃』朝日新聞出版
古市憲寿（2011）『絶望の国の幸福な若者たち』講談社
御厨貴・佐藤信（2012）「先生，このまま逃げる気ですか」中央公論2012年6月号
水谷剛（2013）「世代会計の手法面の展開と類型」滋賀大学経済学部研究年報20巻
宮本みち子（2002）『若者が《社会的弱者》に転落する』洋泉社
森川友義（2009）『若者は，選挙に行かないせいで，四〇〇〇万円も損してる!?』ディスカヴァー・トゥエンティワン

Auerbach, Alan J., Gokhale, Jagadeesh and Kotlikoff, Laurence J. (1994) "Generational Accounting: A Meaningful Way to Evaluate Fiscal Policy", *Journal of Economic Perspectives*, 8(1)
Anderson, Elizabeth (1999) "What Is Point of Equality?", *Ethics*, 109
De-Shalit, Avner (1994) *Why Posterity Matters*, Routledge
McKerlie, Dennis (2012) *Justice between the Young and the Old*, Oxford U. P.
Roemer, John E. (1996) *Theories of Distributive Justice*, Harvard U. P.（木谷忍・川本隆史訳『分配的正義の理論—経済学と倫理学の対話』木鐸社，2001）
Rubenfeld, Jed (2001) *Freedom and Time*, Yale U. P.
Thompson, Janna (2009) *Intergenerational Justice*, Routledge

【吉良貴之】

第Ⅲ部──法と国家

11 裁判員制度は廃止すべきか？

1 ── 裁判員制度をめぐる問題状況

1.1 裁判員制度とその概要

　平成21年5月に「裁判員の参加する刑事裁判に関する法律」（平成16年5月28日法律第63号：以下「裁判員法」とする）が施行され，裁判員制度が始まった。裁判員制度は国民が裁判員として刑事裁判に参加する制度であり，裁判員は原則として裁判官3名と裁判員6名の合議体として，公判廷での証拠調べ手続や弁論手続に立ち会い，非公開の評議を行ったうえで，被告人に対して判決を宣告しなければならない。裁判員は，各地方裁判所の管轄区域内の有権者から無作為に選出された候補者のなかから，所定の選任手続を経て選ばれる。裁判員法では，欠格事由，就職禁止事由，不適格事由，辞退事由が規定され，これらに該当する場合には裁判員に選任されない。裁判員裁判の対象事件は，「死刑又は無期の懲役若しくは禁錮に当たる罪に係る事件」および「故意の犯罪行為により被害者を死亡させた罪に係るもの」とされている（裁判員法2条1項）。また，裁判員に対しては秘密漏示罪が規定されており，「評議の秘密その他の職務上知り得た秘密を漏らしたときは，六月以下の懲役又は五十万円以下の罰金」が科される（裁判員法108条1項）。

　裁判員制度の趣旨は「司法に対する国民の理解の増進とその信頼の向上」にあるとされる（裁判員法1条）。ここでは，裁判官と裁判員がそれぞれの知識や経験を活かしつつともに判断を行うことで，裁判に対する国民の理解が進み，司法への信頼も向上するとの期待が込められている。また，この制度は有罪／無罪の判断だけでなく，量刑についても裁判官とともに判断を行うという点で，米国等の陪審制とは異なる特徴を有しており，裁判員が任期制ではなく，

事件ごとに選任されるという点では，ドイツやイタリアの参審制とも異なっている。なお，日本でも昭和3年から昭和18年まで陪審制が実施されていたが，現在は停止されている（詳細は，青木 2012：152-164）。

1.2　裁判員制度は憲法違反か？

　裁判員制度はその開始以前から「憲法に違反するのではないか」との疑いをかけられてきた。しかし，制度開始から2年半を経た平成23年11月16日，最高裁判所大法廷は，裁判員制度を合憲とする判決を全員一致で言渡した（刑集65巻8号1285頁）。この判決では，次の4つの論点が主に検討された。

① 　裁判官以外の者が構成員となった裁判体は，憲法にいう「裁判所」には該当せず（憲法80条1項），それゆえ，裁判員制度は裁判を受ける権利（同32条），裁判所による迅速な公開裁判の保障（同37条1項），適正手続の保障（同31条）などに違反するのではないか。
② 　裁判員制度の下では，裁判官は裁判員の判断に影響，拘束されることになり，この制度は裁判官の職権行使の独立（同76条3項）を侵害するのではないか。
③ 　裁判員が参加する裁判体は通常の裁判所の系列外に位置するものであるから，憲法が禁止する特別裁判所（同76条2項）に該当するのではないか。
④ 　裁判員制度は，裁判員となる国民に憲法上根拠のない負担を課すものであるから，裁判員制度への参加は，意に反する苦役（同18条後段）に服させることになるのではないか。

　これらの論点すべてについて最高裁判所は，弁護側の主張を退け，合憲との判断を下した。そのうえで判決の総括部分では，「裁判員制度は，司法の国民的基盤の強化を目的とするものであるが，それは，国民の視点や感覚と法曹の専門性とが常に交流することによって，相互の理解を深め，それぞれの長所が生かされるような刑事裁判の実現を目指すものということができる」との主張がなされ，判決は裁判員制度の意義を強調する内容となっている。

　最高裁判所が全員一致の判決で裁判員制度を合憲と判示したことで，裁判員法の合憲性という実定法上の問題には決着がついたと言えるだろう。しかし，この判決言渡し後も，裁判員制度を批判する文献が弁護士や研究者等によって相次いで出版されており，裁判員制度への批判は終息に向かっているようには見えない。それゆえ裁判員制度の存廃については，より根源的な次元での考察

を試みる必要がある。

2 ── 裁判員制度を考えるために：法哲学からの視点

2.1　裁判の民主化？

　裁判は民主的に行われるべきであろうか。こう問われたとき，人々が答えを躊躇する理由の1つは「民主的」という言葉の多義性にある。裁判が専制君主によって支配されていた時代との対比で「民主的」という言葉を用いているのであれば，多くの人々が「裁判は民主的に行われるべき」と答えるであろう。しかし，裁判に民意を反映させるという意味で「民主的」という言葉を使うのであれば，「裁判は民主的に行われるべきでない」と回答する人も多いだろう。なぜ私たちは，この意味での「裁判の民主化」に疑念を抱くのであろうか。

　裁判に民意を反映させるべきであるとするならば，米国の諸州で実施されているような裁判官の公選制がまずは検討されなければならない（岩倉 2003：286-292）。議員選挙と同様に，国民の意見を判決に反映させることのできる裁判官を選挙で選ぶのである。あるいは，現代の情報技術を駆使すれば「精度の高い世論調査を活用して，被告人に対する国民の意思を確認する」（柳瀬 2010a：169）という手法も考えられる。しかし，裁判に民意を直接反映させようとすれば，その結末は悲惨なものとなるであろう。国民の多数が厳罰化を望めば，裁判官の事実認定はもちろん，法令の解釈適用にも国民の意思が反映され，厳罰を科す判決が増加することになる。

2.2　民主化の2つの問題：法的安定性と多数者の専制

　こうした状況は法的世界に，少なくとも2つの問題を引き起こす。その1つは法的安定性に関わる問題である。民意の変化に応じて判決内容が変わるとすれば，人々は日々の活動についての規範的予期を失うことになる。世論に強い影響を及ぼす人物の発言やマスメディアの報道によって数年あるいは数か月の単位で判決内容が変化したり，民意を二分する問題について裁判官ごとに判断が異なったりするようなことがあれば，人は自らの行動に対する正／不正の判断を事前に行うことが困難となり，不正と評価されるかもしれないという心理

的負担を常に負うことになる。ニクラス・ルーマンは，法システムの機能が「規範的予期の安定化」にあると述べたが，裁判の民主化はその意味で法システムの機能不全をもたらすことになるだろう。

もう1つは，ジョン・スチュアート・ミルが「多数者の専制」と呼んだ問題に関わる。裁判に民意が反映されるとすれば，それは多数者の民意を反映することに他ならない。この場合，裁判所の判決が少数者の人権を侵害する内容となる危険性も高まることになる。例えば，外国人に対して非寛容な社会であれば，外国人の犯罪に厳罰を科す判決が増加するという事態も考えられるだろう。こうした事態は諸個人の権利・自由を保障するという立憲主義の原理に反するものであり，人権保障の最後の砦であるはずの裁判所が人権侵害を引き起こすというパラドクスを生じさせる。それゆえ，私たちは「裁判の民主化」を容易には認めることができないのである。

2.3　裁判官の独立？

立憲主義を守り，民意に流されることなく判決を出すことができる裁判官として私たちが想定するのは，いわゆる職業裁判官であろう。職業裁判官の歴史は古く，市民革命以前からの貴族制に由来する身分・職能集団としての系譜を有する。憲法学者の樋口陽一は，この「職業身分特権集団」――樋口はこれを「コオル（Corps）」と呼ぶ――としての司法が近代国家成立以後も国家と個人の二極構造のなかで「異物」として存続することの重要性を指摘する（樋口 2000：47-48）。すなわち，裁判官が国家からも民意からも独立した地位を保つことで，権力の多元化と少数者の権利保障とを同時に実現しうる可能性が生ずるのである。これに対し，同じく憲法学者の宍戸常寿は，現実の裁判官が前国家的な社会から自発的に生まれた「官職」ではなく，社会の近代化の過程において国家権力が創出した「官吏」であるという観点から，日本の司法が抱える問題点を解き明かす（宍戸 2011：142-144）。

その1つは，国民が裁判官を法律専門職としてではなく，官僚として捉える傾向が強いという点である。裁判官は国家権力の一翼を担う威厳を備えた人格者であり，一般国民からは遠い存在としてイメージされている。裁判員裁判に積極的に参加したいと思う国民が少ない理由も，こうした日本人の司法に対す

る意識と深く関わっていると言えるだろう。もう一つの問題点は，裁判官の人事システムである。裁判官の職位は階層化されており，より高い職階を目指そうとするのであれば，人事権を有する最高裁判所の判例に従って判決を書かざるをえない。樋口は「コオルがその内部で対等な構成員による集団という建前を維持できているかどうか」(樋口 2000：47) が決定的であると主張するが，わが国の司法について言えば，裁判官集団は「対等な構成員」ではなく，「官僚司法」と呼ばれるとおり，——憲法76条3項で職権の独立が保障されているとしても——最高裁判所の権威に従うよう規律化されていると考えられる。

2.4 官僚としての裁判官

　ここで特に重要なのは後者の論点である。職業裁判官が「その良心に従い……この憲法及び法律にのみ拘束される」(憲法76条3項) としても，彼らは自らの法的思考に基づく論理的な法の解釈適用のみによって判決を導出しているわけではない。形式主義法学と呼ばれる立場であれば，論理的な法適用により同一事件には同一判決が下されると考えるかもしれないが，実際には，第一審と第二審で判決が異なることも多い。その意味で，1920年代から1950年代にかけて米国で影響力を持ったリアリズム法学が，裁判官のパーソナリティや教育課程，生活環境，政治的傾向などの判決への影響を指摘して形式主義法学を批判している点は重要である。痴漢冤罪事件を主題として描いた映画「それでもボクはやってない」のなかで，初めから被告人を有罪と決めつけている裁判官と推定無罪の原則を厳格に守ろうとする裁判官とを対比的に映し出している場面は，裁判官の人格や心理が判決に影響するという事実を見事に表していると言えるだろう。

　官僚組織のなかで「出る杭」と見られないように穏当な判決を出し，効率的に多数の事件を処理することが人事的な評価を高めるのであれば，現在の状況において，裁判官は弁護側の主張を仔細に採り上げ，時間をかけて被告人の有罪／無罪を検討しようとは考えないであろう。それゆえ，職業裁判官もまた人権保障の砦として完全ではないということになる。こうした現状分析をふまえれば，むしろ裁判官の職権の独立を保障する制度的仕組みこそが準備されなければならないとも言えるはずである。

3 ── 裁判員制度は廃止すべきか

　裁判員制度を批判する人々はその理由を複数あげている。それらのなかには単に憲法の条項に違反するという解釈上の問題点のみを指摘するものもあるが，ここでは，批判の根拠とされるいくつかの理由を掘り下げて検討する。

3.1　裁判員制度批判の論拠
　裁判員制度を批判する論者の多くは，この制度が憲法に違反するという観点から議論を提起している。しかし，憲法には国民の司法参加についての規定が存在しないため，批判者も条文の解釈によってその論拠を提示する必要がある。裁判員参加の可否を考えるうえで，論拠となりうる主な条文は次の2つであろう。

　　76条3項　裁判官は，その良心に従ひ独立してその職権を行ひ，この憲法及び法律のみに拘束される。
　　80条1項　下級裁判所の裁判官は，最高裁判所の指名した者の名簿によって，内閣でこれを任命する。その裁判官は任期を十年とし，再任されることができる。但し，法律の定める年齢に達した時には退官する。

　裁判員制度を批判する論者は，裁判員が裁判に参加すれば，裁判員の意見が裁判官を拘束することになり，職権の独立が侵害されるとして，裁判員の参加が76条3項に違反すると主張する。また80条1項は，下級裁判所が同条同項の手続に従って任命された裁判官のみによって構成されると解釈するのが自然であり，裁判員が裁判官と同等の権限を持って下級裁判所の裁判に参加するのは違憲であると主張する（西野 2015：169）。

3.2　最高裁判所の合憲論
　これに対し，すでに言及した最高裁判所の合憲判決はどのような反論を展開したのであろうか。まず，80条1項については，最高裁判所の構成を規定する79条1項「最高裁判所は，その長たる裁判官及び法律の定める員数のその他の裁判官でこれを構成し，その長たる裁判官以外の裁判官は，内閣でこれを任命

する」という条文との比較から、下級裁判所は、最高裁判所とは異なり、その構成について明確な規定を持たず、「国民の司法参加を禁じているとは解されない」との解釈を行う。次いで、76条3項について最高裁判所は、裁判員法が憲法に適合する法律である以上、裁判官が裁判員法に基づいて参加する裁判員の意見に拘束されることがあったとしても、それは法律に拘束されているのと同義であるから、裁判官の職権の独立が侵害されることにはならないと判示する。後者の反論については、循環論法であるとの批判がなされている（西野2015：201）。たしかに、裁判員法の合憲性を争っているにもかかわらず、最高裁判所はそれを合憲と見なすことによって76条3項違反との指摘に反論するという論理形式を採っている。しかし最高裁判所は、これに続けて、裁判員と裁判官から構成される裁判体の判決が裁判官個人の意見と異なったとしても、それが裁判官の職権の独立を侵害することにはならないとの指摘も行っている。実際、複数の裁判官から構成される合議体の場合には、裁判官全員一致の判決でない限り、自らの意見とは異なる判決が下されることもある。

　この2つの論点に関して最高裁判所は、裁判員の参加が憲法上許されているとする論拠を提示しえていると言えるであろう。しかし、最高裁判所は裁判員制度の合憲性のみを審査しているため、弁護側への最低限の応答のみを行っているに過ぎない。つまり、この制度のメリットやデメリットについては十分に検討されていない。さらにこれと関わって、参加を強制される裁判員の負担が憲法18条後段で言われる「意に反する苦役」に該当するか否かも慎重に検討されなければならない。

3.3　裁判員制度が抱える3つの問題

　裁判員制度の批判者たちは、この制度が抱える複数のデメリットを指摘することで批判を試みている。もちろん、メリット／デメリットの議論は立法裁量の問題であるとして、これを退けることもできるだろうが、デメリットが制度の趣旨や司法の本質を侵すものである場合には、制度の改正や廃止を主張する論拠ともなりうる。ここでは、次の3つの批判について検討する。

・**裁判の粗雑化と誤判の危険性**　裁判員が一般の市民である以上、裁判員を長期にわたって裁判に関わらせることはできないとの配慮から、裁判員制度では公

判前整理手続が行われている。この手続では，公判開始前に裁判官，検察官，弁護士が協議を行い，裁判の争点と証拠の絞り込みが行われる。この手続により裁判員裁判は数日で結審するが，公判前整理手続そのものの期間が平均で8か月以上と長期化している点がしばしば問題として指摘されている。しかも，公判を数日間で終わらせるために緻密なスケジュールが組まれ，これに従って公判を進める必要から証人尋問等の時間も短縮され，時間厳守を強く求められることになる。さらには，これまで行われていた犯行現場等での裁判官による検証や，評議後に出てきた新たな問題点を解明するための審理再開も事実上不可能となっているとの批判が提起されている（西野 2015：101-105；猪野ほか 2015：72-83）。こうした法廷の現状から，批判者たちは，裁判が制度開始前と比較して粗雑になっており，結果として誤判や冤罪の危険性が高まっていると主張する。

　刑事裁判において誤判や冤罪の危険性は座視しえない重大な問題であるが，批判者の議論は裁判員の参加によって直接的に誤判や冤罪が生じるというものではなく，裁判員を長期にわたって拘束しえないがゆえに，裁判が粗雑化するというものである。この点，裁判官を含まない陪審員のみによる事実認定が誤判や冤罪を多く発生させる危険性はつとに指摘されているが，これとは対照的に裁判員制度は裁判官と裁判員が協働して事実を認定するものであり，陪審制とは性質を異にする。したがって，ここでの批判には裁判員の参加期間を延長することで対応すべきであり，この期間延長を正当化しうる理由を裁判員制度が持つか否かという，制度趣旨に関わる問題として捉えるべきであろう。

・厳罰化と量刑の公平　　裁判員制度導入以前から，わが国が厳罰化の傾向にあることは事実であり，少年事件や交通事故の厳罰化，刑法の法定刑の引上げ，公訴時効の廃止・延長などの施策が次々に実施されてきた。犯罪発生件数の増加ではなく，体感治安の悪化という市民の感覚的な基準によって立法的な措置が講じられてきたのは，多くの研究者が指摘するところである。こうした傾向のなかで一般市民を裁判員とするのであれば，刑事裁判の判決は自ずと厳罰化することになる。

　さらに言えば，犯罪者のなかには，いわば社会の少数者として生きてきた者も少なくなく，貧困や障がいなどの事情を抱えている場合も多く見られる。し

かし，裁判の民主化は社会内の多数派の意見を反映させる結果とならざるをえないのであり，貧困の連鎖のような社会の底辺部に見られる諸問題は量刑判断の考慮対象とはされづらくなる。多数派にとっては治安を悪化させた者への処罰感情や被害者感情こそが量刑判断にとって重要な要素となるのである。

　これらを背景として，裁判員裁判では検察官の求刑どおり，あるいは，求刑を超える量刑が判決として言渡される割合が高まっている。これに対して批判者から提起されるのは，量刑の公平という問題である（猪野ほか 2015：212-233）。つまり，市民感覚の反映であったとしても，同様の罪名罪状である事件について量刑の格差があまりに大きく，アリストテレス以来の正義ないしは公平の観念に反するとの批判がなされている。

　被告人の人権保障を重視する立場からは，こうした事態を避けるため，これまでの裁判官のみの裁判と裁判員裁判とを選択する権利を被告人に与えるべきとの主張がなされてきた。しかし，現在すでに実施されている制度のなかで批判に応えようとするのであれば，これまで蓄積されてきた量刑判断の基準を裁判員に対して丁寧に時間をかけて説明する以外に手段はないと思われる。また，そのための手段として「量刑ガイドライン」や「量刑ケースブック」を作成し活用することも有益であろう（瀧川 2006：22）。

・**国民の低い参加意識**　最高裁判所は，裁判員の出頭率が8割以上（2009年度）であると発表したが，その出頭率は年々低下している。また同様に，最高裁判所が行っている裁判員制度についての意識調査では，「あまり参加したくない」「義務でも参加したくない」と回答した人の割合が85％を上回っている（2013年度）。批判者の多くは，こうした事実から，裁判員制度が国民に受け入れられておらず，この制度はいずれ見放されるであろうとの予測を行っている（西野 2015：87-92）。

　しかし，日本人にとって裁判所が遠い存在であり，一人の人の人生を決めることになる刑事裁判に積極的に参加したいと考える人が多くないという事実は，制度開始以前からわかっていたことである。ここで問題とされるべきは裁判員制度の趣旨やその必要性であり，それに合わせて国民の参加意識を高める努力をすべきか，その必要はないか，という議論がなされなければならない。

3.4 裁判員の参加は「苦役」なのか？

　裁判員の参加が制度として可能であり，それが望ましいものであったとしても，裁判への参加が国民にとって「意に反する苦役」（憲法18条後段）であるならば，それを正当化することはできない。憲法学では通常「広く本人の意思に反して強制される労役」を指して「意に反する苦役」と定義する（芦部2002：222）が，数日間にわたって裁判所に出頭し，裁判に関わる裁判員の職務はまさに意に反する苦役である，というのが批判者の主張である。さらに，裁判員法が出頭拒否に対する罰則規定（10万円以下の過料）を備えている点からも，参加が強制されており，違憲であるとの指摘がなされている。この点について最高裁判所の判決は，「裁判員の職務等は，司法権の行使に対する国民の参加という点で参政権と同様の権限を国民に付与するものであり，これを『苦役』ということは必ずしも適切ではない」との反論を行う。しかし投票の棄権に罰則はなく，裁判員の職務は義務として課されるものであるとの批判が提起されている（西野 2015：203-206）。

　前述のとおり，多くの国民の参加意識が低いにもかかわらず，実質的に公判や評議への参加が強制されている——一定の範囲で辞退事由は規定されているが——点からは「意に反する苦役」の定義に該当する可能性が高いと言わざるをえない。また，裁判員という非常勤の公務員への就任を強制された後には，裁判員としての職務上の権限とそれにともなう義務が生ずる（裁判員法6条，9条）。つまり，この就任段階での強制性が「意に反する苦役」に関わる重要な論点となる（織田 2013：112）。裁判員制度を志願制にすれば，この論点をクリアできるが，その場合には「人を裁きたい」という偏った層の裁判員が増加し，国民の感覚からかけ離れた判決が下される可能性も指摘されている（猪野 2015：70-71；鳥澤 2007：11）。それゆえ，裁判員制度の実施には，裁判員就任を希望しない一般国民の意思に反してでも就任を強制する必要があり，その強制を正当化しうる程度に強力な理由が制度趣旨とともに提示されるのでなければ，「意に反する苦役」との批判に応えたことにはならないのである。

4 ── 裁判員制度を廃止すべきではない

裁判員法1条が規定する制度趣旨は「司法に対する国民の理解の増進とその信頼の向上」であるが，それ以上の目的を積極的に読み込むことで裁判員制度の正当化を図ろうとする試みがなされている。ここでは，それらの試みが制度上の諸問題を克服しうるか否かについて検討を行う。

4.1 共和主義からの正当化

共和主義的憲法観に基づく討議的民主主義の観点から裁判員制度の趣旨を再構成することで，この制度の正当化を試みるのが憲法学者の柳瀬昇である。柳瀬によれば，「裁判員制度とは，刑事事件という公共的な事項について，国民（から選任された裁判員）が，（裁判官とともに）徹底して討議（評議）し，決定（評決）する公共的討議の場を構築する試みであって，それに参加した国民が公民的徳性（civic virtue）を涵養するための陶冶の企て（formative project）である」（柳瀬 2010b：37）。

近代リベラリズムが国家から解放された個人の私的領域における自由を重視したのとは対照的に，共和主義は人民が公共的な討議を通じて自分たちの手で社会生活を規律する公共的な枠組みを自律的に決定する自由を重視する。それゆえ，共和主義の思想においては公共的な事項への参加こそが「自由」と定義されるのであり，こうした思想伝統はアリストテレスからマイケル・サンデルまで脈々と受け継がれてきたものである。

共和主義の立場から裁判員制度を捉える柳瀬は，犯罪の成否や刑罰の決定が私たちにとっての公共的な事項であり，刑事裁判はそのための公共的討議の場であると考える。そして，公共的事項への参加は私たち国民にとっての「自由」に他ならない。柳瀬はさらに，刑事裁判への参加により，一般の国民は「通常の社会生活においてあまり意識することのない社会秩序，治安，犯罪の被害，人権などといった公共的な事項に対して問題関心を高め，熟考し，公共意識を涵養することができる」（柳瀬 2009：252）として，裁判員制度の教育効果を高く評価し，これを「陶冶の企て」として位置づける。こうした議論か

ら，柳瀬は「裁判という公共的討議の場への参加こそが真の自由であるとすれば，その意義を見出せない国民に対しては，必要最小限度で裁判への参加義務を課し，自由の発見を促進するということも，共和主義的な見地からは正当化しうるといえよう」（同：250）と述べ，裁判員の出頭就任義務も「意に反する苦役」とはならないと結論づける。さらに，公共的討議としての裁判員裁判の意義を重視する観点から，柳瀬は，被告人が裁判官のみの裁判を選択しえない現行制度もまた正当化されるとの結論を導く。

4.2　共和主義的正当化の問題点

共和主義的憲法観に基づく柳瀬の議論は，裁判員法の制定過程での議論を緻密に分析した成果であり，裁判員制度の教育効果にまで視野を広げて，この制度を正当化しようとする取組みである。さらに言えば，自由主義的な憲法観からは正当化が困難とされる裁判員の出頭就任の強制性を正当化しうるとする点でも，裁判員制度正当化論としては有力である。

しかし，共和主義的憲法観と討議的民主主義からの正当化論は立法過程には馴染むものであっても，人権保障をその任務とする司法過程では危険性を孕むものではないだろうか。柳瀬も「民主的司法のディレンマ」問題をふまえて，裁判員制度を単純な民主主義の原理に基づくものとして理解するのは誤りであると指摘している（柳瀬 2010a：171）。しかしそうした理解から，裁判員裁判での「理性的な討議」を重視するのであれば，裁判の過程を通じた「陶冶」ではなく，それ以前すなわち裁判員就任以前の段階において，一定程度の司法的な「陶冶」が求められるはずである。さもなければ，被告人は「陶冶」のための犠牲者となり，裁判員の参加が冤罪の危険性を高めることになるだろう。それゆえ，共和主義とは異なる観点からの正当化が求められることになる。

4.3　自由主義からの正当化：裁判官の職権独立の強化

憲法学者の常本照樹は，陪審制および参審制の歴史を検討したうえで，それらの第一次的な意義が「権力としての司法権に対する自由主義的意義にある」（常本 2001：243）と指摘する。わが国の裁判官が，その人事システムを通じて，最高裁判所の判断に従うよう規律化されていることはすでに述べたが，常本は

国民の司法参加が有する自由主義的意義をこの問題に適用することで，裁判官の職権の独立を回復する契機を探究する。すなわち「……最高裁のコントロールを受けない陪審あるいは参審のような市民参加制度は，裁判官をそのようなコントロールから遮断するという意味での自由主義的意義を有している」（同：243）との考えに基づいて，市民の司法参加を進めるべきと主張する。

　常本の考え方は，裁判に国民の意見を反映させることよりも，最高裁判所によって規律化された官僚司法を打破することに主眼が置かれており，その意味でまずは，いわゆる「ヒラメ裁判官」――昇進志向が強く，上ばかり見ている裁判官――を自由な空間に解放しようとするものである。しかし，職権の独立を回復した裁判官はまた，被告人の有罪／無罪，さらには刑罰の決定まで行うことができる国家権力の行使者である。これに対し，常本は「……裁判官の審理の監視にこそ市民参加の意味がある」（同：243）としたうえで，「司法における市民参加は裁判官のいわゆる官僚制，事件慣れなどをチェックし，ひいては裁判官の独立を回復することに特別の意義がある」（同：243）と指摘する。つまり，裁判への市民参加は裁判官の審理への監視を通じて，裁判官の人格や心理に表れる官僚的傾向をもチェックし，裁判官の職権行使の独立を強化するという意味を有しているのである。

4.4　刑事司法改革のための裁判員制度

　裁判への市民参加の意義として常本が指摘する「裁判官の職権独立の強化」を現行の裁判員制度の趣旨として新たに読み込むことができれば，少なくとも現在よりは，その制度としての正当性を高めることができるであろう。しかしこの新たな制度趣旨は，裁判員の出頭就任義務を正当化しうるほどに強力な論拠となりうるであろうか。これについては，裁判員法の制定過程でも議論されたように，従来のわが国における刑事裁判を肯定的に捉えるか，否定的に捉えるかによって大きく異なる結論を導くことになろう。この点，国民の司法参加が議論の俎上に載せられるということ自体が，従来の刑事裁判に対する否定的な理解を前提とするものであると考えられるが，それとともに，冤罪事件への社会的関心の高まりや検察・警察による証拠の偽造，自白の強要といった問題が次々と明るみになったことを想起すれば，世論が刑事司法の改革を求めてい

たことは明らかであろう。こうした状況にあって，裁判官の事件慣れや官僚制といった問題は第一に改革されるべき制度上の課題であったと考えられる。

これらを考慮すれば，「裁判官の職権独立の強化」という常本が提起した制度趣旨は，裁判員の出頭就任義務を正当化しうる十分な論拠となりうるものである。私たちが真実究明と人権保障とを同時に実現しうる刑事訴訟の恩恵を受けていることは紛れもない事実であり，そのシステムの適正な運用のために国民が一定の負担を義務として負うことは，政策上の判断として許されるものであろう。

5 ── 裁判員制度は改革されなければならない

裁判員制度の廃止を主張する批判者たちに対して適切な応答を試みるには，この制度の趣旨を現在よりもさらに強固なものとしなければならない。本章での検討をふまえれば，その1つの候補は自由主義的な観点からの裁判官の職権独立の強化であった。しかし，この新たな制度趣旨をさらに発展させることもまた可能であり，それによって裁判員制度の改革を進めなければならない。

自由主義からの要請に加えて，裁判員制度の趣旨にさらなる展開をもたらすと考えられるのは立憲主義からの要請である。刑事訴訟において裁判官は被告人に対する生殺与奪の権限を有しており，その意味で強力な国家権力の行使者である（とりわけ，裁判員制度では重大犯罪が対象とされている）。これに対し，裁判員は刑事訴訟への参加を通じて裁判官と協働し，この国家権力の行使に関与することとなる。しかしこれは同時に，裁判官の権力行使を監視し，その濫用を防止しうる立場にあると言うこともできる。ジェレミー・ベンサムは，まさにその役割を陪審に期待したが，それは国家権力の抑制という立憲主義の要請からなされたものであった（安藤 2010：92-93）。裁判官の官僚的な人格や心理を監視するという自由主義的な機能に加えて，裁判官の権力濫用──推定無罪原則に反する言動等，冤罪や不当な判決に結びつく行為──を防止するという立憲主義の観点を裁判員制度の趣旨に導入する必要がある。これにより制度趣旨の拡充と制度基盤の強化とを図ることが可能となる。

しかし，裁判員による裁判官の監視に実効性を持たせようと考えるのであれ

ば，共和主義的な正当化論に対する批判でも述べたとおり，裁判員就任以前の段階での一定程度の司法的「陶冶」が求められることになろう。そして，一般国民から無作為に選出されて裁判員に就任するという選任過程を考慮すれば，その陶冶は学校教育段階で行われる必要がある。司法制度改革審議会は意見書のなかで「司法教育の充実」に言及しているが，裁判員制度を今後も継続するのであれば，刑事司法の重要性とその諸原則についての理解を学校教育において深める努力が一層強く求められることになる。

現在の裁判員法1条に定められた趣旨──司法に対する国民の理解の増進とその信頼の向上──は，立法過程における妥協の産物として作り出されたものである（柳瀬 2010a：174）。しかし，裁判員制度はこの制度趣旨以上の機能を果たしうる可能性を有している。それゆえ，私たちはこの制度を改革し発展させることで，その批判を乗り越え，刑事司法の課題解決へと向かわなければならないのである。

📖 ブックガイド

① 柳瀬昇（2009）『裁判員制度の立法学』日本評論社
　　裁判員制度の立法過程を解明し，共和主義と討議的民主主義の立場から制度の正当化を試みる。
② 後藤昭編（2011）『東アジアにおける市民の刑事司法参加』国際書院
　　刑事司法への市民参加について，日本，中国，韓国の研究者が思想・機能・文化の各観点からアプローチする。
③ 松村良之・木下麻奈子・太田勝造編（2015）『日本人から見た裁判員制度』勁草書房
　　法社会学の実証分析を用いて，裁判員制度に対する日本人の意識を解き明かし，この制度の諸論点を分析する。

〔文献〕
青木人志（2012）『グラフィック法学入門』新世社
安藤馨（2010）「功利主義と自由─統治と監視の幸福な関係」北田暁大編『自由への問い4　コミュニケーション』岩波書店
芦部信喜（2002）『憲法〔第3版〕』岩波書店
猪野亨・立松彰・新穂正俊（2015）『マスコミが伝えない裁判員制度の真相』花伝社
岩倉秀樹（2003）「アメリカの裁判官公選制と選挙運動の自由」『広島法学』27巻2号
織田信夫（2013）『裁判員制度廃止論』花伝社

宍戸常寿（2011）「国民の司法参加の理念と裁判員制度—憲法学の観点から」後藤昭編『東アジアにおける市民の刑事司法参加』国際書院
瀧川裕英（2006）「量刑権力の説明責任」『法律時報』78巻3号
常本照樹（2001）「司法への市民参加—司法改革論と憲法学の視点から」『北大法学論集』52巻1号
鳥澤円（2007）「公共財の理念は『意に反する苦役』を正当化するか(1)」『関東学院法学』17巻2号
西野喜一（2015）『さらば，裁判員制度—司法の混乱がもたらした悲劇』ミネルヴァ書房
樋口陽一（2000）「"コオル（Corps）としての司法"と立憲主義」日本法社会学会編『司法改革の視点』有斐閣
柳瀬昇（2009）『裁判員制度の立法学—討議的民主主義理論に基づく国民の司法参加の意義の再構成』日本評論社
柳瀬昇（2010a）「民主的司法のディレンマと裁判員制度の意義」日本法社会学会編『刑事司法の大転換』有斐閣
柳瀬昇（2010b）「裁判員制度の運用と司法権の正統性の危機」『ジュリスト』No. 1400

【関良徳】

12 女性議席を設けるべきか？

1——はじめに

　日本では，女性議員の比率がきわめて低い。この傾向は，現行憲法の制定により女性に参政権が認められて以来，一貫したものである。こうした女性の過少代表の状況が改善されるべきであるのはほぼ自明のことのように思われるかもしれないが，はたしてそれはなぜなのか，またそのために何をすべきかと問われると，答えるのは実は必ずしも容易ではない。

　こうしたなか，後者の問いへの応答として一部で注目を集めているのが，すでに諸外国で実施例のあるクォータ制（割当制）の導入である。女性議席の設定はその代表的なものだが，各政党が選挙に際して一定比率の女性候補者を擁立すること（候補者レベルのクォータ制）も，有力な手法と見なされている。

　しかし，このように，ある人が女性であるがゆえに議員になりやすくなる仕組みを導入することは，民主制の下で許されるのだろうか。またそれは適切なことだろうか。本章では，女性議席の設定を主として念頭に置きながら，民主制の下で女性議員の増加を目指して何らかの形で女性を特別扱いする措置（以下，便宜的に「クォータ制」と呼ぶ）を導入することの是非・適否について，考察する。

　クォータ制を擁護しようとすれば，まず，女性の過少代表が是正されるべき理由を示す必要がある。これについては，(a)女性の過少代表によって議会の正統性が損なわれている，(b)女性の過少代表によって議会の判断が歪められている，という2つの理由が考えられる。以下では，まず2節において，日本における議員の男女比の現状と諸外国のクォータ制の概要を確認したうえで，3節および4節において，(a)(b)それぞれの理由からクォータ制が擁護可能かどう

かを検討する。さらに，クォータ制の評価にあたっては，それがポジティブ・アクション（positive action）と位置づけられていることにともなう問題の検討が不可欠である。ポジティブ・アクションとは，本来であれば実施しないのが理想であるが，社会の現状に是正すべき点がある場合，その是正が実現するまでは，むしろ実施することが必要あるいは適切となる措置のことである[3]。5節では，この問題に関する検討を行う。

クォータ制をめぐっては，様々な疑問や批判が考えられる。以下では，クォータ制の擁護論がそれらにいかに適確に応答できるかを検討するという形で論述を進める。本章の考察によって得られるのは，クォータ制の擁護論も反対論も決定的な議論を組み立てるのは困難だという結論であるが，それとともに，クォータ制の是非・適否の問題が民主制の理解を含む様々な根本的問題とどのように関連しているのかが，明らかになるであろう[4]。

2 ── 日本における女性の過少代表と諸外国の多様なクォータ制

日本の国会における女性議員の比率は，きわめて低い。衆議院における女性議員の割合は，女性の参加した初めての選挙で8.4％となってから，翌1947年の選挙以降，長らく5％未満で推移し，1990年の選挙からは微増し始めたものの，直近の選挙（2014年）でも9.5％である（2009年の選挙では11.3％に達したが，女性の当選者が10％を超えたのはこのときだけである）。参議院では，当選者に占める女性の割合が1989年の選挙以降，ほぼ10％から20％の間で推移している（2013年の選挙では18.1％である）[5]。参院では女性議員の比率が衆議院よりも高いが，それでも50％にはほど遠い状況である。

日本の女性議員の少なさは諸外国と比べても突出している。しばしば引き合いに出される列国議会同盟による女性議員比率ランキングでは，2016年5月1日現在，日本は193か国中，157位となっており，OECD諸国のなかでは最下位である[6]。

このように日本の順位が低迷している一因として，相当数の国でクォータ制が実施され，女性議員の比率が上昇していることがあげられる。スウェーデン，ドイツ，フランスなどのヨーロッパ諸国だけでなく，ルワンダ，南アフリ

カ,ボリビア,キューバといった途上国でも何らかのクォータ制が実施され,これらの国のランキングを押し上げているのである。

　諸外国で実際に実施されているクォータ制は,きわめて多様である。法的根拠の点では,憲法や法律に規定するか,政党が内規に基づいて自発的に行うかの違いがある。法律等で政党の義務として規定する場合でも,強制の度合いという点で,違反したら選挙に参加する資格を奪うか,補助金を削減するか,たんなる努力義務にするかなどの違いがある。女性の優遇の仕方には,女性議員の議席数を設定するもの,政党の女性候補者の割合を設定するものなどがあり,これらの設定割合も5%から50%までと,かなりの幅がある(比例代表名簿の順位を男女交互にするよう求めるものもある)。本章で立ち入ることはできないが,こうした違いは,各国で実際にクォータ制を導入する際の是非・適否の検討にあたって,大きな意味を持つことになる。

　以上のように現実のクォータ制はきわめて多様であるが,以下では,女性議員の増加を目指して何らかの形で女性を特別扱いする措置としてのクォータ制一般について,その是非・適否を考察していくことにする。

3 ── 女性の過少代表と議会の正統性

　クォータ制を擁護する主張の1つは,議員数に男女で大きな不均衡が存在することは端的に正義に反する,あるいは不公正だというものである。

　この主張については,男女比の数字そのものがその究極の関心事なのではなく,その背後に議会の正統性(legitimacy)への関心があると解釈するのが適切であろう。民主制の下では,立法者の権力は国民に由来するものでなければならず,この条件を満たさない者は立法者としての正統性を欠く。例えば,独裁者の指名した議員からなる議会が法律を制定して国民に遵守を求めても,その法律は「われわれが民主的に決めた」ものではないため,その遵守要求は十全なものとはいえない。このことは,その法律の内容が何ら申し分のないものであった場合でも,また,かりに「われわれが民主的に決めた」としてもやはり同じ法律が制定されていたと思われる場合でも,変わりがない。上記の主張は,議員数に男女で大きな不均衡がある場合も同様に,議会の決定は「われわ

れが民主的に決めた」ものとはいえ，議会の正統性が損なわれているとの趣旨だと解釈できる。

　このように解釈されたクォータ制の擁護論には，いくつかの点で疑問や批判が投げかけられている。それらに対して，クォータ制の擁護論はどのような応答ができるだろうか。以下，Q&A形式で見ていこう。

Q：　現行制度上，参政権は女性にも等しく認められている。そうである以上，議員の男女比がどうなろうと問題ないのではないか。クォータ制は男性を差別するものであり，被選挙権の平等に反し[8]，それこそまさに議会の正統性を損なうのではないか。

A：　男女の議員数に不均衡が生ずる原因としては，選挙方式，政党の態度，公的福祉サービスのあり方などが指摘されているが，根本的には，少なくとも現状において，女性が議員になることに対する重大な文化的障害が存在しているといえる。この障害は，女性の社会進出一般に対するものと基本的に変わりがない。女性が家庭外で職業を持つのがごく当たり前になった現在でも，家事等を担っているのは圧倒的に女性であり[9]，職場で「男並み」に働いて男性と同等の評価を受けられるのは，こうした負担のない女性か，家事も仕事も十分にこなせるスーパーウーマンだけである。この状況を支えているのは特に家庭内の事柄に関する性別役割意識であり，家事を行わない女性に対する否定的な見方も世間では依然として根強い。こうしたなかで参政権を形式的に等しく認めただけでは，志と能力のある女性が議員になるのは男性の場合より難しいし，そもそも議員として活動しようという意欲も生じにくい。女性はこのようなハンディキャップを負っているのであり，被選挙権の平等は現状では名ばかりのものに過ぎず，実質的には保障されていない。議会の正統性はすでに損なわれているのであり，クォータ制の導入によってこそ，それが回復できるのである。

Q：　では，女性が議員になることに対する障害が現在，存在すると仮定しよう。しかし，それは法制度が積極的に創り出しているものではなく，諸個人の自由な判断や行動の結果であって不当なものではないから，その影響により女性の過少代表が生じても議会の正統性は損なわれないのではないか。あるい

は，女性に対する障害が不当なものだとしても，それが除去されれば女性議員は自然に増加するはずだから，なすべきはその除去であって，クォータ制の導入は無意味ではないか。

A：　女性に対する障害が現在の法制度の創り出したものではないとしても，控え目に見てもその一部は，女性を差別してきた過去の法制度が創り出したものの残滓であって，不当なものである。また，そうした障害の除去は従来から進められてきたが，なお不十分であり，このままでは障害の除去は覚束ない。そこで，これまで行われてきた障害の除去の試みに加えてクォータ制も導入すべきである。女性に対する障害がどこにあるのかについての認識，障害除去の必要性の認識および除去への努力といった点で，女性議員の存在は障害除去に有効だろう。また，女性の過少代表それ自体が女性に対する障害にもなっているため，女性議員の増加はロール・モデルとしても機能するだろう。すなわち，女性は家庭生活を犠牲にしなくても，またすべてを完璧にこなすスーパーウーマンでなくても，議員として一人前に活動できること，女性にとって議員としての活動が並外れた意欲と能力を有するごくわずかの人だけに開かれた道なのではないことが実例を通して示されれば，もっと多くの女性が議員を志すようになるだろう。このように，クォータ制によって女性議員が増加すれば，女性の政治分野への進出に対する障害の除去が加速されるであろう。

　クォータ制の擁護論は議員の男女比という数字にこだわっているわけではない。クォータ制を擁護するのに，女性議員の増加それ自体を目的と見なす必要はない。実際，ここまでの議論に関するかぎり，クォータ制の反対論と同じく擁護論も，女性が男性よりも議員になりにくい状況が本当に存在しないのであれば，議員数に男女で不均衡があっても議会の正統性は損なわれないとの主張を受け容れている。

　以上からわかるように，議会の正統性という観点から，クォータ制の擁護論の成り立つ余地がある。民主制の下で議会が正統性を有するためには被選挙権の平等な保障が必要だが，この保障が実質的なものでなければならないと考えた場合，クォータ制の擁護論が成り立ちうる。ただし，クォータ制を擁護するにはさらに，現に存在する女性の政治活動への障害が不当なものであり，この

障害の除去のために従来からなされてきた努力には限界があり，そしてこの障害の除去にクォータ制が有効であるという，いずれも異論の余地のある論点についての特定の立場をとる必要がある。他方で，クォータ制の反対論も，ここまでの論述からわかるように，擁護論を圧倒できるほどの強力な根拠を持ち合わせているわけではない。

4 ── 女性の過少代表と議会の判断の歪み

　クォータ制の擁護論にとって，もうひとつの重要な論拠となっているのは，女性の過少代表の結果として議会の判断が歪んだものになっているとの認識だと思われる。女性議員が少ないために，議会に「女性の利益や意思」に関する情報，すなわち「女性の声」が届きにくく，かつ/または，議会は女性の利益や意思を公平に考慮できず，その結果，議会の判断は女性の利益や意思を軽視したものとなっている。クォータ制の導入によって女性議員が増えれば，この点が改善され，議会の意思形成がどのようになされるかという政治過程の問題も含め，「政治が変わる」というのである。

　この主張の基礎には，「議会の判断は，一部の国民の利益や意思のみを重視（あるいは軽視）するのではなく，すべての国民の利益や意思を公平に考慮したものでなければならない」との理念が存在する（なお，この定式化の重点は公平性の要求にあり，国民各人の利益や意思を所与のものと見なして熟議の意義を否定しようとするものではない）。この理念は，議会の行う判断の内容に関わるものである。前節で取り上げたのが「誰が決めるか」の問題であるのに対し，これは「何に決めるか」の問題であるといってもよい。またこの理念は，民主制の要求に含まれるものと理解できるが，かりに民主制を意思決定のプロセスのみに関わるものと見なしても，身分制社会を典型とするような差別社会や「多数の専制」を容認するのでないかぎり，この理念を否定することはできない。

　さて，この理念に依拠したクォータ制の擁護論にも，いくつかの点で疑問や批判が投げかけられている[10]。以下，前節と同様にQ&A形式で検討していくことにしよう。

Q: クォータ制の擁護論では「女性の声」や「女性の利益や意思」があたかも存在するかのようにいわれているが，あらゆる問題についてすべての女性の態度や立場が一致しているわけではない（男性についても同じである）。「女性の声」や「女性の利益や意思」の存在を想定するのはあまりに素朴な本質主義的発想であり，その存在を前提とした主張は根拠を欠くのではないか。

A: たしかに，あらゆる問題についてすべての女性の態度や立場が一致するなどということはありえない。しかし，クォータ制の擁護論が想定する「女性の声」や「女性の利益や意思」は，すべての女性が例外なく有すべきものである必要はなく，男性よりも女性に傾向として多く見られるものであれば足りるし，そうした傾向があらゆる問題について存在しなければならないというわけでもない。

そして現状では，男女の間に，日常生活で何に大きな関心を寄せるか，個人として人生のなかで何を重視するか，公共的問題のなかで何を重大な課題と見なすか，そして議会に対して，いかなる課題に優先的に取り組み，それにいかに対処することを求めるのかなど，様々な点についての違いが存在しているのであり，そのことをどう評価するにせよ，その事実は否定できない（女性は，例えば保育，教育，健康，環境，社会保障などの分野を相対的に重視する傾向にあるといわれている）[11]。マーケティングの分野において年齢とともに性別によって人々を区分するのがごくありふれたことであるのは，まさに人々の求めるものに性差があるからに他ならない。繰り返すが，これらの性差はあくまで傾向としての差に過ぎない。また，その大部分は社会学的性差であって，男女の本質における違いではなく，その源泉は男女の社会化における違いにあると説明されている。

さて，議会はすべての国民の利益や意思（以下では「利益や意思」を簡略化して「利益」と表記する）を公平に考慮しなければならない。すべての女性の一致した声ではなく，比較的多数の女性と比較的少数の男性とが発する声であっても，その声の持ち主の利益が議会で公平に考慮されない状況が現実に存在するとすれば，その是正が必要である。また，あらゆる問題について人々の態度や立場に性差があるわけではないとしても，性差の見られる問題に関するかぎり，議会の判断に歪みが生じる可能性は否定されていない。

Q： しかし,「女性の声」や「女性の利益」の想定が本質主義に基づくものではないとしても, そのような想定は結果として人々の本質主義的発想を助長してしまうのではないか。それに, 女性票を獲得せずに議員になることがほぼ不可能である以上, 女性議員が少なくても, 女性の声は議会に届いており, 女性の利益も議会で公平に考慮されているのではないか。

A： 本質主義の助長への懸念については後で答えることにして, ここでは後段の疑問に答えておこう[12]。女性票の獲得は議員にとってもちろん強力な誘因となるから, 女性の利益が議会で完全に無視されるなどということは考えにくい。しかし, 国民が議員を選ぶ際は, 性差の見られる問題だけではなく, それ以外の様々な問題も含めた候補者の態度や立場を判断材料にするだろう。その結果として, 女性の利益をあまり重視しない議員が多数選出されてしまうことは十分に考えられるのである。

Q： では, 女性の声が議会に届きにくく, かつ/または, 女性の利益が議会の判断において公平に考慮されにくいと仮定しよう。しかしこの状況は, 女性議員が増加すれば是正されるのだろうか。女性の声の想定の場合と同様, 女性議員だからといって女性の声を届けるとはかぎらないし, 女性の利益を重視するともかぎらないはずである。それどころか, 無理に女性議員を増やそうとすると, こうしたことに貢献しない女性を政党が「お飾り」として候補者にしたり, 女性の利益に敵対的な女性が優先されて議員になったりする危険性が, 常につきまとうことになる。他方で, 男性も, 家族や友人, 職場の同僚等としての経験から, 女性の置かれた状況への理解や共感ができるはずだから, 女性の声に好意的な男性議員は存在しうるし, 実際にも存在する。したがって, クォータ制によって女性議員を増やしても, 状況は改善されないのではないか。

A： この点についても, 応答は基本的に変わらない。女性議員のすべてが女性の声を届けるとか, 女性の利益を重視するとか想定しているわけではない。あくまでも傾向として, 女性議員は男性議員よりも女性の声を多く議会に届けるだろうし, 女性の利益をもっと重視するだろうというだけのことである。女性の利益が完全に公平に扱われることまでは実現できないとしても, 現状よりは重視されるようになると見込まれるのであり, クォータ制を擁護するにはそ

れで十分である。実際，様々な問題に関して性差が存在するなかで，女性議員は女性の代表であるとの意識を強め，女性の利益に関わる課題に熱心に取り組む傾向があるといわれているのである。

　なお，この点に関連して，選挙人が女性のみの選挙区（いわば「女性選挙区」）を設定するという方式が考えられる。これは，女性議席のように議員の性別に着目するのではなく，議員を選ぶ選挙人の側の性別に着目したものである。この方式のほうが，男女混合の選挙人集団が女性候補者のなかから議員を選出する場合よりも，女性の声を届け，女性の利益を重視する議員が選ばれる可能性が高いであろう。

Q：　しかし，女性の声を届け，女性の利益を重視する議員の増加を目指すというのは，不可能なことではないとしても，そもそも代表に関する誤った理解に立っているのではないか。クォータ制の擁護論のなかで「女性の利益は女性が代表する」といわれることがあるように，クォータ制は，女性の利益の追求が女性議員の役割だとの立場を前提としている。そしてこの立場や，直前に言及された「女性選挙区」の主張は，代表の役割とは自らの選挙区や出身母体などの利益を実現することだと考えている。しかし，代表は国民の一部ではなく全体の利益を目指すべきである。クォータ制の擁護論はこの点理解を誤っているのではないか。

A：　たしかに，代表の役割がいかなるものであるべきかは異論の余地のある問題であるし，女性の利益の追求が女性議員の役割だとの立場はクォータ制になじむ。しかし，この立場をとらなくても，次のように考えればクォータ制の擁護論は成り立つ。すなわち，代表の役割とは，すべての国民の利益を公平に考慮したうえでなされるべき議会の判断の形成に参与することであり，クォータ制によってその増加が目指される女性議員も，国民全体の利益を度外視して女性の利益を求めるのではなく，「従来軽視されてきた女性の利益をもっと重視することが，国民すべての利益を公平に考慮したことになる」と考える議員のことだと理解するのである。

Q：　「すべての国民の利益を公平に考慮すべし」との理念は，議会に関するものというよりも，国政全体に関するものというべきではないか。統治機構の他の部門，特に裁判所は，議会の判断の歪みを是正する役割が期待され，また

実際にもその役割を果たしているのだから，女性の利益の問題についても裁判所による是正に期待すればよいのではないか。
A： 裁判所に一定の役割が期待されるのはたしかだが，その裁判所も，権限においても能力においても万能ではない。他の機関を全面的に当てにするのではなく，議会で改善できる点があるのであれば，議会が自ら役割を果たしたほうがよい。

　以上のように，議会の判断の歪みの是正という観点からも，クォータ制の擁護論の成り立つ余地がある。すなわち，議会はすべての国民の利益や意思を公平に考慮しなければならないが，男女の間で，様々な問題への態度や立場に傾向としての差が存在しており，それらの問題に関する女性の利益や意思が，女性議員の少ない議会では公平に考慮されず，そして，女性議員は女性の利益や意思を重視する傾向があるとの認識に立ったとき，クォータ制の擁護論が成り立ちうる。
　しかし，これらの認識はいずれも，その正誤が一義的に決まるものではなく，一定の幅を許容するものである。また前節で検討したクォータ制の擁護論も，異論の余地のある論点に関する特定の立場をとっている。このように，クォータ制を端的に擁護するのも，逆にそれを否定し去るのも，困難である。そして，クォータ制の評価をさらに複雑なものにしているのが，それがポジティブ・アクションとして提唱されていることにともなう問題である。節をあらためて，この問題を見ていくことにしよう。

5──ポジティブ・アクションとしてのクォータ制

　クォータ制の是非・適否を考える際に無視することができないのは，それがポジティブ・アクションとして位置づけられていることにともなう問題である。
　前節までの論述からわかるように，クォータ制の擁護論によれば，現状では，(a)女性が議員になることに対する障害が存在し，かつ／または，(b)「すべての国民の利益を議会が公平に考慮すべし」との理念が継続的に裏切られてお

り，これらを是正するためにクォータ制の実施が必要あるいは適切とされる。しかし，この擁護論からしても，クォータ制は本来であれば実施しないのが理想であり，それゆえ，(a)(b)の是正が実現したら，それ以降，クォータ制は不要かつ不正になると考えられている。

　ここで，クォータ制が，その擁護論においていつまで実施すべきものとされるのかについて，若干敷衍しておこう。まず，上記(a)の是正の観点からは，(女性が議員になることへの障害は性別役割意識に支えられているのだから) 人々の性別役割意識が希薄化し，クォータ制を止めてももはや元の状況には戻らないと期待できるようになるまで，クォータ制を実施すべきと考えられる。他方，(b)の是正の観点からは，女性議員（あるいは，女性の利益をもっと重視する議員）が増加し，クォータ制を止めてももはや元の状況には戻らないと期待できるようになるまで，クォータ制を実施すべきと考えられる。後者の観点からは，「女性の利益」やその基礎である性差の存在は，直ちに是正すべき状況と見なす必要はない。ただし，性別役割意識が希薄化せず，そのために女性議員の適任者が確保できなければ，(b)の是正も成し遂げられないから，そのかぎりで性別役割意識の希薄化も必要となるだろう。そして，性別役割意識が希薄化すれば，それにともない，様々な社会学的性差も縮小していくと予想されるから，(a)(b)いずれの観点からであれ，クォータ制が擁護されるときは，少なくとも結果として社会学的性差も縮小すると見込まれていることになる。クォータ制の下では「女性の利益は女性が代表する」といわれるが，クォータ制の実施により，「女性の利益」は徐々に識別困難になり，それを「女性が代表する」可能性と必要性も縮小・低下していくと考えられているのである。

　さて，ポジティブ・アクションの考え方が一般論としておよそ成り立たないと主張するのは困難だと思われる。しかし，女性の過少代表の是正のためにクォータ制をポジティブ・アクションとして導入することについては，以下のような疑問や批判が出されるだろう。ここでもQ&A形式で見ていくことにしよう。

Q：　すでに触れておいたが，クォータ制は性に関する人々の本質主義的発想を助長するのではないか。その結果，もくろみとは逆に，社会学的性差を拡大

し人々の性別役割意識を強化してしまうのではないか。また，自らの生物学的な性と社会学的な性の間に齟齬を感じている人たちや，「いずれかの性に属する」ことに違和感を抱いている人たちを，ますます社会の周縁に追いやってしまうのではないか。

A： たしかに，これらの懸念には一定の理由がある。われわれは現在，生活の多くの場面で人の性別を認識せずにはいられなくなっている。例えば，ある人の名前や容貌から性別が判断できなかった場合，特に必要がなくてもその人の性別を知りたいと思うだろう。このようにわれわれは，人の同一性について性別抜きで認識するのが困難なように習慣づけられているのである。クォータ制は，公的制度のなかで性別の区分を用い，社会のなかで性別が意味を持つ重要な場面をつけ加えることにより，この習慣づけを後押しするだろう。そして，われわれが人の性別を認識するとき，たいていの場合，厳密な生物学的意味での性別ではなく，社会学的性差や傾向としての性差を念頭に置いているのだから，クォータ制は性差の認識も強化するだろう。さらに，性差が存在するとき，それに応じた役割分担を想定するのは容易だから，クォータ制は結局，性別役割意識も強化するだろう[13]。

このように，クォータ制が人々の性別役割意識を強化する方向に働く可能性は否定できない。しかし，すでに現状において，われわれが頻繁に人の性別を認識することによって性別役割意識が維持されていることに注意を向けるべきである。クォータ制の実施により性別の区分が新たに用いられても，従来性別の区分が用いられていた他の多くの場面でその使用が行われなくなれば，われわれが人の性別を認識する場面は全体として減少し，性別役割意識も希薄化することが期待できるのである。それゆえ，性別の区分の使用は，その必要性や重要性の低い場合は避け，逆に必要あるいは重要な場合には許容されるべきである。そして，民主制の理念のより良き実現のためにクォータ制を実施することは，後者に該当すると考えられる[14]。そして，自らの生物学的な性と社会学的な性の間に齟齬を感じている人たちや，性別の二分法そのものへの違和感がある人たちにとっても，われわれが人の性別を認識する場面が全体として減少し，性別役割意識も希薄化していくのであれば，現在抱えている困難は徐々に緩和されることになるであろう。

Q: クォータ制の擁護論が主張するように，現状において社会に是正すべき点があると仮定しよう。しかし，女性の社会進出は着々と進んでおり，状況は徐々にではあっても改善しているから，クォータ制を導入する必要はないのではないか。

A: たしかにポジティブ・アクションは，一般に，社会に何らかの是正すべき状況があれば直ちに正当化されるというものではない。病気になっても，ふつうに生活していくだけで治ることがあるように，ポジティブ・アクションを実施しなくても状況が是正されることはあるだろう。

しかし，女性の過少代表の問題に関するかぎり，ポジティブ・アクションの実施は適切である。上記の(a)(b)はいずれも民主制の理念から見て深刻な状況というべきだし，日本で女性にも参政権が認められてから約70年が経過しているにもかかわらず，いずれについてもなお是正が果たされていないのである。病状は重く，「自然治癒力」は弱いと判断せざるをえない。今後もこのままでいては，いつになれば治癒するのか，見通すことなどできないのである。

もちろん，クォータ制を実施すればそれだけで問題が解決するというものではない。すでに述べたように，クォータ制が効果を発揮するには，社会における性別の区分の使用を減らしていく必要がある。また，特にクォータ制の導入直後には適任者の確保が進まず，女性議員が増加するまでには多少の時間がかかるかもしれない。要するに，クォータ制という薬は，必ずしも常に即効性があるわけではないし，服用しさえすれば無条件に効果が出てくるものでもない。また，副作用も考えられる[15]。しかし，これらの注意が必要だからといって，服用しないで重い病状を放置するのがよいということにはならないのである[16]。

以上のように，クォータ制をポジティブ・アクションとして導入すべきかどうかを判断する場合，クォータ制によって是正すべき状況がどれほど深刻なものか，クォータ制が効果を発揮するために必要な条件は何か，クォータ制を実施せずに状況が自然に改善するのに期待するとしたら，どれだけの時間を要するのか，クォータ制の実施がだれかを不当に害することにならないか，といった点を総合的に考える必要がある。これらはいずれも評価の問題や判断に幅の

ある問題である。クォータ制の是非・適否には，このように異論の余地のある多くの論点が関わっており，その擁護論にとっても反対論にとっても，自らに圧倒的に有利な議論を組み立てるのは困難なように思われる。

6 ── おわりに

　ここまでの考察の結果を，まとめておこう。女性議席の設定のようなクォータ制を導入することについては，大きく2つの目的が考えられる。1つは女性が議員になりにくい状況を是正して議会の正統性を高めること，もう1つは，議会で「女性の利益」がもっと重視され，その結果，国民すべての利益や意思が公平に考慮されるようにすることである。これらはいずれも民主制の理念から求められるものといえるが，現状においてすでにこれらが実現していないかどうかは争いうる点である。次に，クォータ制がこれらの目的の実現に本当に役立つ手段かどうかについても，異論の余地がある。さらに，クォータ制がその目的の実現とは別に，だれかを不当に害することがないかについても，議論がある。クォータ制を擁護するにも否定するにも，これらの論点について説得力ある根拠を示す必要があるが，異論の余地のある論点が多数にのぼるため，いずれの立場においても決定的な議論を組み立てるのは困難であり，論争はクォータ制の是非ではなく適否の争いにならざるをえないだろう。そして，最終的な結論を導くには，いかなるクォータ制を導入するのかを明確にしたうえで社会の具体的な状況に即して検討しなければならない。

　民主制とポジティブ・アクションはいずれも，個人としての人間の能力の限界を超えようとする試みと理解することができる。民主制の下，議会はすべての国民の利益を公平に考慮すべきであるが，人間はだれひとりとして単独でそのような判断を行う能力は備えていない。個人の能力に限界があるのは，人間がそもそも全知全能ではないからであり，また過去から続く歴史の流れのなかにいるからでもある。個人の想像力や共感力には限界があり，一人の議員が国民すべての声を把握できるわけではない（それゆえ合議体が必要となる）。また，女性を差別してきた社会が差別的制度を撤廃しても，完全に白紙の状態から出直せるわけではなく，人々は過去の負の遺産が残存するなかで生きていかねば

ならない。性別役割意識と現実の性別役割分担が多かれ少なかれ残っている状況で形成された議員個人の能力は、その影響を完全に脱することはできず、その結果、「女性の利益は女性が代表する」必要が出てくる。このように2つの原因から議員個人の能力には限界があり、それゆえ、熟議の質を高めるために、議会には多様な声が必要なのである。

📖 ブックガイド

① 川人貞史・山元一編（2007）『政治参画とジェンダー』東北大学出版会
　実証研究が中心だが、理論的にも大いに参考になる。辻村みよ子「政治参画とジェンダー」は、さまざまなクォータ制を理解しやすく整理した論考として有益である。
② 田村哲樹・金井篤子編（2007）『ポジティブ・アクションの可能性』ナカニシヤ出版
　様々な分野のポジティブ・アクションを概観できるとともに、多様な角度からの理論的検討も行われている。

〔注〕
1) 本章では、「議席」の存在を前提とする課題設定の性質上、民主制を代表民主制と等置するが、これは、政治過程における代表以外のアクター、あるいは代表と対比される意味における参加の意義を否定する趣旨ではない。
2) 詳細な注を付することはできないが、本章（特に3～5節）の論述にあたっては、以下の文献に負うところが大きい。衛藤幹子「リベラル・デモクラシーと積極的平等政策」（名和田是彦編『社会国家・中間団体・市民権』法政大学出版局、2007年、所収）、田村哲樹「デモクラシーとポジティブ・アクション」（田村哲樹・金井篤子編『ポジティブ・アクションの可能性』ナカニシヤ出版、2007年、所収）、池田弘乃「フェミニズム法理論における立法の復権」（井上達夫編『立法学の哲学的再編』ナカニシヤ出版、2014年、所収）。
3) 「積極的改善措置」と訳されることもある。アメリカ合衆国、カナダ、オーストラリア等ではアファーマティブ・アクション（affirmative action；「積極的差別是正措置」）と呼ばれることが多い。このほか、「積極的差別（positive discrimination）」という言葉が使われる場合もある。ポジティブ・アクションは、主として根強い差別の解消のために実施されており、性別以外の様々な不均衡に対処するためにも、また政治以外の分野でも、用いられている。その是非・適否をめぐる議論のなかには、本章の検討にそのままあてはめられるものもある。
4) 以下では、議会としては国会を念頭に置くが、論点の大半は地方議会についてもあてはまる。
5) 以上につき、参照、「内閣府男女共同参画白書（概要版）平成25年版」（http://www.

gender.go.jp/about_danjo/whitepaper/h25/gaiyou/html/honpen/b1_s01.html)、「総務省衆議院議員通常選挙結果調」(http://www.e-stat.go.jp/SG1/estat/GL02100104.do?gaid=GL02100102&tocd=00200235)、「総務省参議院議員通常選挙結果調」(http://www.e-stat.go.jp/SG1/estat/GL02100104.do?gaid=GL02100102&tocd=00200236)。

6) 参照、http://www.ipu.org/wmn-e/classif.htm。このランキングは、二院制の国については下院のデータを用いて順位を出している。

7) 以下では、民主制の主体を「国民」と表記するが、これは外国人参政権を否定する趣旨ではない。

8) この論点を公職に就くための機会の平等の問題として論ずるものもあるが、その内容は実質的に同じである。

9) 総務省の「社会生活基本調査」(2011年)によれば、1週間の家事関連時間(家事、介護・看護、育児および買い物に費やす時間)の平均は、男性が42分なのに対し、女性は3時間35分である。参照、http://www.stat.go.jp/data/shakai/2011/pdf/gaiyou2.pdf。

10) 女性の過少代表のゆえに議会の判断に「歪み」が生じているとしても、女性が議員となることに対する障害が除去されて女性議員が増加すれば、その歪みも是正されるはずだから、議会の判断の歪みの問題は、クォータ制を導入すべき新たな理由は何も提供しないといわれるかもしれない。しかし、前節で見たように、被選挙権の平等の保障が何を具体的に要求するかについては多様な解釈の余地があり、場合によっては、現在でもすでに女性に対する不当な障害は除去されていると考えることも不可能ではない。それゆえ、この「歪み」の問題は被選挙権の平等の問題とは分けて考えるのが適切である。

11) 性差の存在そのものをどう評価すべきかという論点については、次節で簡単に触れる。

12) 次節を参照。

13) 性別役割意識の存在は社会学的性差の生まれる大きな原因の1つだが、社会学的性差の認識が性別役割意識を支える面もあり、両者は相互依存的だと考えられる。

14) クォータ制はいずれは廃止されると想定されているが、クォータ制以外にも性別の区分の使用が必要あるいは重要な場合がある可能性は排除されていない。クォータ制の擁護のためには、性別の区分の使用が現状では過剰であるとの認識で十分であり、究極的目標として性別の区分の全廃(社会の全面的「ユニセックス」化)を掲げる必要はない。

15) 直前に触れた、自らの生物学的な性と社会学的な性の間に齟齬を感じている人たちなどへの悪影響の可能性のことである。

16) 以上のほかに、ポジティブ・アクションが自らの目的を達してもはや不要になったときに、その廃止が政治的に決断できないのではないかという懸念も一部で出されている。服用の必要がなくなっても、薬を止められないのではないかというわけである。これに対しては、時限立法と同様の仕方での対処が考えられる。

【石山文彦】

13 悪法に従う義務はあるか？

1 ―― はじめに

1.1 悪法問題は考えるに値するか？

　悪法に従う道徳的義務はあるか？　このように問われたとしたら，皆さんはどのように思うだろうか。「何を馬鹿なことを問うているのか，法が何のためにあるかといえば，正義のためではないか，正義に反する法に従う必要なんてないはずだ」と考えるだろうか。それとも，「何をあたりまえのことをきいているんだ，法は法なんだから，正しかろうと悪かろうと従うのが当然ではないか」と考えるだろうか。本章の筆者からすれば，両者の反応とも法哲学的に間違ってはいないが，十分な答えではない。本章の目的は，「悪法に従う道徳的義務（以下「遵法義務」と呼ぶ）はあるか？」という問い（以下では「悪法問題」と呼ぶことにしよう）が馬鹿げたものでもあたりまえのものでもなく，じっくり考えるに値する問いであることを示し，じっくり考えるための手がかりを提供することである。

1.2 悪法問題の具体例：「どぶろく裁判」

　本題に入るまえに，悪法問題を考えるための具体例をあげておこう。いわゆる「どぶろく裁判」（最判平成元年12月14日刑集43巻13号841頁）の話である[1]。少し長くなるが，読んで考えてみてもらいたい。

　日本では酒を製造するには，所轄の税務署長から免許を受けなくてはならない。酒税法には以下のように定められている。

酒税法第七条（酒類の製造免許）　①　酒類を製造しようとする者は，政令で定める

手続により，製造しようとする酒類の品目（第三条第七号から第二十三号までに掲げる酒類の区分をいう。以下同じ。）別に，製造場ごとに，その製造場の所在地の所轄税務署長の免許（以下「製造免許」という。）を受けなければならない。ただし，酒類の製造免許を受けた者（以下「酒類製造者」という。）が，その製造免許を受けた製造場において当該酒類の原料とするため製造する酒類については，この限りでない。
② 酒類の製造免許は，一の製造場において製造免許を受けた後一年間に製造しようとする酒類の見込数量が当該酒類につき次に定める数量に達しない場合には，受けることができない。
一　清酒　六十キロリットル
二　合成清酒　六十キロリットル
三　連続式蒸留しようちゆう　六十キロリットル
四　単式蒸留しようちゆう　十キロリットル
五　みりん　十キロリットル
六　ビール　六十キロリットル
七　果実酒　六キロリットル
八　甘味果実酒　六キロリットル
九　ウイスキー　六キロリットル
十　ブランデー　六キロリットル
十一　原料用アルコール　六キロリットル
十二　発泡酒　六キロリットル
十三　その他の醸造酒　六キロリットル
十四　スピリッツ　六キロリットル
十五　リキュール　六キロリットル
十六　粉末酒　六キロリットル
十七　雑酒　六キロリットル
③　（以下略）

酒税法第五十四条　① 第七条第一項又は第八条の規定による製造免許を受けないで，酒類，酒母又はもろみを製造した者は，十年以下の懲役又は百万円以下の罰金に処する。
② 前項の犯罪に着手してこれを遂げない者についても，同項と同様とする。
③ 前二項の犯罪に係る酒類，酒母又はもろみに対する酒税相当額（酒母又はもろみについては，その他の醸造酒とみなして計算した金額）の三倍が百万円を超えるときは，情状により，前二項の罰金は，百万円を超え当該相当額の三倍以下とすることができる。
④ 第一項又は第二項の犯罪に係る酒類，酒母，もろみ，原料，副産物，機械，器具又は容器は，何人の所有であるかを問わず没収する。
⑤　（以下略）

被告人Xは，販売のためではなく自分で飲むために，税務署長の許可を受けずに個人で清酒を製造した。このように許可を受けずに製造される酒を「どぶろく」という。しかしXがどぶろく製造を行っていたのは，趣味というだけではなかった。Xは次のように考えていた。個人は他人に危害を与えるものでない限り，自分の生き方を国家に干渉されずに自由に選択する自己決定権を有しており，それは憲法13条により保障されている。そして酒を販売を目的としない形で自由に製造することは個人の生き方の選択として尊重されるべきである。また憲法で保障された個人の自由を，国が適正な手続なく奪ってはならないことは，憲法31条に規定されている。個人が所有する米や麹で酒を造って飲む，酒造りの自由を国家が奪うことは，憲法13条の定める幸福追求権と31条の適正手続（デュープロセス）の要請から許されるべきではなく，無許可の酒造を認めない酒税法は違憲である。

Xはこのような信念に基づいて，陰に隠れてではなく表だって酒造を行い，酒税法の違憲性をアピールする運動を行った。どぶろくの自家製造を勧める本（前田俊彦編『どぶろくを作ろう』農山漁村文化協会，1981年）を刊行し，国税庁長官に自分の作った酒を飲む「効き酒の会」への招待状を送った。これらのことがきっかけとなり，Xは酒類製造の許可なく清酒を製造したとして，東京国税局長より告発され，起訴されるところとなった。

Xは第1審で有罪（罰金30万円）の判決を受け，控訴審でXの控訴が棄却されたため，最高裁に上告した。最高裁は，租税政策については広範な立法裁量が認められるべきであるという考え方を前提にして，酒税法の目的は酒税の安定的な徴収確保にあり，その目的のため酒類製造を製造目的いかんを問わず一律に許可制にし，免許を有さず酒類製造を行う者を処罰することは，著しく不合理であるとは言い難いとして，上告を棄却した。

1.3　悪法に対していかにふるまうべきか？：4つの答え方

本章の目的は悪法問題について考えることなので，ここでは酒税法が合憲か違憲かという問いは，措いておくことにしたい。合憲の法令でも，正義には反している可能性があるからである。ひとまずXの立場からして酒税法が悪法であるということだけ確認しておくことにしよう。次の問いにどう答えるべきだろうか。

【問】　Xは，酒の自家製造が酒税法違反であることを十分承知したうえで，自分が違法行為を行っていることをあえて行政当局にわかるようにして酒を製造し，有罪判決を受けた。Xのこのような行いは道徳的に許されるべきか。それとも，たとえXが酒税法を悪法だと信じていても，それに従うべきか。

答え方の候補は，4つあると思われる。①悪法はそもそも法ではないから，

従うべきではない。②悪法も法だが，道徳的に間違った内容を持つ法に従うべきではない。③悪法も法であり，法である以上従わなくてはならず，それに反する行為は基本的に許されない。④悪法も法であり従うべきであるが，一定の条件でなされる違法行為は許される。以下では，この4つの答え方にどのような哲学的根拠があるか，そしてどのような難点が存在するか，順に見ていくことにしよう。

2 ── 悪法は法ではない：自然法論の「悪法」論

2.1 自然法論とは？

①について考えてみよう。法が何のためにあるかと問われれば，正義の実現のためにあると答える人がおそらくほとんどであろう。その答えを真正面から受け取るとすると，正義に反する法などというものは，法の目的に反している。法の目的が法であるかどうかを決めるのだとすれば，正義の実現に役立たない法は，そもそも法ではない。法でないものに従うべきではない。したがって「悪法も法か？」という問いは馬鹿げている。

2.2 自然法論の考える法の拘束力の根拠とは？

不正な法は法でないという考え方を，一般に「自然法論 natural law theories」と呼ぶ。一口に自然法論といっても，そのなかには様々な立場があるが，共通する関心事を1つだけあげるとすると，それは法の拘束力の根拠を示すことだろう。

法がわれわれを拘束する性格を持つことは，改めて指摘するまでもないかもしれない。例えば，刑法199条は「人を殺した者は，死刑又は無期若しくは五年以上の懲役に処する。」と定めている。となると国家は，殺人を犯した者に対して，199条に定められた刑罰を与えるべきである。民法90条は「公の秩序又は善良の風俗に反する事項を目的とする法律行為は，無効とする。」と定めている。となると，効力のある契約を結ぶためには，当事者は契約が公序良俗に反しないようにすべきである。[2)] 法はこのようにしてわれわれになすべきこ

と，あるべきことを示す当為としての性格を持つ。

　問題は，この法の当為性を何によって裏づけるかである。自然法論の答えは，道徳的理由が法の当為性の根拠であり，そうである以上法が当為であるためには，その内容が道徳的に正しくなくてはならないというものである。何が道徳的に正しいと考えるかは，自然法論のなかでも見解が分かれている。人間本性（human nature）に照らして，各自が望ましい人生を送るために必要な条件を自然法として具体的に提示するもの（e.g. Finnis 1980）もあるし[3)]，より抽象的に，道徳的な正しさはわれわれの感情や信念とは独立に客観的に決まるという（メタ倫理学的）立場をふまえたもの（e.g. Moore 2000）もある。しかし，法の内容が道徳的に正しいことこそ法の当為性の根拠だというところは，自然法論に共有されている。そうなると，悪法は法的当為たりえないことになる。

2.3　われわれの認知能力の限界

　道徳的に正しい内容を持つものしか法でないという自然法論の考え方は，ある点ではとてもわかりやすい。例えばユダヤ人の公民権を剝奪するニュルンベルク法や，有色人種の強制移住を定めるアパルトヘイトは，人権を著しく蹂躙する邪悪な内容を有している。自然法論からすればそれらは法の名で呼ばれているが法ではなく，したがってそれに従うべきなどとはそもそもいえない。

　しかし，悪法であるかどうか意見が対立するものも少なくない。冒頭の酒税法は被告人Xにとって悪法であるが，酒税の安定的徴収のために酒類醸造を許可制にすることが認められるべきだとする裁判所の判断からすれば，酒税法は悪法ではない。またいかなる戦争も不正であるとする平和主義者は，自衛隊法を悪法と考えるかもしれないが，自衛戦争は正義に適うという立場に立つ者はそのようには考えないだろう。裁判員制度は国民に意に反する苦役を強いるもので悪法だと説く者もいるが，国民の司法参加や法教育，裁判官の監視の場として裁判員裁判を積極的に評価する者もいる。では酒税法や自衛隊法，裁判員法は法か否か。

　自然法論からなされうる応答の1つは，次のようなものだ（Hurd 2000：Ch. 6）。何が道徳的に正しいかは客観的に決まるが，それをわれわれが実際に認知できるとは限らない。ある法が悪法かどうか争われる状況は，われわれの認知

能力の限界から生じるものである。例えば酒税法について，酒税の安定的徴収によって得られる租税政策上のメリットは，個々人が酒を自家醸造する権利を本当に上回るだけの重みがあるのか。自衛隊法について，自衛戦争において兵士の生命を危険にさらすことは正しいのかどうか。裁判員制度における司法参加は，国民の自由を制約するに足るだけの価値があるのか。これらの問いに対する客観的に正しい答えは存在する。しかしわれわれにそれが認知できるとは限らないのである。

2.4 法は正しい道徳認知に導くものである

では酒税法や自衛隊法，裁判員法が法であるかどうか，いかにして判断すればよいのか。答えの鍵は，道徳認知能力の限られたわれわれが，そうであるにもかかわらず，各自ばらばらの判断をしているだけでは足りず，正義の実現のために一致した判断をする必要があるというところにある。租税政策や安全保障政策，司法制度としてこれらの法を形成し維持することが望ましいかどうか決めなくてはならないのである。

しかし，われわれに一致した判断をなさしめるものである限り，法の内容がどんなものであってもかまわないというわけではない。法は，認知能力の限られたわれわれを，正しい道徳認知へ導くものでなくてはならず，そうであるときに限り拘束力を持つ。だとすれば，ある法の内容を一部の人々が不正だと認知したとしても，そのことだけで法でなくなるわけではない。以上のことを一言でいえば，自然法論において，悪法状況とはわれわれの道徳認知の違いによってもたらされるものである。

2.5 「理論的不同意」の問題

法はわれわれを正しい道徳認知に導くものだ。われわれが従うべきは道徳であって，道徳に反する行為が許されないことを前提とする限り，自然法論のこの主張は筋道が通っている。しかし自然法論は，何が法で何が法でないかを決める十分な手がかりを実際に与えてくれるだろうか。

この点を考えるために，R. ドゥオーキンが示した「理論的不同意 theoretical disagreement」の問題[4]を取り上げたい。例えば酒税法や自衛隊法や裁判員法が

法であることは疑う余地がないように見える。六法を見ればこれらが法であることを確認できる。より正確にいえば，これらが法であることは国会により制定されたという事実をみれば明らかなように見える。しかしドゥオーキンは，「酒税法が本当に法なのか」を問うことはそれでも無意味でないという。本章冒頭の事例をあらためて考えてみてほしい。どぶろく事件に際して裁判官は，単に国会が酒税法を制定したことだけを根拠に，Xを処罰するわけにはいかないだろう。酒税法を本当に法として扱ってよいのか，酒税法を適用してXを処罰して本当によいのか否かを問わざるをえない。しかもその問いへの応答は——裁判官の判断と被告人の判断が異なるように——対立しうる。このようにして，事実として法として通用している法が本当に法なのかを問うことは意味があり，問いへの応答は争われうる。これこそドゥオーキンが「理論的不同意」と呼んだ事態である（Dworkin 1986：4-5，訳18-23）。

　ここで考えたいのは，自然法論からすると「理論的不同意」をいかにして解決すべきかである。自然法論において，法は認知能力の限られたわれわれを正しい道徳認知に導くものである。国会議員も政府の人間も裁判官も市民も，みな誤った道徳認知を持ちうる。では誰がどのように法を同定すればよいのだろうか。誰がより正しい道徳認知をしているか，どのように決めればよいのだろうか。例えば酒税法をめぐる理論的不同意において，裁判官と被告人（と弁護士）いずれがよりよく道徳を認知しているといえるのだろうか。これらの問いに答えるには，道徳認知能力の多寡を決める基準が必要である。しかしはたしてそのような基準をわれわれは手にすることができるかどうか，きわめて疑わしい。

3 ── 悪法も法だが，従うべきではない：法実証主義の悪法論[5]

　①の自然法論からすれば，「悪法も法か？」という問いは基本的には馬鹿げたものでしかなかった。しかしその考え方では，法をめぐる理論的不同意の解決法を十分に明らかにしているとはいえない。それでは②はどうであろうか？

3.1　法実証主義とは？

　悪法も法であることを直截に認める立場は，法実証主義（legal positivism）で

ある。法実証主義の考え方を説明する際に最もよく持ち出されるのは，19世紀の法哲学者 J. オースティンの以下のような言葉である。「法は存在するかどうかと法の善し悪しは別の問題である」(Austin 1995：157)。社会に通用する法が存在するかどうかは，法の内容が道徳的に望ましいものであるかどうかとは必ずしも関係しない。いかに邪悪な内容を持つ法であろうと，それが存在している限り法である。ニュルンベルク法やアパルトヘイトも，存在している以上は法である。

3.2 法は社会的ルールである

　それでは法実証主義において，法が存在するための条件とは何だろうか。有力な答えの1つは以下のようなものである[6]。法が存在するかどうかは，通常はそれが社会的ルールであるかどうかで決まる。

　社会的ルールであるとはどういうことだろうか。サッカーや将棋のルールを考えてみてほしい。サッカーでキーパー以外のプレイヤーがボールを手で触れてはならないこと，将棋で（成っていない）香車を横に動かしてはならないことの根拠は何だろうか。それがサッカーあるいは将棋のルールだからということ以外に他に理由を見出すことは難しい。ボールを手で持って走りだすサッカー選手や，香車を横に動かすプレイヤーに，反則や負けを宣告したり元に戻してルールに則ったプレイを行うように指示したりする際，「なぜボールを手で持ってはならないのか」「なぜ香車を横に動かしてはならないのか」と反問されたとしたら，結局のところは「それがサッカーだから」「それが将棋だから」としか答えられないであろう。つまり「ボールを手に持ってはならない」「香車を横に動かしてはならない」はそれぞれサッカーや将棋の定義に基づいて決まるルールであり，ボールを手で持つ行為や香車を横に動かす行為が許されてしまうと，その試合はサッカーや将棋ではなくなってしまう[7]。そしてサッカーや将棋のルールが通用するのは，ひとえにプレイヤーや審判などがルールを受容しているという事実に基づいている。

　法も同じような性質を持っているのではないか。法が通用するのは，社会のメンバーがそれをルールとして受容しているからだ。そして，受容しているかどうかは通常は事実の問題であり，法の内容の善し悪しには依存しない。例え

ば民法が物の所有や移転，取引などを規律するルールとして通用しているのは，民法が一定の手続すなわち立法手続を経て成立し，国民が受容しているという事実があるからであり，その内容の善し悪しは民法の存否とは必ずしも関係しない（Cf. Hart 2012：185-186）。

3.3 法の内容の善し悪しで法の存在いかんが決まる場合

しかし，ルールとして受容している事実があるかどうかだけで，法の存在いかんが決まるとするのは行き過ぎである。その理由は第1に法がいかなる内容を有するかが解釈に委ねられていること，第2に違憲審査により裁判所が法が効力を持つかどうか判断することである。第1の理由について，例えば民法415条は「債務者がその債務の本旨に従った履行をしないときは，債権者は，これによって生じた損害の賠償を請求することができる」と定めているが，何が「債務の本旨に従った履行」に当たるのか。履行不能の場合，履行遅滞の場合，不完全履行の場合など様々な状況に応じて，「債務の本旨」とは何かを解釈する必要がある。そしてその解釈は民法の規定だけではなく，公正な取引とは何かに関する道徳原理に基づかざるをえない。このようにして判決としての効力の有無が，その内容の善し悪しで左右されることがある。第2の理由について，憲法，例えば人権に関する規定とその解釈にはわれわれの社会で守られるべき道徳が含まれている。これらに反する法令は裁判所の違憲審査により無効とされうる。そのことは，道徳が法の存在いかんを決する場合があることを意味するのである。

ただし，法解釈や違憲審査において法の内容の善し悪しが法の存否を左右する場合があるからといって，すべての法の存否がその内容の善し悪しで決まることにはならない。本節冒頭で述べたナチスドイツやかつての南アフリカの法のように，邪悪な法が通用する場合もあるのだ。

3.4 法が拘束力を持つとはどういうことか？

それでは法実証主義において，法が拘束力を持つとはどういうことになるのだろうか。法の拘束力の根拠を，法の内容が道徳に適っていることに求めるわけにはいかない。法が拘束力を持つということは，社会のメンバーの一部が事

実，法をそのようなものとして受け入れているということに他ならない。H. L. A. ハートの説明を借りれば，法に効力を与える条件となるルール（「認定のルール rule of recognition」）を受容し，そのルールにすべてのメンバーが服従すべきだと考える態度（「内的観点 internal point of view」）を，少なくとも法の制定・執行・適用にたずさわる公職者が実際にとっていること，それこそが法に拘束力を与える（Hart 2012 : 116-117）。例えば酒税法が拘束力を持つのは，憲法と法律の定める手続を経て国会で制定されたこと，そしてその手続および手続を経てなされた決定に従うべきだと公職者が考えていること，これらの事実によるのである。

　重要なのは，法が拘束力を持つための事実的条件が整うかどうかと，道徳に照らして法に従うべきかどうかとは別だということである。公職者が酒税法に内的観点を持って従っているからといって，彼らが酒税法に従うことが道徳的に望ましい，酒税法に従う道徳的義務があるということには必ずしもならない。酒税法に従う道徳的義務があるのは，従ったほうが正義がよりよく実現できる場合である。一般に，ある法に従ったほうが正義がよりよく実現されるのであれば服従すべきであるし，従わないほうが正義が実現されるならば従うべきではない。そうなると，基本的には遵法義務は存在しない（Kramer 1999 : Ch. 8）9）。このように法実証主義者は考えるのである。

3.5　悪法に従う道徳的義務は存在しないか？

　いかなる不正な法も法だが，遵法義務は存在しない。法実証主義の悪法問題への応答を一言でまとめればこうなる。しかし，従う道徳的義務のないルールを法と認めることにどんな意味があるのだろうか。法実証主義からなされる応答は次のようなものである。何が法であるか事実を認識することは，法を正義に適うものとしていくために必要不可欠な作業の1つである。法の内容の善し悪しの評価で法の存在いかんを決めてしまうと，現在存在している法を過大評価してその改善の必要を度外視したり，過小評価してむやみに法に反する行動をとったりすることを助長しかねない。まずは現状を虚心坦懐に（without trimming）記述することから始めなくてはならないのである（Cf. Kramer 1999）。

　しかし「現状を虚心坦懐に記述すること」が本当に可能だろうか。第1節で

述べた理論的不同意について再び考えてもらいたい。何が法であるかをめぐる見解の対立は，法が議会や政府，裁判所で然るべき手続を経て効力を有するに至った事実だけでは解決しないのであった。理論的不同意の下で，法実証主義が何が法かを同定する基準を十全に示すためには，理論的不同意を解決する事実的条件が存在することを明らかにするか，さもなくば事実的条件に依拠して理論的不同意を解決することが望ましいことを説くか，いずれかの方策をとる必要がある。そしていずれにしても，本節で示した法実証主義だけでは対応しえない。

4 ── 悪法にも従うべきである：遵法義務の根拠

これまでの2節で，①のように応答する自然法論と，②のように応答する（記述的）法実証主義が，ともに理論的不同意への対応として不十分であることを述べた。本節では③の答え方について考える。

4.1　悪法が法であるための道徳的条件とは？

①の自然法論は「基本的に悪法は法ではない」と説き，②の法実証主義は「悪法も法だが，遵法義務はない」と説く。それらが対応できていなかった理論的不同意とは，つまるところ法の内容の善し悪しをめぐる争いにより，何が法かについて見解が異なる事態であった。そして「遵法義務があるか」の問いは，理論的不同意の下でより深刻なものとなる。ニュルンベルク法やアパルトヘイトに従うことに同じく躊躇する人でも，酒税法や自衛隊法，裁判員法が法だと認めるか否かについては，意見が異なる可能性が少なくない。となると，後三者が法であるかどうかはどのように決まるのか。そしてわれわれには後三者に対して従う道徳的義務があるのか。

これらの問いに答えようとするのが，L. フラーの「法内在道徳 internal morality of law」論と，ドゥオーキンの「純一性 integrity としての法」の議論である。両者はともに悪法が法であるための道徳的条件を示そうとするものである。順に簡単に見ておこう。

4.2 法内在道徳

フラーはいかなる悪法も法である以上，法内在道徳と呼ばれる8つの条件——法が一般性を有し，ケースバイケースで内容が異ならないこと・法が公布されること・遡及法の禁止・法が何を定めているか明確であること・ある法で特定の行為を命じながら別の法でこれを禁ずるというような矛盾が存在しないこと・法が不可能なことを命じないこと・朝令暮改の禁止・公職者の行動と宣言されたルールとの一致——を，少なくとも抱負（aspiration）としなくてはならないという。なぜなら，法は法である以上「人間行動をルールに従わせる目的追求的企て」でなくてはならないからだ。われわれがルールに安定的に従えるようになるためには，ルールはケースバイケースの内容を持ってはならないし，秘密裡に定められたものであってもならない。複数のルールが矛盾した内容を持つようではどのルールに従っていいかわからないし，できもしないことを指示するルールには従えない。このような具合で，われわれが法というルールに従って行動するという目的を実現するためには，法は上述の8条件を満たすことを目指していなくてはならない。逆にいえば8条件の充足を目指さないルールは，法とはいえない。そして，フラーは法が法内在道徳を抱負とする限り，われわれは遵法義務を負うと説くのである（Fuller 1969：Ch. 2）。

肝心なのは，8条件が手続的なもので，法の内容を制約しないことである。国会がアイヌの人々を国外追放する民族差別的立法を行ったとしよう。このような立法を8条件を満たす形で行うことは容易である。しかしアイヌを差別扱いし，彼らの人権を著しく侵害するこのような法に従う道徳的義務があると考えるのは，われわれの道徳感覚に照らして少なからず無理があるだろう。そうだとすれば，8条件の充足だけで遵法義務が成り立つと考えるわけにはいかない。[9]

4.3 純一性としての法

ドゥオーキンは，法が存在するか否かを分ける条件を，それが既存の法（法令だけでなく，慣習や判例を含む）を最善の形で正当化する道徳原理に服しているか否かであると考える。「最善の形で正当化」しているか否かを決める条件は，既存の法全体と整合的であるかどうか（「整合性 fit」条件），また正当化を行う者が与する正義原理に沿っているかどうか（「道徳性 morality」条件）の2つ

からなる、「純一性 integrity」である（Dworkin 1986：95-96）。そして法が法である以上純一性を有さなくてはならず、法が純一性を有する限りそれが不正であっても、われわれは遵法義務を負うと述べる（ibid.：Ch. 6）。

　ドゥオーキンに沿って酒税法が法であるか考えてみよう。冒頭の例の被告人Xが主張するとおり、酒税法が幸福追求権なかでも各人の人生プランを自律的に決める自己決定権を侵害しているとすれば、少なくとも道徳性条件に照らしてそれが法であるかどうか疑われるだろう。しかし他方で、租税政策に関して、民主的に選ばれた議員からなる国会に相応の裁量を与えるべきという考え方は、既存の判例とも整合的でかつ道徳的にも一定の魅力を持つ。この考え方によるならば酒税法は法だということになろう。酒税法が法であるか否かは、このような理論的不同意の下で、いずれの考え方が純一性に照らして優れているかにより決まる。そうして酒税法が純一性に照らして法である以上、われわれはそれに従う道徳的義務を有するのである。

　しかしここで考えなくてはならないのは、理論的不同意の下では、ある法が純一性に照らして最善の正当化に服しているかどうかも争われることである。国会が酒税法を制定する際、純一性に照らしその内容が最善の正当化に服するものと判断していたとしよう。Xは当然納得がいかない。それでもXはただただ法に従うべきなのであろうか。酒の自家製造を行って法に背く行為が道徳的に許される余地はないのだろうか。次節でこの問い——つまり④の答え方が認められるべきかどうか——について私見を提示し、本章を閉じることとしたい。

5 ── 悪法への不服従をどう考えるべきか？

5.1　遵法義務とは何か？：悪法を是正する義務

　④の答え方を根拠づけるためには、まずそもそも遵法義務とは何なのかを問い直さなくてはならない。これまで遵法義務とは悪法に従う道徳的義務であると述べてきた。しかし自らにとって不正な内容を持つ法に直面し、文句をいわずただただ法のいうとおりにすることだけが、遵法義務の遂行なのだろうか。

　YESと答える議論はかなり有力である（e.g. Raz 1979：Chs. 1-2；Shapiro 2002）。

しかしわれわれはあえて NO と答えたい[10]。遵法義務とは，単に法のいうとおりにする義務ではない。法の内容を裏づける道徳的理由を尊重し，各自の信念や良心のみに従って行動することを止めること，そして法に大きく優越する道徳的理由がある場合には，法を是正するために尽力することである。つまり遵法義務とは，悪法を尊重しつつ是正する義務である。

5.2 　市民的不服従とは何か？

　なぜ遵法義務をこのように捉えるべきなのか。その答えの鍵は，遵法義務と市民的不服従との関係をいかに理解するかにある。

　市民的不服従とは何かを明らかにするために，キング牧師の公民権運動を思い起こしてみよう。彼は白人と黒人を分離する人種分離政策の不正を糾弾し，法に背いた。彼の不服従は，単に自らの信念に忠実であろうとしてなされたものだろうか。もしそうであれば，自らの違法行為に対する制裁に服する必要は必ずしもなかっただろう。キングが制裁を甘受したことをどのように理解すればよいのか。

　ここに市民的不服従の特質が示されているとわれわれは考える。市民的不服従とは，特定の法を是正するために，あえて違法行為を行って，人々に不正な法の存在とその改革の必要を訴える異議申し立てである。市民的不服従は，自らの信念に沿って体制転覆を図る革命的抵抗とも，自らの良心に反する行動を拒み自身の廉直性を保つ良心的拒否とも異なる。特定の法に楯突き，その内容が不正であることを人々に知らしめ，その是正の気運を高めようとするかたわらで，法一般を尊重し，違法行為に対する法的制裁を甘受せねばならない。このように考えれば，市民的不服従は遵法義務に反するものではない。むしろ不正な法を無視するのでも放置するのでもなく，積極的に是正すべく，違法行為を行いその制裁を引き受ける点で，法が（不正な法も含め）正義を目指すものであることに対する敬意に基づいている。そうだとすれば，市民的不服従を遵法責務の遂行として，そして遵法義務を，単に法のいうとおりにする義務としてではなく，むしろ法一般に対する尊重義務，そして悪法の是正に協力する義務として，捉えることが適切であろう。

　このような考え方からすれば，酒税法の不正を信じつつ，その是正のために

あえて違法行為を行いその制裁を甘受した被告人Xの行動は，市民的不服従として理解されるべきだろう。そしてその限りで遵法義務に反するものではないのである。

📖 ブックガイド

① プラトン（1962）『ソクラテスの弁明』『クリトン』岩波書店
『クリトン』は悪法問題に対する最も早い哲学的解答の1つである。しかもその議論はまったく古くなっていない。本章で筆者がとった立場の少なからぬ部分が，『ソクラテスの弁明』と『クリトン』におけるソクラテスの態度に依拠している。ぜひ一読してほしい。

② ラートブルフ，グスタフ（1961）「実定法の不法と実定法を超える法」『ラートブルフ著作集 第4巻 実定法と自然法』小林直樹訳，東京大学出版会
第二次大戦後の西ドイツで，ナチス体制下の非人道的行為の刑事責任を問う裁判がなされた。その際の裁判所の判断に大きな影響を与えたのが，本論文である。悪法への服従はいかなる場合に免責されるべきなのかという問題関心を通じて，遵法義務の正当化根拠を明らかにしている。

③ ハート，H. L. A.（2014）『法の概念』長谷部恭男訳，筑摩書房
戦後法概念論の最重要文献の1つ。本章で検討した法実証主義の悪法論の基本的なアイデアは，ほとんどこの本で示されている。決して簡単に理解できるものではないが，ぜひじっくり取り組んでみてもらいたい。

〔注〕
1）「どぶろく裁判」についてのわかりやすい解説としては，常本照樹「酒造りの自由 自分の作った酒を飲みたい」棟居快行ほか『基本的人権の事件簿―憲法の世界へ〔第4版〕』（有斐閣，2011年）66-74頁や土井真一「酒類製造免許制と酒をつくる権利―どぶろく裁判」高橋和之・長谷部恭男・石川健治編『憲法判例百選〔第5版〕』（有斐閣，2007年）52-53頁を参照されたい。
2）法が拘束力を持っているかどうかは，法に反する行為に対して国家が制裁を用意しているかどうかとは必ずしも関係がない。例えば民法90条自体の定めるところでは，公序良俗に反する契約はただ無効になるだけで，契約当事者が国家から罰を受けることになるわけではない。
3）フィニスによれば，すべての人間にあてはまる基本善（basic goods）というものがあり，そこから以下のような「実践的道理性の基本的要請」が引き出されることになる。①一貫した人生プランをとること，②価値の選好が恣意的でないこと，③人の選好が恣意的でないこと，④各自が実行している特定の計画を一定の距離を置いて捉えること，⑤軽々に各自のコミットメントをあきらめないこと，⑥非効率な方法を選ぶことで各自の機会を無駄にしないこと，⑦基本善の実現や基本善への参与にとって害になったり，

邪魔になったりするようなことをしないこと，⑧各自が属する共同体の共通善を育むこと，⑨各自の良心に従うこと。これらこそが法が道徳的に正しくあるための基本的条件である（Finnis 1980：100-126）。
4） この問題が「法とは何か」をめぐる法概念論の現在の論争状況にとっていかなる意味を有するかについては，宇佐美 2011を参照。また道徳に関する不同意をめぐるメタ倫理学上の非認知主義と認知主義の間の議論展開をふまえて，法を非道徳的な「型」であると説くきわめて説得的な——しかし本章の筆者は同意しがたい——議論として，安藤 2013を参照されたい。
5） 本節で取り上げるのは，法理論の目的は法一般のあり方を事実に即して経験的に記述することにあるとし，法の経験的記述によれば法と道徳の間には必然的なつながりはないと説く「記述的法実証主義 descriptive legal positivism」の立場である。法である以上，その内容の善し悪しが法の存在いかんを左右すべきではないと説く「規範的法実証主義 normative legal positivism」の立場も有力に説かれているが，本章では割愛する。
6） この答えは，戦後法概念論において法実証主義に基づく法理論を展開した H. L. A. ハートとその後継者たちの支持する，いわゆる「包含的法実証主義 inclusive positivism」に依拠したものである。法実証主義者のなかには，法が存在しているかどうかは社会的事実のみに依拠して決まるとする「排除的法実証主義 exclusive positivism」の立場を採る者も少なくない（例えば，J. ラズや A. マルモーなど）が，本章では紙幅の関係でこの立場の検討は省略する。
7） とはいえ，あらゆるゲームのルールについて異論の余地がないというわけではもちろんない。例えば，周知のようにスキージャンプのスキー板の長さの規定やフィギュアスケートの採点基準の度々の変更については，その変更で不利益を被る選手などから異議申し立てや不満の表出がなされているし，それに対して，選手の能力ではなく使う道具の性能で勝ち負けが決まるのはスポーツの本義に適っていない，フィギュアスケートはアクロバットではなく，その得点は「氷上のバレエ」としての完成度で計るべきである，さらには特定の国の特定の選手だけが勝ちっ放しになるのは競技としての面白みに欠ける，という応答がなされうる。しかし，結果変更されたルールを遵守しなければならない理由は単にルールであるからであって，ルールを破る行為が罷り通る状況はその競技自体が成り立っていないものとして捉えられることになるのである。そしてそのルールが不正だから従わないという態度は認められないだけでなく，そもそもルールに対する対応として不適切であると理解されるのである。
8） このような考え方を採る場合でも，遵法義務が部分的に正当化される可能性がある。第2節で述べたように，法の内容の評価について立場が分かれ，人々の間で正しい認識が共有されない場合は多くあるし，たとえ法の内容が不正であることが客観的に明らかであるとしても，不服従がもたらす帰結が破壊的にならずに済むかどうか判然としない場合も少なくない。このような状況では，ひとまず法一般に従うほうが，いちいち個々の法の善し悪しを評価し服従するか否かを決めるより，社会全体における正義の実現に貢献すると言えるかもしれない。しかしここで遵法義務を正当化しているのは，法服従による正義の実現あるいは不服従による不正な帰結，つまり法服従が正義実現の手段としてどこまで役に立つかである。不正な法でもそれが法である以上遵法義務があるというわけではない。

9) もちろん，8条件を満たしながら著しく不正な内容を持つ法に対して，少なからぬ人々から批判がなされ，その批判を受けて法が是正されることは十分考えられる。しかし法の是正が図られなかった場合でも，フラーの法内在道徳論だけで考えれば，われわれは遵法義務を負うことになる。

10) 以下の遵法義務理解は，横濱 2015に依拠している。

〔文献〕

AUSTIN, John（1832→1995）*The Province of Jurisprudence Determined*, Wilfred E. Rumble ed., Cambridge U. P.

BIX, Brian N.（2002）Natural Law: The Modern Tradition, Jules Coleman and Scott Shapiro eds., *The Oxford Handbook of Jurisprudence and Philosophy of Law*, Oxford U. P.

Dworkin, Ronald（1986）*Law's Empire,* Belknap Harvard（小林公訳『法の帝国』木鐸社，1995）

Finnis, John（2011）*Natural Law and Natural Rights,* Second Edition, Oxford U. P.

Fuller, Lon L.（1969）*The Morality of Law,* Revised Edition

Hart, Herbert Lionel Adolphus（2012）*The Concept of Law,* Third Edition（長谷部恭男訳『法の概念』筑摩書房，2014）

Hurd, Heidi（1999）*Moral Combat: The Dilemma of Legal Perspectivalism,* Cambridge U. P.

Kramer, Matthew（1999）*In Defense of Legal Positivism: Law Without Trimmings,* Oxford U. P.

Moore, Michael（2000）*Educating Oneself in Public: Critical Essays in Jurisprudence,* Oxford U. P.

Raz, Joseph（2009）*The Authority of Law: Essays on Law and Morality,* Second Edition, Oxford U. P.

Shapiro, Scott J.（2002）Authority, Jules Coleman and Scott Shapiro eds., *The Oxford Handbook of Jurisprudence and Philosophy of Law*, Oxford U. P.

安藤馨（2013）「メタ倫理学と法概念論」『論究ジュリスト』第6号

宇佐美誠（2011）「法をめぐる見解の不一致」宇佐美誠・濱真一郎編『ドゥオーキン―法哲学と政治哲学』勁草書房

横濱竜也（2015）「悪法を是正する義務―遵法義務と政治的責務の統合に向けて」『静岡大学法政研究』第19巻第2号

【横濱竜也】

14 国家は廃止すべきか？

1 ──「国家は要らない」と言いたくなるとき

1.1 公的資金を非効率に使う政府

　2015年夏，東京オリンピック開催を理由とする新国立競技場建設を，首相と文科相が総工費2520億円という法外な見積もりで決着させようとしたという報道は，多くの国民を呆れさせた。現在総額1000兆円を超える借金を抱え，他にも喫緊の政策が多くあるにもかかわらず，公的資金を過剰に豪華なハコモノに投入しようとする有様には借金への不感症とともに，国民から徴収した金は自分たちの身銭ではないので粗雑かつ無尽蔵に使えるという意識が露呈していたといえる。自己破産間際の人が景気づけにフェラーリを購入しようとするようなもので，民間では考えられない。

　強制的な税の徴収はそもそも国民の財産権の処分の自由を侵害するものだが，公金が国民にとって必要な政策実現のために適切かつ効率的に使用されるならまだしも，不適切で不効率に，あるいはそれどころか溝に捨てるがごとく無駄遣いされる場合には，日頃穏健で体制寄りの人であれ，政府への不信感を抱かずにはいられないだろう。そんな政府はさらにマイナンバー制導入によって，収入源たる国民の財布の中身をよりしっかりと把握しようとしている。何でもかんでも政府に丸投げしておくことは危険なのではないか？　そう直観する瞬間，人は「小さな政府」，国家民営化論，さらには国家の廃止というオルタナティヴへの入口を覗き込むことになる。

1.2 福祉国家ブームへの反発

　「民間でできることは民間に委ね，政府は縮小すべきだ」という声は1980年

代から世界的に強まっている。その背景にはどのような問題意識が控えているのだろうか。

まずは，第二次世界大戦後から1970年代にかけての福祉国家ブームがもたらした帰結への反発があげられるであろう。それは市場競争力を弱め，生産効率を悪化させ，経済成長の停滞をもたらした。また，〈ゆりかごから墓場まで〉の福祉政策への国民の依存度を高め，その財源確保のための増税は，自由と自立を希求する者にとっては財産権の自由の侵害と感じられるようになった。その結果1979年よりイギリスではサッチャー首相が，そしてアメリカ合衆国ではレーガン大統領が，市場主義の導入による経済の再生，規制緩和，減税，財政支出縮小，そして国民に自助努力を求める政策を断行し，結果として経済や社会の活性化を呼び戻した。これ以降，市場経済を重視し，福祉国家政策の増大を疑問視する思想に，世界的に注目が集まるようになったのである。

1.3 民間に委ねたほうが効率的なこともある

そもそも政府は従来，あまりにも多くの業務を〈国家に固有のもの〉と称して排他的に独占してきたが，それらはその能力の限界をはるかに超えるものではなかっただろうか。それらの業務のうちには（あるいはそのすべては），市場競争にさらされる民間企業に委ねたほうがより効率的になされるものがある[1]。それというのも，公務員にはその人件費と安定した（かつ責任を追及されない）地位ゆえに，民間と異なり合理性や効率性を求めるインセンティヴが欠けているため，財源である税収ほか様々な資源も，政府や官庁によっては効率的に活用されない傾向が強いからである。このことが政府によるサーヴィスを非効率な使い勝手の悪いものに貶めている。

1.4 国民の自由を阻む免許制

また国家は多くの業務を担う人材を免許制によって制限してきたが，その結果として司法，医療などの分野で国民は高額かつ稀少のサーヴィス購入を余儀なくされている。そもそも日本国憲法22条では国民の職業選択の自由が言明されているというのに，国による免許制が，必要以上に多くの職業への国民の自由な選択と参入を阻んでいる。このことは職業選択の自由という国民の権利

（自己実現の自由）の否定であり，同時に経済活動の自由の否定でもある。

　財産権の自由，職業選択など生き方の自由，これらを可能な限り全うしようとする人々にとって国家による諸規制には余計なものが多い。また政府には，その仕組みやマンパワーにおいて能力に限界があるのだから，あまり多くの業務を委ねないほうがよい。以下では，国家の機能をどれだけ縮小できるか，さらにはそもそも国家は要るのかどうか，紙幅の許す限りで考察していく。

2──国家不要論に関連する法哲学上の諸論点

　国家の必要性の有無を考察するに先立って，この問題に関連する法哲学上の諸論点を要約的に確認しておこう。それぞれの項目については本文中の該当箇所でさらに詳しく説明する。

・前‐国家的権利としての自己所有：個人の，政府への対抗の足場　17世紀末期のイギリスでジョン・ロックが王権神授説と奴隷制を否定するべく主張した概念である。曰く，人々は国家の成立以前から，生来の自然権を平等に持っている。それは，誰もが自分の身体を所有して生まれてきたことに由来する，自分を保全し，かつ自分の一身を「所有」するという権利である（ロック 1690）。おのれの身体を所有すなわち支配する者はまさにその当人のみであるから，その人の身体に対して，それ以外の何者も支配を行使することはできない，ということになる。この議論からさらに，人は自らの一身を用いて労働した結果獲得した外物や産物についての正当な所有権を他者に対して主張できる，という帰結が導かれる（ロック 1690)[2]。

・自由放任主義：政府の市場経済への介入を否定　グラスゴーの経済学者アダム・スミスが『諸国民の富』（邦訳題は『国富論』）（1776年）において論じた自由市場経済の鉄則である。人間の経済活動は政府によって干渉されてはならず，個人の自由に委ねておけばおくほど，社会全体はより豊かで望ましいものになる，という考え方である。また市場でのフェアな競争が需要と供給の均衡をもたらし，商品の適正な量と価格を実現するという。

・自生的秩序：個人の自由は秩序の母　経済学のオーストリア学派を代表するフリードリッヒ・A. ハイエクが論じた。多くの効率的な制度は，何者かの設計

し指令する知性によることなく，各人が個人的な目的を実現することに専念するうちに自ずと生起し，機能しているという秩序観である（ハイエク 1949）。この秩序は中心を持たず，また特定の目的を持つものでもない。

・互酬性（reciprocity）：私欲の追求は利他性を導く　ハイエクの説明によると「人間が自らの選択によって，また自らの日常の行動を決定する動機から発して，他の全ての人々の必要にできる限り多く貢献するよう導かれることが可能なような一連の制度」（ハイエク 1949）である。よく知られている言い回しでは「情けは人のためならず」，すなわち，長期的な視野に立てば自己利益に資することが期待できるが故にこそ，人々は利他的行為を相互に遂行するということである。スミスはこれを，市場経済のなかに自ずと働くシステムとみている。

・リバタリアニズム：国家は最小でよい　福祉国家を否定し，政府の機能を治安維持と裁判，一部の公共財の供給のみに縮小し，市場社会における個人の自由を最尊重する思想群である。有名な論者ロバート・ノージックのように自己所有権や自然権を義務論的に貫くがゆえの最小国家論もあれば，国家の業務を可能な限り民営化したほうが効率的によいという理由からの，帰結主義的な最小国家論もある。ノージックは1974年に刊行された『アナーキー・国家・ユートピア』において，ロックの自己所有論と権原理論を実践的に貫徹した場合の社会像として，リバタリアニズムを掲げた。そこでは個人が自己労働で得たものについて正当で排他的な所有権を主張でき，政府の役割は各人の生命・自由・財産を保護することに限られる。政府は各人の自然権である自己所有権と財産権を侵害してはならないがゆえに，福祉政策のための強制的な所得の再分配を行うことは許されないということになる。

・アナーキズム：元祖・国家不要論　1789年のフランス革命後における革命政府の独裁，またロシアのツァーリズムに反発する人々から，主に19世紀に生まれた思想である。啓蒙思潮を前提に，政府や議会立法など上からの強制をいっさい否定し，人々の自発的な契約や経済的つながり，相互扶助などに基づいて自然に生ずる無政府社会状態を希求する思想群である。ピエール・J. プルードン（仏），ミハイル・A. バクーニン（露），ピョートル・A. クロポトキン（露），マックス・シュティルナー（独）などが知られている。タイプとしてはプルードンに代表される個人主義的アナーキズム（反中央集権と地方分権を唱え，政治を

経済に還元し，取引と交換に基づく社会秩序を求める），クロポトキンに代表されるコミューン型（生産消費をはじめとして人々の生活全体を地方コミューンに委ねる），バクーニンに代表される集産主義的アナーキズム（労働者による組合の自由連合を社会の基礎とする）があるが，いずれも政府を持たず，法については黄金律や良心など1つないし最小限の掟で足りるとする。

・アナルコ・キャピタリズム：国家はすべて民営化できる　リバタリアニズムをさらに推し進めて，国家の存在意義の最後の砦とされてきた治安維持・国防・司法すら民営化できるとして，国家の完全廃止と市場経済の全面化を主張する議論である。代表的な論者としては個人の自然権に訴えかけるマリー・ロスバード，帰結主義的なディヴィド・フリードマン，契約論に基づくジャン・ナーヴソンなどがあげられる。

　この立場は個人の生命・身体・財産の安全の供給源を政府にでなく，もっぱら市場に求める。私有者には自らの財産をよく保持したいというインセンティヴが働くという点を重視し，公共財を私有財産に分割し，それぞれの所有者に管理運営させることを提案する。それによって環境保全，治安維持などが，政府によるよりも効率的に実現されるという。

3 ── 自由は秩序を生み出すのか？

3.1　自由放任主義

・経済活動を個人の自由に委ねる　自由放任主義とは，18世紀のイギリスで唱えられはじめ，19世紀のヨーロッパで全盛を誇った思想である。人間の経済活動は政府によって干渉されてはならず，個人の自由に委ねておけばおくほど，社会全体はより豊かで望ましいものになる，という考え方である。バーナード・デ・マンデヴィルの，個々の蜂の私利追求行為が結果として蜂の巣全体の利益につながる（1714年『蜂の寓話』）という議論に触発されたスミスが，1776年に刊行された『諸国民の富』においてそれを自由市場経済の鉄則へと敷衍した。彼は「我々が食事をとれるのも，肉屋や酒屋やパン屋の，自分自身の利益に対する関心による」（スミス 1776）と述べ，各個人の利己的な利益追求行為が利他的な効果をもたらし，社会の発展に寄与することを主張した。

・互酬性　スミスはさらに,「自分の利益を追求することによって,社会の利益を増進しようと真に意図する場合よりも,もっと有効に社会の利益を増進することもしばしばある」と述べ,経済における自由放任主義の過程に,「互酬性」のメカニズムが働いていることを看取している。「互酬性」とは前述（2参照）したとおり,長期的に見ると自己の利益に資するような利他的行為を,各人が相互に遂行するシステムが形成されることである。例えば「薄利多売」という商売の仕方がある。短期的に見れば損をするような低価格で良い商品やサーヴィスを大量に提供することによって,全体としての利益を上げることであるが,そのことはさらに結果的に,多数の固定客を獲得し商売を繁盛させることにつながる。スミスは「消費こそが生産活動の唯一無二の目標である」として消費者の目線に立ち,人々の私利私欲を刺激する競争を商人や会社がフェアかつ自由に行うことが,真に必要とされるもの,より品質の良いものを豊かに生み出し,かつそれが常に適正価格で消費者に提供されるという好結果を導くことを評価しているのである。[3]

　この自由放任主義は,20世紀の第一次世界大戦後のヴァイマール共和国,ソヴィエト社会主義共和国連邦の誕生を経て,資本主義諸国さえ社会権を基本的人権として保障するようになると,一度はいわゆる〈大きな政府〉論によってその支配的な地位を奪われたかに見えた。しかし政府による計画経済や設計主義の危険に警鐘を鳴らし,自由放任主義の復興を訴えたのが,1943年に『隷従への道』を世に問うたハイエクであった。

3.2　自生的秩序：個人的利益からの自動調整メカニズム

・無知の個人主義　自由放任主義を引き継ぎ,そこから豊かさだけでなく有効な社会秩序が自ずと生み出されることを主張したのがハイエクである。彼はオーストリア学派の特徴である科学主義・主観主義・方法論的個人主義・人間的事象の予測不可能性を前提として,自由放任主義が実践される社会には自動調整メカニズムがはたらき,それが有効な秩序を自然と生み出すと論じた。

　彼はまず,人間個人の能力の限界を指摘することによってあらゆる他者への強制を否定する。すなわち個人の知識と関心には限界があって,自分を中心とする狭い範囲の事柄しか理解できないのだから,他人や社会全体に指図できる

ほどの能力を持つ者は存在しない（ハイエク 1949）。だから人々は自分の個人的な目的を実現することに専念し、そのために自らのリスク内で試行錯誤したり、手近な情報を利用する自由を行使すべきである。各人が自由に自分の行動を自分自身の情報に基づかせることができれば、社会に分散している知識を最大限に利用できる。こうして自由は多数の個人の行動を調整して、効率的な秩序を自ずと生み出すというのである。このように、各人が身近な環境の情報に自発的に反応することによって社会的相互作用の自動調整システム機能が作動するという発想は、後述するサイバネティックス的社会観にも通じる。

・**慣習・伝統としての秩序**　ハイエクは、人間の制度を、デカルトのごとく人間理性による意図的な計画の産物と見なすいわゆる設計主義を厳しく退ける。歴史的に、人々が自分たちの社会環境に馴染みそれをわが物となしえてきたのは、有益な知識・方法・規則など慣習・伝統として残ってきたもの（言語、貨幣、道徳規則など）の採用によってであり、誰かが発明した仕組みによってではない。各人が自己の環境に適合する行動規則を採用・遵守し、全員がそれを行っていくと、効率的な社会制度が自然的に発生し、以後は進化のテストを通過したものだけが有益なものとして残っていく。これがいわゆる自生的秩序の発生と存続である。

　自生的秩序とは、「多くの人の行為の所産ではあるが、人間的設計の結果ではなく秩序だった構造」（ハイエク 1973）であり、数・場所・内容などが変動する諸要素間の抽象的関係のシステムからなる。それはいかなる特定の目的を追求するものでなく、また管理統制する中心を持たない。それは社会の人々の個人的な目標を実現させる、知識の自己増殖的構造である。市場秩序がその一例で、それは拡散した知識に依存する幾多の活動を、効果的に1つの秩序に統合してくれる。このように中心のない社会で、個人的知識が他者との自由な取引によって次第に社会全体の共有物となり、そこからさらなる発展がもたらされるとされる[4]。

・**自生的秩序における法**　それでは自生的秩序における法とはどのようなものであろうか。ハイエクによれば真の法とは「各瞬間毎に各人の保護領域の境界線を確かめ、「私の」と「あなたの」の区別を可能にするルール」（ハイエク 1973）、つまり自動調整が維持されるために各人の自由を確保する規則であれ

ばよく，それを超えた意図的な制定法は圧政の道具となるため否定される。法は無差別一般的に，他人に向けられる行動だけを各人の自由確保のために規制するだけでよく，各人の自分自身にのみ関係する私的な行動についてはいかなる介入もするべきでない。そしてこのようなシンプルな法のみが社会を統治し，立法府も含めあらゆる政府の権力を制約するという意味での法の支配 (the rule of law) が主張される。

3.3 サイバネティックス社会観

・**組織は中心を必要としない**　サイバネティックスとは，状況の制御とコミュニケーション・システムに関する学問であるが，これもまた，下からの秩序の自生を説明する。サイバネティックスは，組織は中心を必要とせず，自己展開する仕組みを持っていると考える。いわばニューロンのネットワークのように，組織は中心や二次元的区別を持たず，多方面からの過多な潜在的指令を開示し，環境からの絶えざるフィードバックによって常に自己修正する可変的なものである。つまり組織においては「伝達と指令」の線がトップ・ダウンに流れているのでなく，意思決定と学習の機能がシステム全体に分布しており，制御のための諸システムが複雑に連動している，と捉えるのである (McEwan 1963)。

・**決定は各地域から複数発生する**　この組織観に対応するであろう制度は，「多種目社会群」(ウォード 1971) であろう。つまり社会を動かす決定が中央から一方的に下されるのでなく，逆に各地域から複数発生するのであり，それらが相互に連絡を取り合う。様々な評価方式を試みる諸集団が，ローカルに相互に関わり合い，摩擦が生じれば当事者同士で調整し合う。この制度間の古典的モデルといえるものを，クロポトキンは示している。それは，太陽系や生命体のメカニズムが例とされる，中央本部を持たない，最小単位において独立した地方的生活の集まりより為る社会像である (クロポトキン 1901)。

　しかし中央を持たない社会で地域同士の利害対立や紛争が生じたときにどう解決するのか，ということが常識的には問題となるだろうが，リバタリアニズムないしアナーキズムの立場からすれば，そのような場合であっても単一の裁判機関や一元的な制定法が必ずしも必要ではない，ということになる。その点については後述する。

4 ── 国家は要るのか,要らないのか？

4.1 なぜ国家が必要になったのか？

　アナーキズム,リバタリアニズム,アナルコ・キャピタリズムの議論ではしばしば「主権者は個人」ということが前提とされる。これは,中央集権的主権国家が成立する以前の,「万人が暴力への権利を持っていた」封建社会のイメージでもある。では,国家が登場する前の封建社会は,唯一最強の権力なしに,どのように秩序づけられていたのか。そしてその社会はなぜ主権国家によって終結させられたのであろうか。

・**多数の権力が存在した中世**　中世盛期すなわち神聖ローマ帝国（9世紀～13世紀）の統治秩序は基本的に封建制,換言すると独立した諸権力同士の双務契約に基づいていた。そこでは王といえどもそれら諸権力の1つであるに過ぎず,他への支配権は持たなかった。その社会は,主君（封主）と家臣（封臣）との契約関係が多数結ばれ,それらの重なり合いという形態をとっていたのである。家臣はあくまでも自分の直属の主君と契約において関わるに過ぎず,それを超えたはるか上方の〈至高の権力〉を意識することはなかった。したがって当然,今日の主権概念に不可欠の領土の概念も,また国内／外という区別もなかった（國分 2015）。

　つまり,中世社会には多数の独立した権力,いわば〈政治的アクター〉が多元的に存在し,彼らは双務契約に基づき多様な諸関係を作りつつ,相互に牽制し合いながらも均衡を保っていた。また村民や都市民も伝統的な慣習法や誓約共同体の形成などによって領主など支配者に対抗した。この多元的に分立した自立的諸権力が織りなす慣習的秩序のモザイク状態は,アナーキズムのイメージそのものでもある。それを安定させていたのは,ローマ・カトリックという精神的紐帯であった。

・**人権を保障するべく登場した主権**　ところがそのローマ・カトリックにおいて宗教改革が起こり,宗派の対立が生ずるや,精神的紐帯は断裂した。社会の様々なレヴェルでカトリックとプロテスタント両勢力の間に激しい衝突が頻発するようになる。それによって秩序は崩壊し,また王権が支配する領域のなか

でも内戦が起こるのだが、問題は前述のように絶対的ではない一権力でしかない王権は、そのような事態に対してなす術がなかったということである。支配領域をしっかりと仕切る者がいない地域は、宗派対立によって混乱し崩壊するしかない。その事態を最も深刻に受けとめた者こそ、主権概念を確立し、近現代の中央集権国家の礎を築いた16世紀フランスの法学者ジャン・ボダン（1530-1596年）であった。彼はプロテスタントの一派であるユグノーの、国王側に対する激しい抵抗とその惨禍を抑え込むために、これまでにない強力な君主制を確立する必要を痛感し、そのために絶対的な王権を法によって裏打ちする主権論を展開するのである。主権とは彼によれば、宗教的・地域的・言語的・慣習的な差異を全部含んだ社会を統括し、国家たらしめる「絶対的で永続的な権力」である。この主権が「ポリティック」、すなわち国内に宗教上の寛容を与えて内戦を終結させることを実現するのである。こうして暴力を合法的に独占し、支配領域を絶対的に支配し、内乱を抑え込む唯一至高の主権国家が必然とされるようになった。

　暴力への権利を独占する主権はそれ自体危険なものである。にもかかわらず受け入れられるに至った理由は、それが、宗教勢力に象徴される自立的社会的諸勢力の獰猛さから、人々の基本的な人権を実効的に保障する役割を果たすからであった（井上2015）。後にトマス・ホッブズがそのことを、「万人の万人に対する闘争」を終結させ平和を創出するリヴァイアサンとして論じている。主権国家の存在理由はまず、個人の基本的な人権を実効的に保障する点に求められたのである。

　以上のような歴史的視点に立てば、国家の廃止は、精神的紐帯を持たない自立的諸勢力が人々の人権や安全を脅かす前-近代（自然状態）への逆行以外のなにものでもないと思われるのも無理はない。しかし本当にそうなのだろうか。

4.2　国家を民営化できるかどうか？

・〈みんなのもの〉としての公共財　一般に、市場経済に信頼をおく自由主義的な学者たちといえども、その大多数は、国家もしくは政府の全廃という主張まではしない。なぜなら、国民の人権を平等に守ることは政府にしかできない

と，また，人々の社会生活のなかで不可欠な業務のうち，警察，司法，国防といった業務には純粋な意味での〈公共性〉があるから民営化に馴染まず，政府が行うべきだと考えられているからである。しかし本当にそうなのだろうか。自明の理のように捉えられているその考えを再検討するに先立ち，まず「公共性」もしくは「公共財」という曖昧な語の意味をはっきりさせる必要がある。

通常，経済学の教科書的説明では，公共財とは「排除不可能性」と「消費の集合性」を備えている財であるとされているが，この説明だけではそれが政府に専属すべき理由を示すことに役立たない。森村進によると，公共財とは「個人の利益のうちで個別的に享受できないもの」，つまり〈みんなのもの common〉を指すのであって，政府（国家も地方自治体も含む）が供給する財を意味するわけではない（森村 2013）。例えばラジオ，テレビといった放送サーヴィスはこの意味で公共財といえるが，それは民間企業も供給している。要するに1人で受ける利益が不可分に他人にも利益になるような財やサーヴィスが公共財の内容であり，また公共性という語は，防災や警備など，利益を享受する人々や損害を被る人々がきわめて多数存在する業務の性質を指すのである。このように公共財・公共性を捉え直せば，それを市場が供給できないと決めつけられる謂れはない。

ここで，森村の議論を参考に，公共財の供給主体として，政府と市場，いずれがより相応しいのか比較してみよう。比較するに際しての観点は，政治の性質，効率性，行為者のインセンティヴ，の3点である。

・**政府と市場**　第1に，政府が行う政治とはそもそもどういうことであるか，である。政治とはもともと主権者が支配する領土において内乱が生じぬよう合法的暴力をもって仕切ることであるが，それはさらに，トップダウンに国民への財分配も行っている。つまり，投票や公務員の裁量的決定という手段によって資源と富を再分配しているのである。投票は政治的強者と弱者の不平等を拡大し，公務員による再分配は業界団体の利益になるよう誘導され，消費者の利益など二の次である。しかも強制的分配には固有のコストが常にかかる。つまり政府が公共財を供給する場合，受益者から適切な経済的対価を取り立てるという方法によらざるをえないが，それではすべての受益者と合意に達するための取引費用がかかりすぎてしまう。それにひきかえ，市場経済ではそのような

取引費用の問題をクリアできる。というのも市場では人々が自発的に協力と相互依存をするが，その過程で当事者双方が有利さを求めて不等価交換を行い，そこから新たな価値が生み出されるからである。このような交換の過程で互酬性のシステムが形成され，それによって需要と供給の均衡がとれ，サーヴィスは質・量ともに消費者が対価を支払う意欲を持つ程度に生産・供給される。市場経済によって公共財が供給されるほうが，偏りも非効率も無駄もないのである。

・効率性　第2に，効率性という観点から比較してみよう。政治的決定によっては公共財は無駄に，もしくは真に必要なところには過小に，つまり非効率に供給される。なぜなら，強力な政治的利権（建設産業，軍需産業，権限と予算の拡大を求める官僚など）が，国民の真のニーズを顧慮せず特定の公共財を不要なところに過大に供給するからである。結果として自動車がほとんど走らない立派な高速道路，ほとんど乗降客のいない新幹線の駅などが出現する。それよりは，公共財を民間企業に分割して所有させ，それぞれに経営させるほうがより国民のニーズに沿う，効率的な供給となる。なぜなら人は，自分の私的所有権の対象物を大切に扱う傾向を持つからである。

・インセンティヴ　第3に，インセンティヴという点で官僚と民間人とを比較してみよう。通常思われているように，官僚が（民間人にはなしえないほどに）優れた公共的判断や裁量をなしうるとは言い難い。なぜなら彼らもまた民間人と同じ人間であって，自己の利益追求を優先する傾向を持つうえ，彼らの立場においては，判断ミスによる失敗と公金の多大な損失が生じたとしても，なぜか責任を問われないという有利さがあるからである。公務員には，その組織的特徴のゆえに，優れた公共的判断を下さねば責任を問われるという危機感や責務へのインセンティヴが乏しいといいうる。それに比して民間企業は，何らかの不祥事，サーヴィスの質低下などがあれば直ちに売り上げ減少，顧客喪失といった経営の危機に見舞われ，トップはその責任追及を免れない。消費者の目を絶えず意識するという点では，民間企業は官僚をはるかに凌駕するだろう。

・〈みんなのもの〉は市場が供給できる　公共財という概念の捉え直し，かつ市場の効率の良さに信頼をおくリバタリアンはこうして，交通，教育，水や電力，貨幣，電波，刑務所などの公共財の供給を市場に委ねる。例えば貨幣に関して

は国が発行を独占する必要はなく，複数の銀行がそれぞれ銀行券を発行し，それらの信用度競争によって最良の通貨が決まればそれでよいとされる（ハイエク 1976）。また刑務所を民営の強制労働所とし，そこで加害者を被害者側への賠償金支払いのために働かせるという提案もされている（バーネット 1998）。もちろん，公共財の供給を限りなく市場に委ねることに対する危惧の声もある。政府なき資本主義においては，①レフェリーのいない自由競争に公正さを期待できない，②力のある特定企業による独占状態が生じる，③環境破壊や過剰な消費の喚起，過度の商品化など道徳的な堕落を阻止できない，④公共財のバランスの良い設置や運用が困難になる，⑤人々の格差の拡大が起こり，富裕層でなければよい生活を送ることができない，などの懸念である（住吉 1999）。しかし公共財供給の効率性については前述（前頁「・効率性」の箇所参照）のような見方も可能であるし，企業活動へのチェックや社会的制裁の行使は民間の複数の監視機関，もしくは消費者にも務まるのではないか。

・治安・裁判・防衛の民営化　今日では上述の程度に留まらず，裁判，治安，戦争といった本来主権に属するものとされていた事柄さえ悉く民営化されうるという議論が提起されている。治安・裁判を担う最小国家論を説くリバタリアンよりもラディカルなアナルコ・キャピタリズムの論者（例えばフリードマン）は，治安維持においてさえ複数の警備会社のサービス競争という過程が閉じられるわけではないと考える。人々はそれぞれ自分のニーズに合った民間警備会社と契約を結び，一身と財産の安全を提供してもらうための保険料をそこに支払う。

　裁判も国家だけが一手に引き受ける必要はない。民間警備会社が裁判サーヴィスも兼任するか，民間裁判会社が警備会社と契約を結んで，顧客の紛争に速やかに対処する。裁判は被害者が契約する会社と被告が契約する会社との駆け引きという形で行われる（その具体的な仕方については後述する）。両者で話し合われた結果，責任の所在について同意されれば，勝った警備会社が判決内容を執行する。判決に不服のある者は，セカンドオピニオンとして別の裁判会社に訴えることができる。複数の民間会社が裁判をすることのメリットは，このように，解決が迅速であり，かつ不服申し立てを，別の異なった視点を持つ裁判会社に即座にできるところにある。このような民営裁判のほうが，単一な視点しか持たない国による三審制の，時間とコストのかかる裁判よりも，個人の

権利保障という点で優れていると考えられる。

　防衛に関しては，アナルコ・キャピタリズムの社会では人々の自由意思が尊重されるので徴兵はありえないが，有志者が軍を結成する，もしくは入隊することは可能である。市民による義勇軍，そして複数の民間軍事会社が社会を守る役割を担う。ただしアナルコ・キャピタリズムではそもそも国家がないので，軍事会社に開戦の指揮を出す主体は誰なのかが問題となる。この点で，次節4.3で見られるように，結局国家をなくすことができないのではないかという声も投げかけられる。しかし国家でなければ戦争の指揮をとる主体は務まらないのだろうか。

4.3　それでも国家を消去することはできないか？

　以上のように，アナルコ・キャピタリズムによれば，国家の存在理由の最後の砦とされてきた治安・裁判・国防までも民営化されうるのであるから，国家という制度は廃止されてよいとされる。しかし国家の機能を悉く民営化できるという考え方に対しては，強力な異論が提起されている。①国家が果たしている重要な機能のうちにはそもそも民営化に馴染まず，私企業では性質上担えないものがあるという異論，そして②合法的暴力の独占化としての国家は不可逆的な歴史の流れの産物であり，暴力の論理は市場の論理に回収されえない，という異論である。これらの異論を検討してみよう。

・**民営化に適さない国家の機能？**　まず①について。国家には私企業が持たない次のような諸特徴があるといわれている。まず第1に，立法・司法・行政の三権が互いを監視し抑制し合うというチェック・アンド・バランスが確保されることにより，国家自ら暴走する危険が防がれている。第2に，国家がなしうる行為に対しては憲法という枠がはめられているうえ，実際の手続についても多くの法的規制がかけられており，国民に対する透明性や答責性の確保が求められている。それに対して企業は株主に対してしか責任を負わない。第3に，国家はその成員をすべて平等に無差別に扱う。それに対して私企業は，経営効率という観点から「お得意様」を露骨に優遇するという差別的扱いを行う（大屋2014）。

　以上の3特徴は，主権国家という制度に，まさにその固有の存在理由として

期待されるものである。しかし以上のような諸機能は、はたして国家でなければ果たせないものなのだろうか。民間といえども市場原理や互酬性のなかで、これらの機能を結果として果たしうる可能性があるのではないだろうか。企業に対しては消費者によるチェックや批判はことのほか厳しく、不祥事を起こしたり透明性や答責性を果たさない企業は不買やボイコットという形での社会的制裁を受け、最悪の場合は破綻の憂き目にも遭う。また格付け会社などによって民間で相互監視し、悪質な企業を告発することも可能である。私企業は顧客をランクづけして差別的に扱うというが、企業は1社のみではなく複数あるのだから、社会の多種多様な層にそれぞれ向けたサーヴィス提供がなされるということで差別問題は緩和されるだろう。

・**合法的暴力の独占体たる国家**　続いて②の議論を見てみよう。萱野稔人によると、主権国家成立までの歴史的過程は、あらゆる人々が権利を持っていた暴力が次第にひとつの主体によって独占され、しかもその独占が法によって合法化されるに至った過程であった。すなわち、ヨーロッパでは中世における国王のフェーデ（私戦）の禁止による刑罰権の独占、また貨幣経済と火器の発達によって封建制が衰退し、万人が持っていた暴力への権利が一人の有力者の下に一元化されていったことによって、主権という暴力の合法的独占が確立されたのである。合法的暴力を独占した国家は、自国内での戦争（例えば暴力団同士の抗争）を私戦として禁圧し、国民の権利を守ることを口実に徴税という名の金銭の強奪を行うが、この徴税こそまさに、市場の論理と異なる次元での金銭の調達であり、しかもこうして成り立っている国家こそが市場や所有権、資本主義を保護している。これが市場の論理に回収されない国家の暴力の論理であり、したがって資本主義を全開させるアナルコ・キャピタリズムさえも、それを侵害から守る実力行使の機関である国家抜きには成り立たない。いかに民営化を推し進めても、資本主義を支える合法的暴力の独占体、かつ法権利の保障主体としての国家は残らざるをえない、という（萱野 2005）。

・**国家でなく、オーナーの集まり**　だが国家ははたして資本主義を支える法権利の主体として変わらず存続し続けるだろうか。アナルコ・キャピタリズムの社会を侵害から守る実力行使の指揮をとる主体は国家でなければならないだろうか？　それは、国家が領土と公共財を所有しているという前提に立ったうえで

の議論である。アナルコ・キャピタリズムの社会の公共財は私有財産に分割されているのだから、そのオーナーたちが自分たちの財産を外敵から守る必要を感じたときに民間軍事会社に依頼するという方法をとると考えれば、国家は必要ない。

・**国家なき社会の法と正義の実現**　また、個人の権利保障は、国家という唯一の保障主体と一元的な法体系によらなければ不可能であるというわけではない。国家なき社会においても法はあり、人権保障は可能であるというフリードマンや藏研也（フリードマン 1989；藏 2007）の議論がある。無政府社会にはたしかに憲法をはじめ社会全体を規制する一元的制定法というものはない。そもそもすべての人間が同じ価値観を共有すると考えられていないから、法は単一とならないのである。かわりに、各警備会社と契約する裁判会社が、それぞれ固有の成文法とその具体的な実践を担う。各裁判会社が顧客に自社の法を提供し、客は契約している会社によって自ら望む権利を実現し保障してもらう。

例えば〈死刑に反対する〉法を持つ裁判会社と契約している加害者Aが、〈死刑を支持する〉法を持つ会社と契約している被害者B側から訴えられた場合を想定してみよう。Aと契約している会社はAを死刑執行から守らねばならないが、そのためにどうするかというと、自社の〈死刑に反対する〉という正義の実現をBの会社から金で買い取るのである。つまりAの会社はAの不処罰という結果を獲得するために、Bの会社に一定の金額を提示し、Bの会社がその金額で合意して受け取ったらAは死刑を免れる（もちろん逆もありうる）というわけである。各裁判会社は自らが掲げる法の実現や顧客の有罪無罪を、互いに入札し合って相手に金銭的オファーを受け入れさせる形で獲得するのである（フリードマン 1989）。

会社が自らの法や顧客の権利保障を金銭によって実現するという方法は、今日の立法や司法の常識から見れば不謹慎に思えるかもしれない。しかし現代の議会立法の実態、つまり強い政治的主張をなしうる業界の圧力団体の価値観が、それらを持たない多数の人々に立法という形で押しつけられることに比べれば、紛争当事者同士の一応の合意のうえに成り立つという点で、よりましと言えなくもない。

また、複数の裁判会社が多様な自前の法を掲げるなか、より合理的、効率

的，そして人々の正義観に適う法を持つ会社は，次第により多くの警備会社と契約者を獲得することになる。こうして法も日々市場での競争にさらされ，やがて法の消費者たちが適正と感じる方向へ進化していくことが期待できる。

・囚人のディレンマから自発的協力へ　「万人は万人にとって狼である」状況での個人の行為選択を囚人のディレンマによって説明し，最悪の選択を防ぐために，絶対的な主権者の出現とその立法による強制を不可避とする議論がある。兵士の裏切りや敵前逃亡を阻止するには「権力による威嚇」が必要というトマス・ホッブズの〈2人の兵士〉の例え話はその典型である。これは無政府状態を破滅的なものとみ，人々は主権国家と法による強制なしには生きられないという主張を論証しようとするものである。たしかに性善説にでも立たない限り，強制的権力がないという条件下で相互不信に陥っている群衆は，それぞれ他者を害してでも自己保存や自己利益を追求する利己的な行為選択をするであろうという推測には説得力がありそうである。しかしゲーム理論から見ると，囚人のディレンマとしての自然状態のうちにある当事者たちは，必ずしも破滅的な帰結に向かうというわけではない。囚人のディレンマといえども，その状態が無限に繰り返されるならば，国家と強制がなくても当事者間の協力が発生しうる（フォーク定理）。また自然状態を囚人のディレンマとして見るのでなく，調整ゲーム（当事者に利益になる複数の均衡状態があり，いずれかの均衡状態にあることが望ましい状況）によって捉えるならば，当事者間にコンヴェンション（慣習）が形成されさえすれば，国家なしで効率的な均衡状態に到達しうる。いずれにせよゲーム理論による検討からは，自然状態は残忍で悲惨であり，国家によって克服されるよりほかないというテーゼは必ずしも正当化されるわけではない。自然状態の当事者たちは結果的に共同利益を最大化する行為を選択しうる[6]。

・コンヴェンションを形成する鶴の一声を発するのは国家でなければならないか？
　しかし，それでも人間には（他の動物と違って）国家による強制が必要であるという議論が提起されている。瀧川裕英によれば，人間は死を免れない存在であること，しかも他の動物と異なり，自らが死すべき存在であることを知っていることが，国家の正当化根拠になるとされる。なぜなら，死すべき存在であることを知っている人間にとっては結局裏切りが合理的であるから自然状態に

おいてフォーク定理が成り立たず，また彼らにとっては時間の割引率が高くなる（現在の利得が将来のそれより重視される）がゆえに相互裏切りこそがナッシュ均衡となるからである（瀧川 2015）。

だが自然状態から調整ゲームでコンヴェンションを形成する可能性に着目すれば，国家設立は不要であるかもしれない。コンヴェンション形成にとってはとりあえず周知性の高い〈鶴の一声〉が必要であるが，それが必ずしも国家である必要はない。コンヴェンションの有効な成立要件としてマスメディアの他に，予測能力，政策決定の専門家の存在があげられているが，これらを担う主体は有能な人材が集結した民営の機関，例えば政策立案を業務とする公共政策研究機関であるシンクタンクであっても差し支えないのではないだろうか。もちろんこの場合のシンクタンクはもはや政府のブレーンではなく，人々が公共性について意思決定を行えるよう支援する団体として数多く存在しているべきであり，それぞれの提言内容のクオリティもまた，市場競争で試され続けるのである。

📖 ブックガイド

① 森村進（2013）『リバタリアンはこう考える』信山社
　日本屈指のリバタリアンが，リバタリアニズムの理想型を追究してきたこれまでの集大成。
② 蔵研也（2007）『無政府社会と法の進化』木鐸社
　無政府社会が秩序をもって機能しうることを，法の私有化と進化という着想を軸に論じている。
③ 井上達夫・嶋津格・松浦好治編（1999）『法の臨界［Ⅱ］秩序像の転換』東京大学出版会
　作為の背後にあってその目的を主体に与える自生的秩序の可能性に注目する諸論文を掲載している。

〔注〕
1）　事実，政府と民間とを比較すると，同じ業務をするのに必要な費用が2対1になるといわれる（フリードマンの法則）。
2）　アナルコ・キャピタリストのマリー・ロスバードはロックのこの思想を徹底し，政府による強制的な課税は窃盗であると主張した（ロスバード 1998）。
3）　自由放任主義はまた，重商主義否定・自由貿易支持の議論をもたらした。19世紀初

頭，古典派経済学の完成といわれるデイヴィド・リカードの『経済学原理』では，政府に干渉されない自由貿易こそが貿易両国にとって物質的に豊かな状況を作り出すことが証明された。このように19世紀までの古典的自由主義は，経済の豊かさと社会の発展のために，個人は可能な限り政府から自由に活動しなければならないという信念に支えられていた。
4）　ハイエクのこの思考は，プルードンが1846年の『貧困の哲学』において，交換行為のうちに見出した相互性，すなわち「所有と共有の総合」を彷彿とさせる。
5）　農村には，領主という支配者がのりこんでくるよりはるか昔から，村社会とそこでの伝統的な慣習法（良き旧き法）が存在しており，農民たちは〈新参者〉である支配者に，その法を盾として対抗していた。また市場に店を構え定着して商業を行う者たちは，誓約を結び互いの自由を守り合う共同体すなわち都市を形成したが，彼らも都市法によって領主に対抗した。
6）　ゲーム理論のこの論証から，かつてクロポトキンが自著『相互扶助』のなかで論じた洞察，すなわち動物は生命の維持，種の保存，進化のためにすすんで相互扶助を行うという洞察が現実的であることを証明しようとする議論も見られる。

〔文献〕
ロック，ジョン（1690）『統治二論』加藤節訳，岩波書店
ロスバード，マリー（1998）『自由の倫理学』森村進・森村たまき・鳥澤円訳，勁草書房
ハイエク，フリードリッヒ・A.（1949）『個人主義と経済秩序』嘉治元郎・嘉治佐代訳，春秋社
ハイエク，F. A.（1973）『法と立法と自由［Ⅰ］』矢島鈞次・水吉俊彦訳，春秋社
ハイエク，F. A.（1976）「貨幣の脱国営化論」『貨幣論集』池田幸広・西部忠訳，春秋社
ノージック，ロバート（1974）『アナーキー・国家・ユートピア』嶋津格訳，木鐸社
スミス，アダム（1776-1784）『国富論』水田洋監訳，杉山忠平訳，岩波書店
プルードン，ピエール＝J.（1846）『貧困の哲学』斉藤悦則訳，平凡社
ウォード，C.（1971）『現代のアナキズム』西村徹／P. ビリングズリー訳，人文書院
クロポトキン，ピョートル・A.（1901）「近代科学とアナーキズム」『世界の名著53　プルードン　バクーニン　クロポトキン』勝田吉太郎訳，中央公論社
國分功一郎（2015）『近代政治哲学』筑摩書房
井上達夫（2015）『リベラルのことは嫌いでも，リベラリズムは嫌いにならないでください』毎日新聞出版
森村進（2013）『リバタリアンはこう考える』信山社
バーネット，ランディ（1998）『自由の構造』嶋津格・森村進監訳，木鐸社
住吉雅美（1999）「国家なき社会」嶋津格編『法の臨界［Ⅱ］秩序像の転換』東京大学出版会
大屋雄裕（2014）『自由か，さもなくば幸福か？』筑摩書房
萱野稔人（2005）『国家とはなにか』以文社
フリードマン，ディヴィド（1989）『自由のためのメカニズム』森村進・関良徳・高津融男・橋本祐子訳，勁草書房
藏研也（2007）『無政府社会と法の進化』木鐸社

第Ⅲ部　法と国家

瀧川裕英（2015）「死と国家」井上達夫編『法と哲学』信山社
McEwan, J. D.（1963）"Anarchism and the cybernetics of self-organising systems", Anarchy Vol. 3, Freedom Press

【住吉雅美】

15 国際社会に法は存在するか？

1 ── なぜこの問いか

　国際社会に法は存在するか。国際「法」というものがあるのだから，法があるに決まっていると思うかもしれない。しかし，国際法は本当に法だろうか。例えば，日本の刑法が法であることを疑う人はほとんどいないだろう。刑法に違反すれば警察に捕まり，裁判にかけられ，処罰されるだろうということは，法についての詳しい知識がない人でも知っている。しかし，国際社会には警察官はおらず，裁判は稀であり，処罰もあまり行われない。武力行使禁止原則という国連憲章に掲げられた大原則でさえ，破られることは珍しくない。2003年のアメリカ合衆国によるイラク侵攻は，違法な武力行使だったという見方が有力だが，裁判によってそれが認定されたわけでも，誰かが処罰されたわけでもない。違法行為が野放しになっているどころか，何が違法行為かさえはっきりしないとすれば，国際法は法なのか。国際社会に法は存在するかという問いは，理論的なものに留まらない現実的な意義を有する。

　もう少し一般的な形で述べれば，国際法は法かという問題をめぐっては，次のような国内法との違いが指摘されてきた。国際社会には世界政府のような上位権力が存在しない。国際法上の義務を強制的に履行する一般的なしくみは存在せず，国際法の履行は国家の自発的な遵守に委ねられている。[1] 国際司法裁判所をはじめとする国際裁判所は，国内の裁判所と異なり強制管轄権を持たず，国家の個別的な，あるいは一般的な合意に基づいてのみ管轄権を行使することができる。国家は自らの合意によってのみ拘束され，すべての国家を拘束する形で立法を行うことが可能な機関は存在しない。こうしたことの結果，国際法は，われわれが国内法について観念するような，国家権力を背景として強制的

に実現される規範秩序とは異なったもののように見えることになる。

　なお，国際社会を見渡したとき，そこで「法」と呼ばれているのは，国際（公）法だけではない。国際私法をはじめとする国内法も，国境を越える人々の関係を規律するうえで重要な役割を果たしている。しかし，国際法が国際社会に固有であるということからすれば，国際社会に法は存在するかという問いの中心は，国際法は法かという点にあると考えられる。もちろん，ここには国際社会とは何かという別の問題が潜んでいる。国境を越えた広がりを持つ人々の社会的関係は，もはや国家同士の関係には尽くされない。グローバルな規模において多様な主体が互いに複雑な関係を取り結んでいることを視野に入れたうえで，国際社会というものをどのようにして理解するかということが改めて課題となっている。しかし，国際社会をどのように捉えるにせよ，その規律において国際法が主要な役割を果たしているという認識に大きな違いはない。また，国際法は法かという問いは，歴史的に見ても様々な法理解の射程を明らかにする重要な問いとして受け止められてきたのであり，それを中心に据えることには意味があるといえるだろう。

2——問いの意味

　さて，ここで改めて国際法は法か。まず，この問いの意味するところが問題となる。上で述べたところからわかるように，「法」という言葉が国際社会において用いられているかといった，語の用法についての問いとしてこれを理解するのは不適当である。語の用法が問われているのであれば，国際法はもちろん，ブッダの教えである仏法や力学法則のような自然法則も「法」だということになる。しかし，国際社会に法は存在するかという問いが問題にしているのは，法という語ではなく，それが指し示す対象である。つまり，問われているのは，われわれが「法」という語によって呼んでいる対象と重要な点において同じものを国際社会に見出すことができるかということである。国際「法」と呼ばれるからといって，国際法が法であるとは限らない。

　しかしこのことは，何を法と呼ぶかはわれわれがそれをどう取り決めるか（規約）の問題に過ぎず，どのような対象を法と呼んでも構わないということ

を意味するのではない。何を法と呼ぶべきかは、紛争当事者の主張のいずれを法的に正しいものとすべきか、裁判官は何を基準に判決を下すべきかといった実践的問いと密接に関連する。法であるか否かは、理論的主張を超えて実践的にわれわれがどのように行動すべきかということに深く関わっているのである。例えば、ジョン・オースティンの唱えた法命令説において「法は人に対して一定の種類の行為をとり、あるいはそれを差し控えるよう、一般的に義務づける命令である」(Austin [1832] 1995：29) と定義される。このとき、法命令説の枠内における約束事として、一定の共同体の構成員を義務づける一般的命令を法と呼ぶことが提案されているのではなく、およそ法を理解するうえでそれを一般的命令以外のものとして理解するのは誤りであること、したがってこの定義による法以外のものに基づく当事者の法的主張や裁判所の法的判断は誤りであることが主張されている。言い換えれば、法とは何かという問いをめぐってなされている作業の多くは、「解明」(explication)、つまり既存の不精確な概念を精確にすることだといえるだろう。一般的に用いられている法の概念は不精確なものを含んでいるが、それを精確なものにしていくことこそが、取り組まれるべき課題なのである。

　このように見てくると、国際法は法かという問いは、そもそも法とは何かという問いに立ち戻って考えなければならないことが明らかとなる。では、国際法という語はどのような対象を指し示しているのだろうか。国際法の教科書などでは、「主に主権国家間の関係を規律する法である」といった説明が与えられる[2]。しかし、何が主権国家かは国際法によって決められるのであるから、これは十分な説明ではない。また、「主に」といわれるが、主権国家間の関係を規律するもの以外の法のうち、どれが国際法に含まれるのかも明らかではない。しかし、典型的な一般国際法上の規則として、武力行使に関する規則や外交関係に関する規則、境界画定に関する規則を念頭に置くことには、大きな異論はないだろう。

　では、そもそも法とは何か。この問いに答えることは容易ではない。広く捉えれば、「社会あるところに法あり」(Ubi societas, ibi ius.) という格言が示すように、あらゆる社会にそれを規律する規範としての法を見出すこともできるだろう。しかし、われわれが法と見なしているものは、一般にもう少し限定さ

ており，いくつかの特徴を持っている。そのうち何を法に固有の特徴として捉えるか，そしてそれをどのように説明するかが問題となる。ハーバート・ハートが『法の概念』の第1章で述べているように，法については次のようなことが繰り返し争われてきた。第1に，法は行為を義務づけるが，それは強盗の脅迫とどのように区別されるのか。第2に，法と道徳の要求内容は互いに重なり合うが，両者はどのように区別されるのか。そして第3に，法は規則（rules）からなっているように思われるが，規則とは何であり，法はどこまで規則によって説明されるのか（Hart [1961] 2012：6-13）。これらの論点をめぐっては，様々な主張が交わされてきた。法とは何かについての答えが多様であるならば，国際法は法かという問いに対する答えも様々である。

3 ── 制裁への着目

3.1　ジョン・オースティンの法命令説

　国際法が法であることを否定する論者として最も有名な一人は，ジョン・オースティンである。すでに若干触れたが，オースティンは，「法は人に対して一定の種類の行為をとり，あるいはそれを差し控えるよう，一般的に義務づける命令である」（Austin [1832] 1995：29）とした。法が命令であるとすれば，何らかの特定された命令者との間に政治的な上位・下位の関係があるはずである。ところが，国家が他の国家に政治的に従属していない限り，国家間にそのような関係は存在しない。したがって，国際法とは諸国民が一般的に受容する意見や感情からなる実定道徳であり，不適切な意味における法に過ぎないというのである（Austin [1832] 1995：123-124）。

　国際法の取り扱いということでいえば，このような法命令説には疑問の余地がある。法が社会構成員に対する一般的命令であるという定義は，せいぜい近代国内社会における法についての観察から導かれたものに過ぎず，国際法はそもそも法を定義する段階において考慮されていない。国際社会は主権平等原則を基礎としており，主権国家より上位の統一的権力を持たない。このような社会に妥当する国際法をはじめから度外視しながら法を定義し，それを国際法に当てはめることにより，それが法であることを否定するというのは，論点先取

の誹(そし)りを免れない。実質的に見ても，国際法の解釈・適用と「善と衡平による」（すなわち道徳的考慮に基づく。ex aequo et bono）解決とが区別されてきたことに鑑みれば，国際法を実定道徳と見なすのは道徳概念の不当な拡張だろう。国際法は法ではないという主張が成り立つとしても，近代国内社会における法が法の範型であることを自明だと捉え，法が歴史や文化，社会に応じて多様でありうる余地を認めないのは，説得力を欠く。

　法一般に対する視点のとり方という意味でも，法命令説には問題がある（Hart [1961] 2012：27-33）。ハートが批判するように，まず，その議論においては，法は「威嚇を伴った命令」（an order backed by threats）として性格づけられ，その点で強盗の命令と同じものとして扱われている。しかし，法の内容は多様であり，必ずしも義務を定めそれに対する服従を求めるものだけではない。個人に契約，遺言，婚姻などを行う権能を与えるものもあれば，裁判所に有効な裁判を行うための管轄権を与えたり，立法府の権能や構成，手続を定めるものもある。立法者は法の外で命令しているのではなく，法によって与えられた権能を行使しているに過ぎない。また，この立場からは，慣習（custom）のように意識的な法定立行為によらずに法となるものについて，説明が困難である。

　また，主権者（sovereign）概念も問題となる。法命令説によれば，社会における法となるのは主権者の一般的命令であり，主権者は「自らは何者にも習慣的に服従していないが，社会の大多数がその命令に習慣的に服従する個人あるいはその集団」として定義される（Hart [1961] 2012：50；Austin [1832] 1995：166）。この考え方では，人々が習慣として一定の行動をとっていることと，それを超えて規則が存在することとが区別されない。また，法的に限定されない主権者というのは強過ぎる条件であり，主権者が憲法によって制約されていることも少なくない。しかも，民主主義国家においては誰が誰に服従しているのかを見極めることは困難である。のちに詳しく見るように，法命令説が抱えるこれらの問題は，法を人々の行動の規則性という観点から捉えることの限界を示している。人々が法を行動を評価するための基準として用いているという側面を見なければ，法がどのように社会を統御しているかを理解することはできないのである。

3.2 ハンス・ケルゼンの法強制説

　法と制裁とを結びつけて捉える論者としては、オースティンのほか、ハンス・ケルゼンをあげることができる。ケルゼンは法を強制秩序であるとしたが、それが意味するのは、法は強制手段を定めることによって個々人に望ましい行動をとらせようとする社会秩序だということである。道徳や宗教も一定の行為を要求するが、どちらの場合も社会的に組織された制裁は定められていない点で、法とは区別される。法が強制秩序だとすれば、制裁としての強制行為も、それが防止しようとする違法行為も、どちらも力の行使であるという点で変わりがないようにも見える。しかしケルゼンによれば、制裁として力を行使しうるのは、あくまで法秩序によって授権され、共同体の機関として行為する個人のみである。法は力の行使を共同体の独占の下に置くのである（Kelsen 1949：18-21）。

　このような法理解に基づいて、ケルゼンは国際法についても分析を加える。一般国際法上、違法行為に対して制裁は規定されているか。国際法違反に対する反応としては、復仇と戦争とが考えられる。復仇とは、相手国の違法行為に対し、限定された範囲で本来ならば法的に保護される相手国の利益範囲を侵害することであるが、これが制裁であることには疑いがない。では、戦争はどうか。一般国際法上、戦争は禁止されないとする立場をとれば、戦争は違法行為でもそれに対する制裁でもありえない。これに対し、正戦論の立場に立って、戦争は原則として禁止されており、違法行為に対する反応としてのみ許されるとするならば、戦争は制裁として理解される。ケルゼンによれば、正戦を否定する論者の多くも国際法が法であることは否定せず、復仇は制裁としてのみ行いうると考えている。それにもかかわらず、国家が戦争に訴えるのは自由だとすれば、それは小さな窃盗は罰せられるが武装強盗は野放しにされている社会秩序と同じである。このような秩序は論理的には不可能ではないが、政治的には考えがたい。正戦論をとるか否かは、客観的な科学の問題ではなく国際法はいかにあるべきかに関わる政治的な問題であり、政治的な観点からは正戦論をとり、国際法を原始的な法とする立場が支持されるだろうという（Kelsen 1949：328-341）。[3]

　このようにしてケルゼンは、少なくとも国際法を法と見なす余地があること

を認める。しかし，規範と事実を厳密に区別し，制裁を中心として法を捉えるその議論には，法主体が法をどのように受容しているか，法がどのように人間行動に影響を与えているかという視点が欠けている。ケルゼンは，特定の場合に公機関に対して制裁を命ずる規範こそが第一次的な規範であり，真正な法規範だとする。「盗むべからず」と「盗みを働いた者は罰せられるべし」という２つの規範があるとすれば，後者こそが真正の法規範であり，前者は後者に依存する形で便宜上仮定されるに過ぎないとさえ述べるのである（Kelsen 1949：60-61）。

　ケルゼンは，法を人々の行動の規則性の問題として捉えてはいないが，公機関を名宛人とする制裁の規定を中心として法を捉えたために，法が社会を統御するうえで果たすそれ以外の役割を過小に見積もっている。法命令説の場合と同様，そこで見過ごされているのは，法が守られるべきものとして人々によって捉えられているという一般的な事実である。窃盗が人々の非難の対象になるのは，それに対する制裁が用意されているか否かに関わらない。われわれが契約を結ぶとき，それは当事者の間で守るべきものとして理解され，行動の基準となる。そして，人々が受け入れている基準を前提としなければ，公機関が正しく法を適用しているか否かをめぐって論争が生ずるという事実を説明することもできない（井上 2003：71-111）。国際法については問題はさらに深刻であり，制裁を規定する規範は限定された範囲にしか存在しない。国家に課された基本的人権の保障義務は，一般国際法上いかなる制裁と結びついているかは明らかとはいえないにもかかわらず，国際法の重要な一部として捉えられている。また，国家承認を与える行為も，制裁の規定との結びつきは不明瞭だが，国家間の紛争の種となることは稀ではない。

　法が公機関に対して違反に対する制裁を命ずるものでしかないのならば，われわれの法に対する関係は，単に制裁を恐れて従うということでしかなくなる。しかし，国内社会でも国際社会においても，公機関としての地位にない人々の間，国家同士の関係で，法は互いの行動を評価し，行為するための基準となっている。社会の構成員は，公機関による制裁の可能性を超えて，互いの関係において従うべき理由があるものとして法を捉えているのである。

4 ── 内的視点

4.1 内的視点の必要性

　このような社会の構成員の態度を説明するには，法を内的視点（internal point of view）から眺めなければならないと主張したのがハートである。ハートは，誰かが何かをせざるをえなかった（was obliged to）ということと，何かをする義務があった（had an obligation to）ということとは同じではないと指摘する。強盗の命令の場合，前者のように述べることはできるが，後者のように述べることはできない。義務があると述べるためには何らかの規則が必要であり，しかもその裏にそれを重要だとする根強い考え方や，強い社会的圧力がなければならない。しかし，この違いを理解するためには，外的視点から，赤信号では人々が停止する可能性が高いというような，行動の単なる規則性を観察するだけでは不十分であり，内的視点に立って，赤信号が止まれを意味するというような，規則が行動の理由となっている側面を捉えなければならないのである（Hart［1961］2012：82-91）。

　法を制裁を中心として説明するのでは，人々が内的視点から規則を受容していることが考慮されず，法がどのように人々の行動を統御しているかについて十分理解することができない。そこでハートが提示するのが，第一次規則と第二次規則の結合としての法という理解である。第一次規則として考えられているのは義務を賦課する規則であり，原始的な社会が持っているのはこのような規則だけである。しかし，このような社会では，何が規則であるかが不明確であり，規則を意図的に変えることができず，規則の維持が分散した社会的圧力に委ねられているという問題がある。第二次規則は，単純な社会構造の欠陥を補うために導入される。すなわち，規則の不明確性に対しては認定の規則が，静的性質に対しては変更の規則が，非効率性に対しては裁判の規則が解決を与えるのである。内的視点をとることで，義務賦課規則についてよりよく理解できるだけでなく，第二次規則の導入にともなって生まれる様々な法的概念を捉えることができるのである（Hart［1961］2012：91-99）。

4.2　単純な形態の社会の規則としての国際法

　内的視点という観点をとりいれることによって法の規範性に対する理解を大きく前進させたハートであったが，国際法については，認定の規則によって統一されていないことから，単純な形態の社会における社会規則であり，国内法と機能や内容においては類似するが形態において異なるものとして捉えた。認定の規則は何が社会的規則であるかについての基準を提供する。根本的な認定の規則がある場合には，実際に定立される以前に，それに照らして規則が妥当性を持つかどうか判断できるが，単純な形態の社会においては規則が規則として受容されるか否かは待ってみなければわからない。この点で，国際法は依然として国内法とは異なるというのである（Hart [1961] 2012：234-237）。

　たしかに，一般国際法の多くが慣習法として説明されることを考えれば，一般国際法の規則が規則として受容されるか否かは成立以前にあらかじめ決まっているのではないと見ることができるかもしれない。しかし，例えばプライヴァシー権や譲渡担保のように，明文規定に基づかず判例によって認められてきた権利を考えるならば，これらの権利を根拠づける規則は，判例法として確立する以前に一般的に適用しうる規則として認められていたとはいえない。むしろ，国際法については，慣習法規則の成立を認定するための規則が，習律（convention）としてある程度共有されているとさえいえるかもしれない。また，裁判所の認定が重要な意味を持つというのであれば，国際司法裁判所が慣習国際法の成立において果たす役割は大きい。根本的な認定の規則によって法体系の統一性が保たれているか否かは，その点で程度問題だといわざるをえない。

　ただし，ハートが，法が社会の構成員によって受容されているという事実を内的視点に立って捉えることが，国際法を理解するうえでも有効だと考えている点は注目に値する。国際関係論における現実主義（リアリズム）は，国際平面における国家行動を説明するに当たって，国際法はほとんど考慮する必要がないという立場をとる[4]。国家間関係は，国家の利益や力をめぐる目的合理的な行動に基づいて説明しうるというのである。現実主義の枠組みから見れば，どのように法を定義するかにかかわらず，国際平面における人間行動を説明する上で国際法を変数として組み込む必要はないということになる。もちろん，大国が国際法に違反してでも自分の意思を貫徹しようとすれば，それを止めるこ

とは難しい。イラク戦争はそのような例である。しかし同時に、武力行使に際してアメリカ合衆国が国際法に違反していないことを示すための様々な努力を行ったこと、あるいは他の国家が国際法に基づいてその行動を非難したことにも留意しなければならない。国家が自他の行動を評価するための基準として内的視点から国際法を受容し用いているという側面を捨象すれば、こうしたことの説明は困難になる。

　もっとも、国際法の意義は国家の目的合理的な行動から道具主義的に説明できるとする、より洗練された立場から、さらなる反論があることも予想される。ジャック・ゴールドスミスとエリック・ポズナーの議論がその代表的な例である（Goldsmith and Posner 2005）。これによれば、国家が国際法を遵守するのは、自己の目的追求の観点から遵守に利益を見いだしうるからだと説明される。例えば、国家は国際法を遵守している他国の支持を取り付けるために国際法を遵守するというのである。しかし、国際法規則に従わなかった際に他国によって非難されるのは、それが多数の国家によって遵守されていることが理由ではない。規則は遵守されているから遵守が正当化されるのではなく、何らかのしかたで正当化されているから遵守されるべきだと考えられているのである。つまり、この議論も行為者の内的視点を考慮に入れていない点で、十分ではないといえるだろう。

5 ── 国内法は法の典型例か

5.1　国際社会と国内社会の構造的相違

　ハートは、行為者による社会規則の内的視点からの受容という重要な指摘を行った一方、国際法については、当初から境界事例として位置づけ、結論においても国内法と形態において異なり、1つの体系をなしていない社会規則の集合であるという見方をとった。しかし、このように結論づけることは、ハートの枠組みにとって必然ではないという指摘も見られる。ジェレミー・ウォルドロンもその一人である（Waldron 2013）。ウォルドロンは次の点に注目する。

　ハートは、集権的に組織された制裁の仕組みが欠けていることを理由として国際法が法であることを否定する見解に対して、次のように反論を加える。ま

ず，概念的なレベルにおける法の理解として，法的な義務や拘束力を制裁の可能性と結びつけて捉えるのは誤りであり，法主体が規則を自分や他者の行動を評価する基準として，内的視点から受容し用いているという事実を正面から見据えるべきである。さらに，国際社会と国内社会との違いをふまえれば，集中された制裁は国際法が法であるための条件だとはいえない。たしかに，国内法については，恣意的な暴力使用を禁止する規則，およびその違反に対する制裁を定める規則を備えることは不可欠である。国内社会においては個人が他人に危害を加えたり，逃走したりする可能性が高いが，その一方で，個々人の力の強さは概ね等しく，秩序を守ることの利益が明白なため，協力すれば秩序を守ることができるのである。これに対して，国際社会において国家間の暴力使用は隠しようがなく，また結果は強国にとってさえ予測しがたいが，他方で国家間の不平等ゆえに，協力によって侵略者を圧倒することができるとは限らない。それでも国家間において破滅的な戦争と戦争の間には長い平和があり，そこでは集中された制裁が用意されていないにもかかわらず，国家は規則に従って行動をとってきたのである（Hart [1961] 2012 : 216-220）。

この箇所でハートは，国際社会と国内社会の構造的な違いに基づいて，国際法と国内法とが異なったしかたで機能していることを指摘している。この洞察に従えば，国際法は国内法と比べて原始的な段階に留まっているのではなく，国際社会の構造に適応するように洗練され発展してきたという結論を導くことも可能だったはずだとウォルドロンは考えるのである。しかし前述のように，ハートはそのような道筋をとらず，国際法は国内法体系に近づいていく過渡的な段階にあるのかもしれないと結論づけた（Hart [1961] 2012 : 237）。その理由は，義務を賦課する第一次規則のみの単純な社会構造から，第一次規則と第二次規則の結合による法への転換を，社会の範囲の拡大と複雑化への必然的な対応として説明したことにある。ハートは，血縁や共通感情，信念によって固く結ばれ，安定した環境に置かれた小さな社会以外のあらゆる場合に，第二次規則の導入が必要になると述べる（Hart [1961] 2012 : 92）。つまり，複雑な社会であれば第二次規則による補完は必ず必要とされ，その導入が行われるだろうというのである。このような枠組みを前提とするならば，複雑化した社会において第二次規則の導入が部分的なものに留まり，それゆえ法が存在しないとして

も，それは過渡的なものであり，やがては認定の規則によって統一された法が成立するだろうと予測され，さらにはそうあるべきだと主張されることになる。

5.2　遅れた法としての国際法

　国内法と比較すれば，国際法には様々な「欠如」ないし「欠陥」が目立つ。何が義務を賦課する第一次規則であるかが不確定であり，規則の意図的な変更を行う手段がなく，規則の違反を有権的に判定する機関がないという，第一次規則のみからなる単純な社会構造の欠陥は，多かれ少なかれすべて国際法にも当てはまる。しかし，果たしてこれらの事実は，国際法が国内法よりも遅れた段階にあるということを意味するのだろうか。ハートは国際法が遅れていると明示的・断定的に述べているわけではない。しかし，国際法が国内法に近づいていく過度的な段階にあるというその主張は，限りなくそれに近い。では，国内法，より厳密にいえば近代国内社会の法こそが社会規則の最も洗練された形態であり，あらゆる社会規則は最終的にはそのような方向へと発展するであろう，あるいはそうなることが望ましいということはどこまで可能だろうか。

　ウォルドロンが考えるように，ハート自身が指摘する国際社会と国内社会の構造的な違いを正面から受け止めるならば，国際法は独自の方向に発展してきたのであり，原始的な段階にあるのでもなければ，国内法と同様の発展経過をたどるとも限らないと見ることも十分に可能である。実際，あらゆる社会は複雑化にともなって近代国内法類似の法体系を備えるようになるという主張は証明しがたい。仮にそれが正しいとしても，国際人権法などが国内法体系に影響を及ぼしつつあることを見るならば，認定の規則によって統一された法体系を目指して社会が単線的に発展するという見方は疑いうる。むしろ国際法が発展するにつれ，国内法との融合が進み，認定の規則を同定することは国際法・国内法のいずれについても困難になっていくという可能性もあるだろう。

　しかも，国際法が認定の規則によって統一されるということが，強制管轄権を持った裁判所が国際法についてのあらゆる争いに有権的な回答を与えることを意味するのであれば，それが望ましいともいいがたい。それはごく少数の裁判官が，重大な国益が関わる事項についても拘束力ある判断を下しうるという

ことを意味するからである。国内社会においても，政治的に重大な問題について裁判所がどこまで判断すべきかは問題とされうる。しかし，国際社会固有の問題も存在する。それは，裁判所に強制管轄権を持たせることができたとしてもなお，判決の執行は各国家に委ねざるをえないという問題である。ハートが指摘するような国家間の力の差をふまえれば，この問題を解決するのは困難である。判決の履行が国家の意思に委ねられ，国家が判決に従わないことが少なくないとすれば，法に対する冷笑的な態度を生むだけになりかねない。

　国内法をモデルとして国際法を眺める傾向は歴史を通じて根強く見られ，理論および実践の両面に影響を与えてきた。大沼保昭の指摘によれば，国家を擬人化し，国家間関係を個人間関係との類比によって捉えるという発想は，国際関係を自然状態として見るホッブズ以降の議論に盛んに見られ，また19世紀から20世紀にかけての国際法学においては国内私法との類推が広く行われ，条約や仲裁判決，国家実行もそれを裏づけるように蓄積されてきた。さらに，20世紀以降の国際裁判管轄の義務化や強制の一元化，国際立法の推進，国際刑事法の確立，強行規範の実定化といった動きも，分権構造を克服し，「遅れた」国際法を国内法に近づける試みであるという。大沼は，両者の背景にある社会構造の違いを明確に意識しないまま，国内法を範型として国際法を扱うことの危険を警戒する。それは，国際法の現実を見ずに理想に走るか，逆に国際法を無力として否定するかのいずれかに陥りかねないのである（大沼 1991）。

　一義的な定義によって何が法であり何がそうでないかを決めることは，『法の概念』におけるハートの目的ではなかった。関心は，国際法が法であるか否かという問いそのものにあったのではなく，むしろ両者の異同を可能なかぎり明らかにすることにあったと考えるべきだろう。ただ，ウォルドロンが批判しているように，国内法との違いを過度に強調し，国際法を第一次規則の原始的な体系であるとする結論をとったことは無害ではなかった。国際法学者にはそれは無関係なもの，国際法への無理解に基づくものに見え，法哲学者の側も比較を通じて理解を深めることも，そうしようという気になることもなかったのである（Waldron 2013：223）。しかし，ウォルドロンは何を言おうとしているのだろうか。国際法学者の関心を法哲学に向け，法哲学者の関心を国際法に向けるために，国際法が法であることを認めるべきだというのだろうか。

6 ── 価値負荷性

6.1　認識的有用性

　ウォルドロンの記述は,「国際法は法か」という問いを「国際法は法と見なされるべきか」という評価的な観点から見直すことを提案しているように読める。この提案は様々に解釈できるが, それによって法一般あるいは国際法に対するわれわれの理解が深まるか否かという観点から,「国際法は法か」という問いに答えを与えるべきだという認識論的な主張として読むことが可能だろう。

　国際法学者や外交実務家もまた,「何が（国際）法か」という問いに答えようとしている。しかし, その際, 国際法が法であることは前提とされている。観察者が実践の外の観点からいくら国際法は法ではないといったところで, そこで答えが与えられているのは別の種類の問いであり, 国際法をめぐる法律家の論争とは脈絡を持たない（Dworkin 2013：4）。いわば観察者は, 実践の参加者が前提としている法とは別の「法」について語っていることになってしまい, 国際法をめぐる実践を理解することができなくなってしまう。国際法をめぐって議論しているのは国際法学者や外交実務家だけではない。国内法学者や国内の裁判官や行政実務家なども, 国際法を法として扱う場面がますます増えている。国際法を法として認めないのは, 法一般をめぐる実践の理解を歪めることになりかねない。

　実際, ハートは社会構成員による内的視点からの法の受容を考慮しなければ, 法の理解を歪めることになるとして法命令説を批判したものの, 人々が法をどのように用いているかについて, 事実に基づいた議論をしているわけではない。現実社会の法の説明としては, 一般の人々は制裁を恐れて法に従っていると考えたほうが当たっているのかもしれない（Schauer 2010：18）。中国やロシア, 北朝鮮, シリアなどをはじめとする圧倒的に多数の社会において, あるいはわれわれが無意識に中心的事例として仮定する, いわゆる先進国の社会においてさえ, 多くの人々の法に対する態度はそのようなものでありうる。それにもかかわらず, 内的視点から法を受容している個人を理念型として取り上げる

のであれば，何らかの価値評価がなされているはずである。さらにハートは，第一次規則のみからなる単純な社会構造の欠陥が第二次規則の導入によって是正されると考えたが，欠陥を欠陥として認識するためには，法の目的について何らかの評価的な前提が必要である（Perry 1998：457）。

また，国際法が法ではないといえるとしても，国際法を例えば実定道徳の一種として位置づけることも難しい。先に触れたように，国際法は道徳とは区別されてきたからである。そうなると，国際法は「国際法」という，法でも道徳でもない固有の規範体系として理解されることになると考えられる。しかし，同様のことが国際商事慣習法をはじめとする国家法以外の様々な規範についていえるとすれば，それぞれが十分に説明されないまま分類だけが増えていくことになりかねない。ハートは，制裁の予測ではなく規則そのものが行為の理由となっていることを説明しなければならないと考えた（Hart [1961] 2012：90）。この動機に照らしても，むしろ国際法（さらにはその他の非国家法）を法に含めて捉えることにより，国内法そのものに対する理解も進むといえるだろう。

6.2 道徳的価値

「国際法は法と見なされるべきか」という問いは，道徳的なものとしても理解しうる。ウォルドロンは，9・11事件後，国際法を無視するような態度がアメリカの法律家の間で蔓延したのに対し，議論に参加できるような法哲学者がほとんどいなかったことを批判する。「国際法は法か」という問いは，国際法に対してわれわれはどのような態度をとるべきかという実践的問いに深く関わっているのである（Waldron 2013：210-211）。これを道徳的な主張として読むならば，「国際法は法か」という問いに正面から取り組むことが道徳的に望ましいだけでなく，それに答えることが同時に道徳的な側面を含む実践的な態度選択を意味することを意識すべきだということになるだろう。

では，国際法は法ではないとすることは，何を意味するのだろうか。それは法に固有のものと見なされる拘束力を国際法に認めないこと，したがって国際法に従う道徳的義務の存在を否定することを意味しうる。ある規則を法として認めることの意義は，それに従うことが内容とは独立に正当化されるという点にある。例えば，土地所有権や殺人罪の実質的内容については異論がありうる

が，それが法であるということが，人々がそれに従うべき理由をなしている。国際法が法ではないとすれば，国際法を遵守すべきか否かはその内容的正当性次第であり，法主体から見て不当な内容を含む国際法規則には従う必要がないということになりうる。法ではないにせよ国際法であることがそれ自体，内容独立的な正当化根拠を与えると考えることはもちろん可能だが，それが実践において持つ説得力は弱い。

　これが法哲学者の知的遊戯にとどまる限り，問題は少ないといえるかもしれない。しかし，国際法は法ではないという主張は，実践における人々の認識に影響を与える。法哲学者の扱いとは裏腹に，国際法学や外交実務においては国際法は法と見なされてきた。だが，国際法がどのような性質を持つかは国家などの法主体がそれを内的視点からどのように受容しているかに依存している。万が一，法哲学者が国際法が法であることを繰り返し否定した結果，法主体がそれを行為の基準として認識しなくなれば，国際法そのものも異なったものとなる。

　国際法は法ではないという主張は，実践において重大な意味を持つ。では，国際法は法と見なされるべきであり，それゆえ国際法は法なのだろうか。それは，法でないものを法として扱おうとする願望思考に聞こえる。もちろん，われわれは法が一般にどのように理解されているかということを離れて議論することはできない。しかし，そもそも何が法であり，何が法でないかを道徳的評価に依拠せずに記述できると考えることもできない。ハートは，人々の行為の基準や理由として働いているという側面を抜きにして法を捉えることはできないことを指摘した。ところが，人々は異なる理由から法に従い，異なる基準に基づいて法を受容している。何らかのしかたで解釈を加えなければ，人々が従っているのが同じ規則であると述べることさえできない。法をありのままの事実として記述することはできないのである。「法とは何か」という問いに答えることは，異なる法理解に対して自らの立場が正しいこと，自らが理解する法に従って人々が行動すべきことを主張することに他ならず，そうであるならば，その根拠から道徳的理由を排除することは不可能である。ドゥオーキンが述べているように，何が法であるかは，われわれが法を通じて何を実現しようとしているかということをふまえつつ，実践の当事者としてその最善の解釈を

示す以外の方法はないのである（Dworkin 1986）。

7 ── 結　論

「国際法は法か」という問いに答えようとするならば，国際法学者や外交実務家，その他の法律家の実践において用いられている国際法概念を解明することでのみ，その目的は達成される。そしてその際には，認識的有用性，さらには道徳に関わる価値評価を避けることはできない。「国際法は法か」という問いに，われわれが法を通じて実現しようとしている価値や目的を参照することなく答えることはできない。近年，国際法の基本的問題に対する法哲学的な関心が高まっているが（Besson and Tasioulas 2010），そこでの重要な論点の１つは，国際法の正統性を法の正統性一般と同様に捉えることが可能かという問題であった。結局のところ，「国際法は法か」という問いは，国際法は法としての正統性を備えているか否か，その意味で法と見なされるべき規範的資格を有しているか否かを問うているものとして読まれなければならない。その意味で，それは「国際法は法と見なされるべきか」という問いなのである。

📖 ブックガイド

① ハート，H. L. A.（2014）『法の概念〔第３版〕』長谷部恭男訳，筑摩書房
　法とは何かという問題を扱った著作として，現在もなお重要性を失っていない。結論は別としても，国際法についての記述も興味深い。
② ケルゼン，ハンス（1991）『法と国家の一般理論』尾吹善人訳，木鐸社
　法とは何か，国家とは何かという問題について，国内法と国際法にまたがる包括的な議論を展開したものとして貴重な著作である。

〔注〕
1）　国連安全保障理事会の強制措置が「制裁」と呼ばれることがあるが，これは必ずしも違法行為に対するものではなく，またすべての違法行為に対してとられるわけでもない。本章第３節を参照のこと。
2）　例えば，小寺・岩沢・森田（2004：1）。杉原も「国際法は主として国家間の権利義務関係を規律する規範である」とする（杉原 2008：2）。
3）　その後，ケルゼンは正戦原理が一般国際法の一部であるか否かという問いは，ほとんどすべての国家を含む武力行使禁止条約体制の成立によって，その重要性の大部分を

失った（Kelsen［1952］1966：34）とする一方，国連憲章は武力行使禁止原則によって主要な制裁手段を奪う一方，集団的な制裁をすべての違法行為に対しては規定しなかった点で，疑問の余地のある発展だったと述べる（Kelsen［1952］1966：50-51）。
4) 例えば，国際政治学の創始者であるハンス・モーゲンソーは30章以上からなる主著『国際政治』のうち1章しか国際法の記述に割り当てていない（Morgenthau［1948］1972）。
5) この主張をめぐっては様々な立場がある（Perry 1998；Marmor 2006）。

〔文献〕

井上達夫（2003）『法という企て』東京大学出版会
大沼保昭（1991）「国際法学の国内モデル思考——その起源，根拠そして問題性」広部和也・田中忠編集代表『山本草二先生還暦記念 国際法と国内法——国際公益の展開』勁草書房
小寺彰・岩沢雄司・森田章夫（2004）『講義国際法』有斐閣
杉原高嶺（2008）『国際法学講義』有斐閣
Austin, John（［1832］1995）*The Province of Jurisprudence Determined*, edited by Wilfrid E. Rumble, Cambridge University Press
Besson, Samantha and Tasioulas, John eds.（2010）*The Philosophy of International Law*, Oxford University Press
Dworkin, Ronald（1986）*Law's Empire*, Harvard University Press
Dworkin, Ronald（2013）"A New Philosophy for International Law", *Philosophy and Public Affairs*, Vol. 41, No. 1
Goldsmith, Jack L. and Posner, Eric A.（2005）*The Limits of International Law*, Oxford University Press
Hart, H. L. A.（［1961］2012）*The Concept of Law*, 3rd ed., Clarendon Press（長谷部恭男訳『法の概念〔第3版〕』筑摩書房，2014）
Kelsen, Hans（1949）*General Theory of Law and State*, translated by Anders Wedberg, Harvard University Press（尾吹善人訳『法と国家の一般理論』木鐸社，1991）
Kelsen, Hans（［1952］1966）*Principles of International Law*, 2nd ed., revised and edited by Robert W. Tucker, Holt, Rinehart and Winston
Marmor, Andrei（2006）"Legal Positivism: Still Descriptive and Morally Neutral", *Oxford Journal of Legal Studies*, Vol. 26, No. 4
Morgenthau, Hans J.（［1948］1972）*Politics among Nations, The Struggle for Power and Peace*, 5th ed., Knopf（原彬久監訳『国際政治（上・中・下）』岩波書店，2013）
Perry, Stephen R.（1998）"Hart's Methodological Positivism", *Legal Theory*, No. 4
Schauer, Frederick（2010）"Was Austin Right After All? On the Role of Sanctions in a Theory of Law", *Ratio Juris*, Vol. 23, No. 1
Waldron, Jeremy（2013）"International Law: 'A Relatively Small and Unimportant' Part of Jurisprudence?", *New York University Public Law and Legal Theory Research Paper Series*, Working Paper No. 13-56

【郭舜】

索 引

あ 行

アナーキズム……238
アナルコ・キャピタリズム……247
遺言……137
意に反する苦役……195
遺留分……137
冤罪……193
応報……53

か 行

化学的去勢……40
格差原理……144
過剰剥奪……47
家族制度……136
価値……67
可謬主義……69
神……64
完成主義
　→卓越主義
官僚司法……190
危害原理……100
規範的予期……188
基本善……166
共同体論……13, 127, 172
共和主義……196
醵金……70
近代動物法……82
クォータ制……202
形式主義法学……190
刑罰……42
　残酷な刑罰……43
　身体刑……43
　むち打ち刑……51
権利……23, 40, 72, 74, 117, 136, 166, 172, 187, 237, 263
　権利主体……77
　権利の束……147
　動物の権利……74
　法的権利……76
子……120
行為規範……123
公共財……167, 245
公共施設……103
公共の福祉……24
公私区分論……101
公正……7, 37, 226, 247
　不公正……7, 135, 204
功績……144
公平
　垂直的公平性……43
　水平的公平性……42
功利主義……69, 79, 148, 166
国際法……255
国内法……255
互酬性……240
個人の自律……158
国家……4, 24, 117, 137, 155, 189, 221, 235, 255
コミュニタリアニズム
　→共同体論
婚姻の私事化……125
婚姻の目的……121

さ 行

裁決規範……123
財産権……23
サイバネティックス……242
裁判員制度……186
サバイバル・ロッタリー……21
差別……61, 78, 97, 121, 152, 168, 205, 229, 248
参審制……187
自己所有……33, 237
自己所有権……19, 148
自己責任論……163, 171

273

市　場	31, 68, 142, 236
自生的秩序	65, 241
自然権	133, 139, 237
自然法論	221
実験動物	74
実践的自律	75
児童手当	153
渋谷区同性パートナーシップ条例	118
市民的不服従	231
社会あるところに法あり	257
社会保障	161
自由刑	41
私有財産	139
自由主義	199
→リベラリズム	
自由放任主義	239
主　権	244
主権者	259
純一性	228
遵法義務	218
少子化	152
女性の利益	207
所得税	136
所有権	22
進　化	71
人　格	2, 32, 78, 120, 190
スティグマ	107
3Rs 原則	85
生活保護	174
正　義	
正義の制約性	166
正義の優位	156
世界正義	172
世代間正義	172
政教分離	155
性　差	208
制　裁	260
生　殖	120
正統性	204, 271
性別役割意識	205
世代会計	170
積極的差別是正措置	104

戦　争	260
選択的夫婦別姓制度	157
善に対する正の優位	156
臓器移植	19
（臓器の）無償提供	28
臓器売買	26
相続税	135
贈与税	135, 137
尊　厳	107

た　行

第二次規則	262
代　表	210
卓越主義	12, 166, 181
多数者の専制	189
中立性	13, 124, 155
同害報復	45
動物実験	79
独身税	163
どぶろく裁判	218
奴　隷	78

な　行

内的観点	
→内的視点	
内的視点	227, 262
認識能力	75
認定のルール	227
年　金	161, 168

は　行

陪審制	186
パターナリズム	7
被選挙権	205
美　徳	10
平　等	7, 66, 78, 101, 117, 140, 159, 177, 205, 237
法の下の平等	121
平等主義	73, 135, 177
貧　困	153
フェアプレイ	
→公正	
福利（福祉）	178

274

動物の福祉……………………79
物理的去勢……………………40
プライバシー権………………35
分配的正義………… 105, 144, 178
法
　法と強制……………………98
　法の外面性，道徳の内面性……99
法実証主義………………114, 224
法的安定性…………………188
法内在道徳…………………228
法命令説……………………257
ポジティブ・アクション………203
保守派………………………119
本質主義……………………208

ま 行

民主主義的平等……………………181
民主制………………… 124, 140, 202

や・ら・わ行

リアリズム法学……………………190
理　性………………………………62
立憲主義……………………………199
リバタリアニズム…… 25, 69, 124, 149, 238
リベラリズム…… 13, 93, 100, 119, 124, 140, 156, 180, 196
理論的不同意………………………223

執筆者紹介
（執筆順，＊は編者）

＊瀧川　裕英（たきかわ ひろひで）	東京大学大学院法学政治学研究科教授	はじめに，09
米村幸太郎（よねむらこうたろう）	立教大学法学部教授	01
鈴木慎太郎（すずきしんたろう）	愛知学院大学法学部教授	02
若松　良樹（わかまつ よしき）	学習院大学法科大学院教授	03
登尾　章（のぼりお あきら）	國學院大學法学部兼任講師	04
野崎亜紀子（のざきあきこ）	京都薬科大学薬学部教授	05
松尾　陽（まつお よう）	名古屋大学大学院法学研究科教授	06
土井　崇弘（どい たかひろ）	中京大学法学部教授	07
森村　進（もりむら すすむ）	一橋大学名誉教授	08
吉良　貴之（きら たかゆき）	愛知大学法学部准教授	10
関　良徳（せき よしのり）	信州大学学術研究院教授	11
石山　文彦（いしやま ふみひこ）	中央大学法学部教授	12
横濱　竜也（よこはま たつや）	静岡大学学術院人文社会科学領域教授	13
住吉　雅美（すみよし まさみ）	青山学院大学法学部教授	14
郭　舜（かく しゅん）	早稲田大学法学学術院教授	15

問いかける法哲学

2016年9月10日　初版第1刷発行
2023年12月10日　初版第10刷発行

編　者　　瀧川裕英
発行者　　畑　　　光
発行所　　株式会社　法律文化社

〒603-8053
京都市北区上賀茂岩ヶ垣内町71
電話 075(791)7131　FAX 075(721)8400
https://www.hou-bun.com/

印刷：共同印刷工業㈱／製本：㈲坂井製本所
装幀：白沢　正
ISBN 978-4-589-03788-6

Ⓒ2016　Hirohide Takikawa Printed in Japan

乱丁など不良本がありましたら、ご連絡下さい。送料小社負担にて
お取り替えいたします。

本書についてのご意見・ご感想は、小社ウェブサイト、トップページの
「読者カード」にてお聞かせ下さい。

JCOPY　〈出版者著作権管理機構 委託出版物〉

本書の無断複写は著作権法上での例外を除き禁じられています。複写される
場合は、そのつど事前に、出版者著作権管理機構（電話 03-5244-5088、
FAX 03-5244-5089、e-mail: info@jcopy.or.jp）の許諾を得て下さい。

森村 進編
法思想の水脈
A 5 判・262頁・2750円

法思想史は法学と哲学，歴史学が交錯する領域であり，多彩な知見に触れることができる。法思想がいかなる経路（水脈）をたどり現代にいたっているのかを意識して叙述し，法思想を学ぶことの面白さを感じることができる入門書。

戒能通弘・神原和宏・鈴木康文著
法思想史を読み解く
―古典／現代からの接近―
A 5 判・254頁・3190円

現代日本の法・政治制度に多大な影響を与えた法思想の古典に触れることで初学者が関心をもって学習できるように工夫した概説書。自然法・自然権思想を軸に，各法思想の位置づけや差異，相互の影響を明確にし，重要な法思想は社会的背景を掘り下げて解説。

大野達司・森本 拓・吉永 圭著
近代法思想史入門
―日本と西洋の交わりから読む―
A 5 判・304頁・3080円

立法・法改正論争が盛んな現代日本の法理論の背後にあるものを理解するため，幕末～敗戦・新憲法制定までの法思想の道筋を辿る。日本と西洋の重要人物の来歴や相互の影響関係，さらに近代法継受の社会的政治的背景を含む入門書。

姜 尚中・齋藤純一編
逆光の政治哲学
―不正義から問い返す―
A 5 判・236頁・3300円

近現代の政治思想家たちが何を「不正義」として捉えたか，それにどう対応しようとしたかに光を当てる書。「逆光」とは「ネガ」のメタファーで，思想家たちが何を問題としたかを逆説的にクリアにするものである。

大井赤亥・大園 誠・神子島 健・和田 悠編
戦後思想の再審判
―丸山眞男から柄谷行人まで―
A 5 判・292頁・3300円

戦後思想はどのようにして生まれ，展開し，何を遺してきたのか。これまでの知見をふまえ，戦後日本を代表する12人の論者の思想と行動の検証を通じて，戦後思想を体系化し，見取図を示す。いまリアリティを増しつつある戦後思想の継承と再定位の試み。

―法律文化社―

表示価格は消費税10％を含んだ価格です